Die Bewertung wandelanleihenfinanzierter Unternehmen

Betriebswirtschaftliche Studien Rechnungs- und Finanzwesen, Organisation und Institution

Herausgegeben von
Prof. Dr. Dr. h.c. Wolfgang Ballwieser, München
Prof. Dr. Christoph Kuhner, Köln
Prof. Dr. Dr. h.c. Dieter Ordelheide †, Frankfurt

Band 92

Peter Lang
Frankfurt am Main · Berlin · Bern · Bruxelles · New York · Oxford · Wien

Andreas Hofherr

Die Bewertung wandelanleihen-finanzierter Unternehmen

Peter Lang
Internationaler Verlag der Wissenschaften

Bibliografische Information der Deutschen Nationalbibliothek
Die Deutsche Nationalbibliothek verzeichnet diese Publikation in der Deutschen Nationalbibliografie; detaillierte bibliografische Daten sind im Internet über http://dnb.d-nb.de abrufbar.

Zugl.: München, Univ., Diss., 2012

D 19
ISSN 1176-716X
ISBN 978-3-631-62387-9

Internationaler Verlag der Wissenschaften
Frankfurt am Main 2012

www.peterlang.de

Geleitwort

In Theorie und Praxis verwendete Gleichungen zur Bewertung ganzer Unternehmen gehen von bestimmten Finanzierungspolitiken und damit verbundenen Kapitalstrukturen aus. Sie vernachlässigen hierbei eine Änderung der Kapitalstruktur, die durch Ausübung des Wandlungsrechtes bei Wandelanleihen möglich wird. Durch diese – aus Sicht des Bewertungszeitpunktes – unsichere Ausübung wird Fremd- zu Eigenkapital mit Auswirkungen auf die Kapitalkosten im Sinne erwarteter risikoadäquater Renditen. Der Verfasser füllt die vorhandene Lücke und entwickelt in verschiedenen Modellwelten Bewertungsgleichungen, die die Wandlungsentscheidung integrieren. Da diese wiederum von der Bewertung des Eigenkapitals abhängig ist, musste sie endogenisiert werden. Das Dissertationsprojekt ist theoretisch wie praktisch bedeutsam und führt zu einem Eintritt in Neuland.

Nach der Problemstellung widmet sich der Verfasser in Kapitel 2 den Grundlagen einer Finanzierung mit Wandelanleihen. Er behandelt Definition und Eigenschaften von Wandelanleihen und erörtert deren Markt und Einsatzmotive. In Kapitel 3 werden bewertungsrelevante Aspekte von Wandelanleihen beschrieben. Im Kern geht es um die Darstellung des Adjusted-Present-Value-Verfahrens, die Bewertung unsicherer Steuervorteile und die Kapitalkostenbestimmung nach dem CAPM sowie um dessen mehrperiodige Anwendung. In Kapitel 4 stellt der Verfasser im ersten Schritt ein einperiodiges Bewertungsmodell vor, um die Struktur des Kalküls leichter zu verdeutlichen. Nach Prämissendarlegung und Ableitung des Wandlungskriteriums werden Bewertungsgleichungen für den leistungswirtschaftlichen Teil des Unternehmens, die Steuervorteile und die Wandelanleihe entwickelt, die in einem Zahlenbeispiel verwendet und anschließend materiell gewürdigt werden. Von besonderer Bedeutung in diesem Kapitel ist die Trennung von als stetige und diskrete Verteilung modellierten Free Cash Flows und die zweistufige Unsicherheit bei der Ermittlung des Wertes der Wandelanleihe (bildlich verdeutlicht auf S. 98). Die Zweistufigkeit geht auf den Versuch zurück, das Wandlungsrisiko von dem Risiko der Free Cash Flows zu trennen. In Kapitel 5 entwickelt der Verfasser im zweiten Schritt ein Mehrperiodenmodell mit einer Wandelanleihe europäischen und amerikanischen Typs und geht strukturell wie in Kapitel 4 vor. Kapitel 6 widmet sich den Grenzen des Modells hinsichtlich restriktiver Annahmen.

Ich kenne keine Arbeit, die das selbst gestellte und didaktisch wie inhaltlich hervorragend bearbeitete Problem in dieser Form bewältigt hat, und wünsche ihr eine angemessene Aufnahme.

München, den 28. Februar 2012 Wolfgang Ballwieser

Vorwort

Diese Arbeit entstand während meiner Tätigkeit als wissenschaftlicher Mitarbeiter am Seminar für Rechnungswesen und Prüfung der Ludwig-Maximilians-Universität München und wurde im Mai des Jahres 2012 vom Promotionsausschuss der Fakultät für Betriebswirtschaft als Dissertation angenommen.

Mein aufrichtiger und herzlicher Dank gilt meinem akademischen Lehrer und Doktorvater Prof. Dr. Dr. h.c. *Wolfgang Ballwieser*. Er hat mein Interesse an der Promotion während meiner Studienzeit begründet und die Entstehung der Arbeit stets mit größtem Interesse begleitet. Ohne seine vielfältigen Anregungen und Ratschlägen wäre diese Arbeit nicht möglich gewesen. Herrn Prof. Dr. *Andreas Richter* danke ich herzlich für die freundliche Übernahme des Korreferats.

Darüber hinaus möchte ich allen Kollegen am Lehrstuhl danken, die mich sowohl fachlich als auch privat während meiner Promotion begleiteten. Besonderer Dank hierbei gilt Herrn Dr. *Jörg Wiese*, MBR und Frau Dipl.-Kffr. *Annette Witzleben*, MBR, die mir stets als kritische Diskussionspartner zur Verfügung standen. Des Weiteren danke ich Frau Dipl.-Kffr. *Serpil Caliskan*, Herrn Dipl.-Hdl. *Sebastian Erb*, MBR, Herrn Dipl.-Betriebswirt (BA), M.Sc. *Tobias Friedrich*, Herrn Dipl.-Kfm. *Sebastian Keßler*, Frau Dipl.-Kffr. *Anne Kretzschmar*, MBR, Herrn Dr. *Roland Paarz*, MBR und Herrn Dipl.-Kfm. *Martin Puritscher* für zahlreiche kritische Anregungen sowie etliche amüsante Feierabende im „Chez Puri". Ich bin und werde ihnen freundschaftlich verbunden bleiben.

Mein größter Dank gilt meinen Eltern *Maria* und *Fritz Hofherr*. Ihnen danke ich von ganzem Herzen dafür, dass sie mir das Studium ermöglicht haben und mir – ebenso wie meinem Bruder *Stefan* – in jeder Lebensphase Vertrauen, Zuspruch und jegliche Unterstützung haben zuteilwerden lassen. Meiner Familie ist diese Arbeit gewidmet.

München im Mai 2012 — Andreas Hofherr

Inhaltsverzeichnis

Abkürzungsverzeichnis

Abb.	Abbildung
AB	Aktiebolag
AG	Aktiengesellschaft
APV	Adjusted Present Value
ASA	Allmennaksjeselskap
Aufl.	Auflage
bzw.	beziehungsweise
CAPM	Capital Asset Pricing Model
DAX	Deutscher Aktienindex
DCF	Discounted Cash Flow
et al.	et alii
etc.	et cetera
EUR	Euro
f.	folgende
FAZ	Frankfurter Allgemeine Zeitung
FCF	Free Cash Flow
Fn.	Fußnote
FTE	Flow to Equity
Hrsg.	Herausgeber
IFRS	International Financial Reporting Standards
insb.	insbesondere
ISIN	International Securities Identification Number
Jg.	Jahrgang
k.A.	keine Angabe
KG	Kommanditgesellschaft
MDAX	Mid-Cap-Deutscher-Aktienindex
Mio.	Millionen
m.w.N.	mit weiteren Nachweisen
n.V.	Naamloze Vennootschap
PLC	Public Limited Company
S.	Seite
S.A.	Société anonyme (Frankreich), Sociedade Anónima (Portugal)
SE	Societas Europaea
Sp.	Spalte

Tab.	Tabelle
TCF	Total Cash Flow
US	United States
u.a.	und andere/unter anderem
Vgl.	vergleiche
Vol.	Volume

Symbolverzeichnis

a	Anteil am ursprünglichen Eigenkapital des Unternehmens, den der Wandelanleiheninhaber bei Wandlung erwirbt
$\text{cov}(\cdot)$	Kovarianz
EK_t^u	Wert des Eigenkapital des unverschuldeten Unternehmens im Zeitpunkt t, in $t = 0$ auch: leistungswirtschaftliche Wertkomponente des APV-Verfahrens
EK_t^{WA}	Wert des Eigenkapitals des wandelanleihenfinanzierten Unternehmens im Zeitpunkt t, in $t = 0$ auch: Unternehmenswert
$f(\tilde{r}_M)$	Wahrscheinlichkeits- beziehungsweise Dichtefunktion der Rendite des Marktportfolios
$f(\tilde{X}_t)$	Wahrscheinlichkeits- beziehungsweise Dichtefunktion des Free Cash Flow der Periode t
$f(\tilde{r}_{M,t}^W)$	Partition der Wahrscheinlichkeits- beziehungsweise Dichtefunktion der Rendite des Marktportfolios in Periode t, deren Ausprägungen mit Free Cash Flows korrelieren, die zu einer Wandlung führen
$\widetilde{FTC}_t$	Stochastischer Zahlungsstrom, der dem Wandelanleiheinhaber im Zeitpunkt t zufließt
$\overline{FTC}_t$	Erwartungswert des Zahlungsstroms, der dem Wandelanleiheinhaber im Zeitpunkt t zufließt
$\overline{FTE_t^{WA}}$	Erwartungswert des Flow to Equity der Periode t
i	Laufindex (Wertpapiere)
j	Laufindex (Umweltzustände)
k_t^*	Gegenüber dem kritischen Free Cash Flow nächst größerer, in Periode t realisierbarer Free Cash Flow
$l(\cdot\vert\cdot)$	Likelihood-Funktion
m	Fälligkeitszeitpunkt der Wandelanleihe
n	Periode, an deren Ende das Unternehmen liquidiert wird
p_t	Wandlungswahrscheinlichkeit im Zeitpunkt t
q	Anzahl der Umweltzustände im diskreten Modell

r_f	risikoloser Zinssatz
$\tilde{r}_M$	Stochastische Rendite des Marktportfolios
$\overline{r}_M$	Erwartungswert der Rendite des Marktportfolios
r_{WA}^{nom}	Nominaler Zinssatz der Wandelanleihe
$\overline{r}_i$	Erwartungswert der Rendite des Wertpapiers i
$\tilde{r}_{EK,t}^{u}$	Stochastische Rendite des Marktportfolios der Periode t
$\tilde{r}_{M,t}^{W}$	Stochastische Rendite des Marktportfolios in Periode t, deren Ausprägungen mit den Free Cash Flows, die zu einer Wandlung führen, korrelieren
$\overline{r}_{M,t}^{W}$	Erwartungswert der Rendite des Marktportfolios in Periode t, deren Ausprägungen mit den Free Cash Flows, die zu einer Wandlung führen, korrelieren
$\overline{r}_{EK,t}^{u}$	Erwartungswert der Rendite des Eigenkapitals des unverschuldeten Unternehmens in Periode t, Eigenkapitalkosten des unverschuldeten Unternehmens in Periode t
$\overline{r}_{EK,t}^{WA}$	Erwartungswert der Rendite des Eigenkapitals des mit einer Wandelanleihe finanzierten Unternehmens in Periode t, Eigenkapitalkosten des mit einer Wandelanleihe finanzierten Unternehmens in Periode t
$\overline{r}_t^{WA}$	Erwartungswert der Rendite der Wandelanleihe in Periode t, Kapitalkosten der Wandelanleihe in Periode t
$\overline{r}_{TS,1}^{WA}$	Erwartungswert der Rendite des Steuervorteils in Periode t, Kapitalkosten des Steuervorteils in Periode t
R_t	Fremdkapitalbestand der Periode t
R_{WA}^{nom}	Nominalbetrag der Wandelanleihe
$R_t^{WA}\left(\tilde{X}_t\right)$	Funktion des Fremdkapitalbestands in Abhängigkeit vom Free Cash Flow
RA_t^{FTE}	Risikoabschlag auf den Flow to Equity
$\tilde{R}_t^{WA}$	Stochastischer Fremdkapitalbestand aus der Wandelanleihenfinanzierung der Periode t

$\overline{R}_t^{WA}$	Erwartungswert des Fremdkapitalbestands aus der Wandelanleihenfinanzierung der Periode t
$S\ddot{A}\left(\tilde{X}_t^W\right)$	Sicherheitsäquivalent der Free Cash Flows, die zu einer Wandlung in Periode t führen
s	Gewinnsteuersatz auf Unternehmensebene
$std(\cdot)$	Standardabweichung
$t\,/\,t'$	Laufindex (Zeit)
TS_t^{WA}	Barwert der künftigen Steuervorteile im Zeitpunkt t, in $t=0$ auch: finanzwirtschaftliche Wertkomponente des APV-Verfahrens
$TS_{m-1,nW}^{WA}$	Barwert der künftigen Steuervorteile im Zeitpunkt t im Fall einer Nichtwandlung in der Vorperiode
v	Erster möglicher Ausübungszeitpunkt der Wandelanleihe
$w_{t,j}$	Eintrittswahrscheinlichkeit des Umweltzustands j in Periode t
$w_{t,j}^W$	Bedingte Wahrscheinlichkeit für den Eintritt des Umweltzustandes j in Periode t im Wandlungsfall
WA_t	Wert der Wandelanleihe im Zeitpunkt t
$WA_{t,nW}$	Barwert der Ansprüche des Wandelanleiheinhabers im Zeitpunkt t, falls in der Vorperiode die Anleihe nicht gewandelt wurde
$WA_t\left(\tilde{X}_t\right)$	Bewertungsfunktion der Wandelanleihe im Zeitpunkt t in Abhängigkeit von den künftigen Free Cash Flows
X_t	Realisierter Free Cash Flow der Periode t
$X_{t,j}$	Free Cash Flow im Umweltzustand j in Periode t
X_t^{oG}	Obere Grenze der Dichtefunktion des Free Cash Flow der Periode t
X_t^{uG}	Untere Grenze der Dichtefunktion des Free Cash Flow der Periode t
X_t^*	Kritischer Free Cash Flow der Periode t
$\tilde{X}_t$	Stochastischer Free Cash Flow der Periode t
$\tilde{X}_t^{nW}$	Partition des Free Cash Flow der Periode t, dessen Ausprägungen zu einer Nichtwandlung führen

$\tilde{X}_t^W$	Partition des Free Cash Flow der Periode t, dessen Ausprägungen zu einer Wandlung führen
$\bar{X}_t$	Erwartungswert des Free Cash Flow der Periode t
$\bar{X}_t^W$	Erwartungswert der Free Cash Flows, die zu einer Wandlung in Periode t führen
$\beta_{EK,t}^u$	Betafaktor des Eigenkapitals des unverschuldeten Unternehmens in Periode t
$\beta_{EK,t}^{WA}$	Betafaktor des mit einer Wandelanleihe finanzierten Unternehmens in Periode t
β_t^{TS}	Betafaktor des Steuervorteils in Periode t
γ	Laufindex (Zeit)
η	Laufindex (Zeit)
$\rho_{R_t^{WA};r_m}$	Korrelationskoeffizient zwischen dem Fremdkapitalbestand aus der Wandelanleihenfinanzierung der Periode t und der Rendite des Marktportfolios
ρ_{X_t,r_M}	Korrelationskoeffizient zwischen dem Free Cash Flow der Periode t und der Rendite des Marktportfolios
ψ	Laufindex (Zeit)
∞	unendlich
§	Paragraphenzeichen

Abbildungsverzeichnis

Tabellenverzeichnis

Anhangverzeichnis

1 Problemstellung

Die Bewertung von Unternehmen gilt seit langem als eine der größten Herausforderungen der Betriebswirtschaftslehre.[1] Von besonderer Bedeutung für den Unternehmenswert ist die Kapitalstruktur des zu bewertenden Unternehmens, da diese einen wesentlichen Einfluss auf die Höhe, den zeitlichen Anfall und das Risiko der bewertungsrelevanten Zahlungsströme besitzt.[2]

Der Einfluss des Verschuldungsgrades auf den Unternehmenswert wurde in der Literatur breit diskutiert und in zahlreichen empirischen Untersuchungen und formalen Modellen nachgewiesen.[3] Als wegweisende formale Arbeiten auf diesem Gebiet gelten Modigliani/Miller (1958) und (1963). In dem Aufsatz von 1958 wurde mittels eines einfachen Arbitragebeweises gezeigt, dass unter der Prämisse eines friktionslosen Kapitalmarktes ohne Insolvenzgefahr der Wert eines Unternehmens unabhängig von dessen Verschuldungsgrad ist. Diese Irrelevanz des Verschuldungsgrades wird im Aufsatz von 1963 relativiert, indem die Verfasser nachweisen, dass bei Existenz einer einfachen Gewinnsteuer auf Unternehmensebene der Wert eines verschuldeten Unternehmens den Wert eines unverschuldeten Unternehmens um den Wert der Steuervorteile, die sich aus der steuerlichen Abzugsfähigkeit der Fremdkapitalzinsen ergeben, übersteigt.[4] Dieses Ergebnis wurde in einer Vielzahl von Modellvariationen bestätigt.[5]

Neben diesen Modellen, die Fremdkapital als festverzinsliche Anleihen ohne Ausfallrisiko modellieren, wurde eine Vielzahl von Modellen entwickelt, die den Einfluss spezieller Fremdkapitalformen auf den Unternehmenswert untersuchen. Der Einfluss von Rückstellungen wird beispielsweise von Schlumberger/Schüler (2003), Schwetzler (2004) und Drukarczyk/Schüler (2009) diskutiert.[6] Hachmeister (2000), Kinski (2001), Rhiel (2001), Kruschwitz/Lodowicks

---

1 Vgl. *Siegel* (1991), S. 619.

2 Vgl. *Ballwieser* (2002), S. 737; *Pfaff/Pfeiffer/Gathge* (2002), S. 199; *Kruschwitz/Löffler* (2006), S. 31 f.; *Ballwieser* (2011), S. 103-105.

3 Vgl. *Raßhofer* (2010), S. 2-8, und *Theis* (2010), S. 11-16, für einen Literaturüberblick.

4 Vgl. *Modigliani/Miller* (1963), S. 436; *Myers* (1974), S. 4 f.; *Kruschwitz/Löffler* (2006), S. 47-49; *Ballwieser* (2011), S. 133.

5 Vgl. *Stapleton* (1972), S. 1283; *Myers* (1974), S. 4 f.; *Brennan/Schwartz* (1978), S. 108.

6 Vgl. *Schlumberger/Schüler* (2003), S. 225-239; *Schwetzler* (2004), S. 5-23; *Drukarczyk/Schüler* (2009), S. 349-361. Daneben finden sich empirische Untersuchun-

(2004) sowie Kesten (2007) und (2010) untersuchen die Wirkung von Pensionszusagen auf den Unternehmenswert.[7] Eine Analyse des Effekts einer Leasing-Finanzierung auf den Unternehmenswert findet sich zum Beispiel bei Hachmeister (2000) und Drukarczyk/Schüler (2009).[8] Hachmeister (2000) betrachtet zudem die Wirkung von Lieferantenverbindlichkeiten im Bewertungskalkül.[9] Daneben gibt es eine Fülle von Ansätzen, die sich der Berücksichtigung ausfallgefährdeten Fremdkapitals in der Unternehmensbewertung widmen.[10]

Alle voran stehenden Modelle untersuchen den Werteinfluss nicht wandelbaren Fremdkapitals auf den Unternehmenswert. Eine Auseinandersetzung mit den Werteffekten einer Finanzierung mit wandelbarem Fremdkapital, die in einen theoretisch fundierten Unternehmensbewertungskalkül mündet, fand in der Literatur bisher nicht statt. Unter den Begriff wandelbares Fremdkapital sind alle Fremdkapitalinstrumente zu subsumieren, die bei Eintritt bestimmter Bedingungen vollständig oder teilweise in Eigenkapital des Unternehmens gewandelt werden können.[11]

Die Möglichkeit der Wandlung von Fremd- in Eigenkapitaltitel hat wesentliche Konsequenzen für die Unternehmensbewertung. So hängen die Wandlungsentscheidungen des Wandelanleiheninhabers von der Höhe der im Entscheidungszeitpunkt bereits realisierten und erwarteten Zahlungsströme ab.[12] Diese sind im Bewertungszeitpunkt unsicher. Folglich ist die Wandlung aus Sicht des Bewertungszeitpunkts unsicher. Die Unsicherheit über die Wandlung hat einen Einfluss auf die Höhe und das Risiko künftiger Fremdkapitalbestände. Da die künf-

---

gen des Einflusses von Rückstellungen auf den Unternehmenswert. Vgl. *Schlumberger* (2002), S. 154-163; *Schlumberger/Schüler* (2003b), S. 364-367.

7 Vgl. *Hachmeister* (2000), S. 243-251; *Kinski* (2001), S. 39-176; *Rhiel* (2001), S. 16-19; *Kruschwitz/Lodowicks* (2004), S. 272-284; *Kesten* (2007), S. 10-18; *Kesten* (2010), S. 11-17.

8 Vgl. *Hachmeister* (2000), S. 240-243; *Drukarczyk/Schüler* (2009), S. 311-323.

9 Vgl. *Hachmeister* (2000), S. 236-240.

10 Vgl. *Kraus/Litzenberger* (1973), S. 912-918; *Scott* (1976), S. 4-15; *Kim* (1978), S. 49-52; *Kruschwitz* (1991), S. 176-180; *Aders/Wagner* (2004), S. 33-35; *Homburg/Stephan/Weiß* (2004), S. 280-287; *Laitenberger/Lodowicks* (2005), S. 145-149; *Rapp* (2006), S. 782-788; *Lodowicks* (2007), S. 15-112.

11 Vgl. *Copeland/Weston/Shastri* (2008), S. 770; *Drukarczyk* (2008), S. 414 f.

12 Vgl. *Brennan/Schwartz* (1977), S. 1701; *Ingersoll* (1977b), S. 293 f.; *McConnell/Schwartz* (1986), S. 564; *Sörensson* (1993), S. S129-S134.

tigen Fremdkapitalbestände ihrerseits eine wesentliche Einflussgröße auf die Höhe und das Risiko der periodenspezifischen Steuervorteile aus der Verschuldung[13] sowie für die Eigenkapitalkosten des verschuldeten Unternehmens darstellen,[14] ist die Unsicherheit über die Wandlung bewertungsrelevant und somit im Bewertungskalkül zu erfassen.[15]

Die bisher in der Literatur entwickelten Bewertungsverfahren können die Unsicherheit über die Wandlung nicht erfassen. Der Grund hierfür ist, dass die bewertungsrelevanten Besonderheiten von wandelbarem Fremdkapital explizit in einem Bewertungsmodell zu modellieren sind. Nur so lassen sich Bewertungsgleichungen ableiten, die die Wandlungsunsicherheit berücksichtigen. Die bisher in der Literatur entwickelten Bewertungsmodelle abstrahieren – in der Regel implizit – von der Möglichkeit wandelbaren Fremdkapitals. Somit sind die aus diesen konventionellen Bewertungsmodellen abgeleiteten Bewertungsgleichungen nicht geeignet, ein Unternehmen, das mit wandelbarem Fremdkapital finanziert ist, zu bewerten.

Diese Lücke will die vorliegende Arbeit schließen. Hierzu wird ein Bewertungsmodell konstruiert, aus dem Gleichungen zur Bewertung eines mit wandelbarem Fremdkapital finanzierten Unternehmens abgeleitet werden können. Das wandelbare Fremdkapital liegt in Form einer Wandelanleihe vor. Wandelanleihen stellen die verbreiteste Form von wandelbarem Fremdkapital dar.[16] Diese verbriefen für deren Inhaber das Recht, die Wandelanleihe zu im Vorhinein festgelegten Zeitpunkten in einem im Voraus festgelegten Verhältnis in Eigenkapitaltitel des Unternehmens zu tauschen. Verzichtet der Wandelanleiheninhaber auf die Wandlung, erhält er stattdessen die vertraglich zugesicherten Zins- und Tilgungszahlungen.[17]

---

13 Vgl. *Modigliani/Miller* (1963), S. 439 f.; *Myers* (1974), S. 4 f.; *Kruschwitz/Löffler* (2006), S. 47-49; *Ballwieser* (2011), S. 133. Der Wertbeitrag der Steuervorteile ist substanziell. So finden empirische Untersuchungen regelmäßig einen Anteil des Tax Shield von über 10% am Gesamtunternehmenswert. Vgl. *Graham* (2000), S. 1912-1934; *Kemsley/Nissim* (2002), S. 2057-2071.

14 Vgl. *Drukaczyk/Schüler* (2009), S. 125-134; *Ballwieser* (2011), S. 103-105.

15 Vgl. *Kruschwitz/Löffler* (2006), S. 31 f.; *Kruschwitz/Husmann* (2010), S. 253-255; *Ballwieser* (2011), S. 13-17.

16 Vgl. *Gillet/de La Bruslerie* (2010), S. 552-584.

17 Vgl. *Rudolph* (2006), S. 78-80; *Bieg/Kußmaul* (2009), S. 231.

Bei der Bewertung eines mit einer Wandelanleihe finanzierten Unternehmens ergeben sich vielfältige Probleme. So ist zuerst ein normatives Entscheidungskriterium zu konstruieren, mit dessen Hilfe der Wandelanleiheninhaber in Abhängigkeit von bestimmten Modellgrößen die Wandlungsentscheidungen trifft. Dieses Entscheidungskriterium wird im Modell herangezogen, um die Wandlungsentscheidung des Wandelanleiheninhabers zu beschreiben. Bei der Konstruktion des Wandlungskriteriums sind die Interdependenzen zwischen dem Wert der Wandelanleihe und dem Wert des Eigenkapitals zu berücksichtigen. Insbesondere ist zu prüfen, inwieweit eine zirkuläre Beziehung vorliegt, die sich daraus ergibt, dass die Entscheidung des Wandelanleiheninhabers über die Wandlung der Anleihe vom Eigenkapitalwert des Unternehmens abhängt. Der Eigenkapitalwert des Unternehmens hängt seinerseits von der Kapitalstruktur des Unternehmens ab.

Unter Rückgriff auf das Wandlungskriterium sind der Barwert der periodischen Steuervorteile aus der Wandelanleihenfinanzierung und der Wert der Wandelanleihe zu ermitteln. Bei der Bestimmung des Barwerts der Steuervorteile ist die Höhe und Unsicherheitsstruktur der periodenspezifischen Steuervorteile zu berücksichtigen. Hierzu greifen die oben beschriebenen, konventionellen Bewertungsmodelle auf bestimmte Annahmen über die künftige Finanzierungspolitik des Unternehmens zurück.[18] Ob diese Annahmen bei der Bewertung eines mit einer Wandelanleihe finanzierten Unternehmens zweckmäßig sind, ist zu prüfen. Falls diese Annahmen nicht anwendbar sind, ist fraglich, ob die im Zusammenhang mit diesen Finanzierungspolitiken in der Literatur entwickelten Zinsfüße zur Diskontierung der periodischen Steuervorteile im vorliegenden Bewertungsfall Verwendung finden können. Ist dies nicht der Fall, sind die Kapitalkosten künftiger Steuervorteile fallweise zu bestimmen. Da die Kapitalkosten die hinter den künftigen Steuervorteilen stehende Risikostruktur widerzuspiegeln haben, sind die Kapitalkosten aus deren Verteilungen abzuleiten.[19]

Bei der Ermittlung des Werts der Wandelanleihe ist zu untersuchen, ob die in der Literatur entwickelten Ansätze für die isolierte Bewertung von Wandelan-

---

18 Vgl. *Wallmeier* (1999), S. 1476; *Kruschwitz/Löffler* (2006), S. 50 f.; *Ballwieser* (2011), S. 151 f.

19 Vgl. *Moxter* (1983), S. 155-167; *Ballwieser* (1990), S. 169 f.

leihen[20] im vorliegenden Modell Verwendung finden können oder ob in Folge der voranstehend beschriebenen Interdependenzen eine integrative Bewertung der Wandelanleihe und des Eigenkapitals notwendig ist. Eine solche integrative Bewertung bedingt die Kenntnis der Kapitalkosten der Wandelanleihe. Diese sind aus den Verteilungen der Zahlungsströme an den Wandelanleiheninhaber periodenspezifisch abzuleiten.

Die Ableitung von Kapitalkosten aus Zahlungsstromverteilungen geschieht in Theorie und Praxis regelmäßig mittels des Capital Asset Pricing Model (CAPM).[21] Im engeren Sinne beschränkt sich dieses Modell auf die Bestimmung der Erwartungswerte der Renditen kapitalmarktgehandelter Wertpapiere.[22] Die Frage, inwieweit das CAPM auf nicht separat handelbare Steuervorteile und Wandelanleihen, deren Zugehörigkeit zum Marktportfolio des CAPM strittig ist,[23] anwendbar ist, bedarf einer eingehenden Analyse. Neben diesen generellen Problemen, die sich bei der Bewertung eines mit einer Wandelanleihe finanzierten Unternehmens stellen, ergeben sich weitere Probleme bei der Überführbarkeit des Bewertungsproblems von einem einerpiodigen in einen mehrperiodigen Kontext. So ist das CAPM ein einperiodiges Modell und nur unter bestimmten Bedingungen auf ein mehrperiodiges Bewertungsproblem anwendbar.[24] Ob diese Bedingungen bei der mehrperiodigen Bewertung eines wandelanleihenfinanzierten Unternehmens erfüllt sind, ist zu prüfen.

Im mehrperiodigen Bewertungskontext muss in Abhängigkeit von der Anzahl der möglichen Wandlungszeitpunkte zwischen Typen von Wandelanleihen unterscheiden werden. Ist die Wandlung zu mehreren Zeitpunkten während der Laufzeit der Wandelanleihe möglich, spricht man von einer Wandelanleihe amerikanischen Typs. Ist die Wandlung nur am Laufzeitende möglich, liegt eine Wandelanleihe europäischen Typs vor.[25] Es stellt sich die Frage, ob für die bei-

---

20 Vgl. *Brennan/Schwartz* (1977), S. 1701; *Ingersoll* (1977b), S. 290-319; *Cox/Rubinstein* (1985), S. 355-364; *Bühler/Koziol* (2002), S. 305-331; *Arak/Martin* (2005), S. 45-49; *Zabolotnyuk/Jones/Veld* (2010), S. 675-705

21 Vgl. *Ballwieser* (2002), S. 738-741; *Dörschell/Franken/Schulte* (2009), S. 16-23.

22 Vgl. *Sharpe* (1964) S. 436-442; *Lintner* (1965), S. 427-442; *Mossin* (1966), S. 65-86.

23 Vgl. *Frankle/Hawkins* (1975), S. 208.

24 Vgl. grundlegend *Fama* (1977), S. 7-14. Zusammenfassend vgl. *Röder/Müller* (2001), S. 225-233; *Wiese* (2006), S. 36.

25 Vgl. *Merton* (1973a), S. 142.

den Wandelanleihentypen unterschiedliche Bewertungsgleichungen abzuleiten sind oder ob eine gemeinsame Bewertungsgleichung für beide Typen existiert. Eine gemeinsame Bewertungsgleichung für beiden Typen existiert nur, wenn die Möglichkeit zur vorzeitigen Ausübung einer Wandelanleihe amerikanischen Typs wertlos ist. In der optionspreistheoretischen Literatur wurde gezeigt, dass die Ausübung einer Kaufoption vor ihrem Fälligkeitszeitpunkt nur unter bestimmten Voraussetzungen vorteilhaft ist.[26] Sind diese Bedingungen nicht erfüllt, dann wird die Kaufoption stets am Laufzeitende ausgeübt. Die Bewertungsgleichungen von europäischen und amerikanischen Kaufoptionen sind in diesem Fall identisch.[27]

Da eine Wandelanleihe als Kombination einer Anleihe mit einer Kaufoption interpretierbar ist,[28] stellt sich die Frage, ob eine vorzeitige Ausübung des Wandlungsrechts im Falle von Wandelanleihen nur unter diesen Voraussetzungen vorteilhaft ist. Hierzu ist zu untersuchen, inwieweit die Ergebnisse der Optionspreismodelle auf das vorliegende Bewertungsmodell übertragbar sind. Sind die Ergebnisse übertragbar und die in der Literatur herausgearbeiteten Voraussetzungen im vorliegenden Modell nicht erfüllt, ist eine getrennte Bewertung von Unternehmen, die mit einer Wandelanleihe europäischen Typs, und solchen, die mit einer Wandelanleihe amerikanischen Typs finanziert sind, nicht notwendig. Der Wert eines mit einer Wandelanleihe europäischen Typs finanzierten Unternehmens entspricht, ceteris paribus, dem Wert eines mit einer Wandelanleihe amerikanischen Typs finanzierten Unternehmens. Sind die Ergebnisse nicht übertragbar oder die Voraussetzungen nicht erfüllt, müssen für beide Wandelanleihentypen unterschiedliche Bewertungsgleichungen abgeleitet werden.

Das in der vorliegenden Arbeit zu entwickelnde Bewertungsmodell eines mit einer Wandelanleihe finanzierten Unternehmens soll bestimmten Anforderungen genügen, damit es neben seiner theoretischen Geschlossenheit auch ein möglichst hohes Maß an Operationalisierbarkeit aufweist. So ist zum einen ein Bewertungsverfahren zu wählen, mit dessen Hilfe die bewertungsrelevanten Effekte einer Wandelanleihenfinanzierung getrennt von den operativen Werteffekten

---

26 Vgl. *Samuelson* (1965), S. 30; *Black/Scholes* (1973), S. 646; *Ingersoll* (1977b), S. 297 f.

27 Vgl. *Merton* (1973a), S. 144 f.; *Hull* (2009), S. 179 f.

28 Vgl. *Sörensson* (1993), S. S130; *Tsiveriotis/Fernandes* (1998), S. 95; *Copeland/Weston/Shastri* (2008), S. 771; *Franke /Hax* (2009), S. 392.

herausgearbeitet und transparent dargestellt werden können. Zum anderen ist ein geeigneter Bewertungrahmen zu finden, der eine gute Operationalisierbarkeit des Modells in der Praxis erlaubt. Hierzu ist das Bewertungsmodell mit einer möglichst geringen Zahl an exogen gegebenen Variablen zu formulieren. Die exogenen Variablen sollen zudem leicht beobachtbar oder zuverlässig prognostizierbar sein.

Der ermittelte Unternehmenswert versteht sich im Sinne eines Grenzpreises zur Vorbereitung einer eigenen oder fremden Entscheidung über den Erwerb oder die Veräußerung eines mit einer Wandelanleihe finanzierten Unternehmens im Rahmen einer nicht dominierten Transaktion.[29]

---

29 Vgl. *Moxter* (1983), S. 5 f.; *Coenenberg/Schultze* (2002), S. 599.

2 Grundlagen einer Finanzierung mit Wandelanleihen

2.1 Definition und Eigenschaften

Wandelanleihen kombinieren eine Anleihe mit einem Wandlungsrecht, das es dem Inhaber gestattet, die Anleihe entweder binnen eines vor der Emission der Wandelanleihe festgelegten Zeitraums oder am Laufzeitende der Anleihe zu einem im Vorhinein festgelegten Verhältnis in Aktien des Emittenten zu wandeln.[30] Ist die Wandlung zu mehreren Zeitpunkten während der Laufzeit der Wandelanleihe möglich, spricht man von einer Wandelanleihe amerikanischen Typs. Ist die Wandlung nur am Laufzeitende möglich, liegt eine Wandelanleihe europäischen Typs vor.[31] Die Anleihe und das Wandlungsrecht sind nicht trennbar und stellen somit eine wirtschaftliche und rechtliche Einheit dar.[32] Die Fremdkapitalzinsen sind im Gegensatz zu Dividenden – zumindest in einem bestimmten Umfang[33] – von der Steuerbemessungsgrundlage abzugsfähig.[34] Ökonomisch besteht daher bis zur Wandlung ein Steuervorteil der Fremd- gegenüber der Eigenfinanzierung.[35]

Wird die Wandlung vollzogen, gehen die Anleihe und die mit ihr verbundenen schuldrechtlichen Ansprüche unter.[36] Dies betrifft im Allgemeinen den Anspruch auf die Tilgungszahlung. Die Stückzinsen, die zwischen dem letzten Zinszahlungstermin vor der Wandlung und dem Wandlungszeitpunkt aufgelaufen sind, werden in der Praxis unterschiedlich behandelt. Es gibt Wandelanleihen, bei denen im Wandlungsfall der Anspruch des Wandelanleiheninhabers auf

---

30 Vgl. *Siddiqui* (1999), S. 449-451; *Ammann/Fehr/Seiz* (2006), S. 44 f.

31 Vgl. *Merton* (1973a), S. 142.

32 Vgl. *Busse von Colbe* (1987), S. 48; *Schlede/Kley* (1987), S. 2; *Zwyssig* (1993), S. 22.

33 Vgl. zu Einschränkungen der steuerlichen Abzugsfähigkeit von Fremdkapitalzinsen *Mai* (2008), S. 36 f.; *Förster/Stöckl/Brenken* (2009), S. 988 f.; *Arnold/Lahmann/Schwetzler* (2011), S. 294 f.

34 Vgl. *Drukarczyk* (2008), S. 214; *Ballwieser* (2011), S. 133 f.

35 Vgl. *Myers* (1974), S. 20-22; *Stiglitz* (1988), S. 124-126.

36 Vgl. *Schumann* (1990), S. 30; *Drukarczyk* (2008), S. 414.

die Stückzinsen verloren geht,[37] und Wandelanleihen, deren Konditionen vorsehen, dass der Anspruch auf die Stückzinsen bei Wandlung erhalten bleibt.[38]

In der Praxis ist in Deutschland vor allem die erste Form verbreitet.[39] Im Gegenzug zur Aufgabe seiner schuldrechtlichen Ansprüche erhält der Wandelanleiheninhaber einen gesellschaftsrechtlichen Anspruch am Gewinn des Unternehmens.[40] Dieser Gewinnanspruch bezieht sich auf das gesamte laufende Geschäftsjahr und nicht nur auf den Zeitraum nach der Wandlung.[41] Das heißt der ehemalige Wandelanleiheninhaber ist berechtigt, zum ersten Ausschüttungstermin nach der Wandlung am Gesamterfolg der Periode – gemäß seines erworbenen Eigenkapitalanteils – zu partizipieren.[42]

Wandelanleihen sind der Klasse der wandelbaren Fremdkapitalinstrumente zuzuordnen. Diese Klasse umfasst neben der Wandelanleihe weitere Finanzierungsinstrumente. Besteht am Laufzeitende der Anleihe nicht ein Recht zur Wandlung, sondern wird die Anleihe zwingend in Eigenkapitaltitel des Unternehmens, das die Anleihe emittiert hat, gewandelt, spricht man von einer Pflichtwandelanleihe.[43] Das Recht einer vorzeitigen Wandlung bleibt davon unberührt.[44] Als Aktienanleihe bezeichnet man eine wandelbare Anleihe, wenn nicht deren Inhaber, sondern das Unternehmen am Ende der Laufzeit das Recht

---

37 Vgl. *Dawson* (1974), S. 14; *Swoboda/Kamschal* (1979), S. 297; *Calamos* (1998), S. 66; *Woodson* (2002), S. 83, 246; *Fischer* (2009), S. 192; *Schoutens/DeSpiegeleer/Jabre* (2011), S. 16.

38 Vgl. *Drukarczyk* (2008), S. 414; *Bodie/Kane/Marcus* (2009), S. 695 f.

39 Eine Auswertung der zwölf am 5. Januar 2012 im Kursteil der Frankfurter Allgemeinen Zeitung aufgelisteten Wandelanleihen zeigt, dass die Wandlungskonditionen acht dieser Anleihen eine Aufgabe der Stückzinsen im Wandlungsfall vorsehen. Bei den restlichen vier Wandelanleihen waren keine Informationen verfügbar. Vgl. Anhang 1.

40 Vgl. grundlegend *Koch* (1927), S. 14; *Drukarczyk* (1993), S. 600; *Hamacher* (2000), S. 2396; *Rudolph* (2006), S. 359; *Bieg/Kußmaul* (2009), S. 231-233.

41 Vgl. zur gesellschaftsrechtlichen Mitgliedsschaft in Folge der Wandlung *Habersack* (2011), §221 Rz. 213; *Jannott/Hagemann* (2009), Kapitel 2.V, Rz. 166-170.

42 Vgl. *Sowoboda/Kamschal* (1979), S. 297; *Constantinides* (1984), S. 374.

43 Vgl. *Röder* (2003), S. 240; *Koziol/Sauerbier* (2005), S. 22-25; *Chemmanur/Nandy/Yan* (2006), S. 1-7; *Kleidt* (2006), S. 10 f.; *Schulz* (2006), S. 12.

44 Vgl. *Friel* (2000), S. 21; *Koziol/Sauerbier* (2005), S. 24.

hat, die Wandlung der Anleihe in eigene Eigenkapitaltitel durchzuführen.[45] Erfolgt die Wandlung nicht in Eigenkapitaltitel des Emittenten, sondern in Eigenkapitaltitel einer dritten Gesellschaft, spricht man von einer Umtauschanleihe.[46] Darüber hinaus finden in jüngerer Zeit Contingent Convertible Bonds zunehmende Verbreitung. Diese zeichnen sich dadurch aus, dass sie zu einer Wandlung der Anleihe in Eigenkapital des Emittenten führen, wenn dessen Eigenkapitalquote unter einen bestimmten Wert fällt. Diese Finanzierungsform wird insbesondere vor Kreditinstituten gewählt und dient der Stärkung der Eigenkapitalbasis.[47]

Darüber hinaus ist die Wandelanleihe eng mit der Optionsanleihe verwandt. Diese kombiniert ebenfalls eine Anleihe mit einer Kaufoption auf die Eigenkapitaltitel des Unternehmens, das die Wandelanleihe emittiert hat. Im Gegensatz zur Wandelanleihe geht im Fall der Optionsanleihe die Anleihe bei Ausübung des Wandlungsrechts nicht unter. Die Anleihe bleibt unabhängig von der Ausübung des Wandlungsrechts bis zu ihrem Fälligkeitszeitpunkt bestehen und wird in diesem getilgt. Daher handelt es sich hierbei um kein wandelbares Fremdkapitalinstrument, sondern lediglich um eine kombinierte Emission einer Anleihe und einer Kaufoption auf Aktien.[48]

Aufgrund der Möglichkeit der Transformation von Fremd- in Eigenkapital sind Wandelanleihen der Klasse der mezzaninen Finanzierungsinstrumente zuzuordnen.[49] Diese zeichnen sich dadurch aus, dass sie eine Position zwischen Eigen- und Fremdkapital einnehmen.[50] Dabei werden rechtliche oder ökonomische Eigenschaften von Eigen- und Fremdkapitaltiteln kombiniert, um Finanzinstru-

---

45 Vgl. *Hamacher* (2000), S. 2396-2400; *Wilkens/Scholz* (2000), S. 171; *Eisele/Knobloch* (2003), S. 750 f.; *Wilkens/Röder* (2003), S. 176; *Ammann/Fehr/Seiz* (2006), S. 45; *Szymanowska*/Ter *Horst/Veld* (2009), S. 895-919.

46 Vgl. *Asquith* (1995), S. 1279; *Note/Nolting* (2002), S. 768; *Ammann/Fehr/Seiz* (2006), S. 45. Umtauschanleihen werden insb. zur Desinvestition von Aktienpaketen eingesetzt. Vgl. *Kleidt/Scharmer/Schiereck* (2009), S. 740-743; *Fabozzi/Modigliani/ Jones* (2010), S. 418 f.

47 Vgl. *Albul/Jaffee/Tchistyi* (2010), S. 2-8; *Rudolph* (2010), S. 1152-1155; *Calomiris/Herring* (*2011*), S. 1-6. Kritisch hierzu *Koziol/Lawrenz* (2012), S. 90 f.

48 Vgl. *Zwyssig* (1993), S. 16 f.; *Rudolph* (2006), S. 361; *Drukarczyk* (2008), S. 415.

49 Vgl. *Rudolph* (2004), S. 16 f.; *Bieg/Kußmaul* (2009), S. 213 f.; *Müller-Känel* (2009), S. 13.

50 Vgl. *Gerke/Bank* (2003), S. 439; *Drukarczyk* (2008), S. 409 f..

mente zu generieren, die bestimmte gewünschte Eigenschaften aufweisen.[51] Diese Eigenschaften sind regelmäßig nicht durch eine bloße Kombination klassischer Eigen- und Fremdkapitaltitel zu konstruieren.[52] Besondere Bedeutung kommt der Verknüpfung steuerlich abzugsfähiger Fremdkapitalzinsen mit der Haftungs- und Anreizfunktion des Eigenkapitals zu, die auch im Rahmen einer Wandelanleihenfinanzierung zentral ist.[53]

Die Ausgestaltung von Wandelanleihen ist vielfältig. Zu den wesentlichen Parametern zählen der Nominalzins, die Laufzeit, ein mögliches Auf- oder Abgeld bei der Emission sowie ein etwaiges Kündigungsrecht des Emittenten.[54] Hinsichtlich der Ausgestaltung des Wandlungsrechts ist neben den möglichen Wandlungszeitpunkten das Wandlungsverhältnis von Bedeutung. Dieses ist üblicherweise als Verhältnis von nominalem Anleihenvolumen zum Nennwert des bedingten Kapitals, in das die Anleihenkomponente getauscht werden kann, definiert. Die Wandlung erfolgt regelmäßig in Stammaktien des Unternehmens.[55] Den Altaktionären stehen aus der bedingten Kapitalerhöhung grundsätzlich Bezugsrechte auf die neu emittierten Eigenkapitaltitel zu, die jedoch in der Regel ausgeschlossen werden.[56] Unter Umständen hat im Wandlungsfall eine Zuzahlung des Wandelanleiheinhabers zu erfolgen.[57]

Der Wandelanleiheinhaber wird wandeln, falls der Wert der Wandelanleihe im Wandlungsfall größer ist als im Nichtwandlungsfall. Dies wird durch folgendes Beispiel verdeutlicht. Betrachtet wird das exogen gegebene Gesamtkapital eines Unternehmens, das ausschließlich mit Eigenkapital und einer Wandelanleihe europäischen Typs finanziert ist. Wählt der Inhaber der Wandelanleihe die Wandlung, erwirbt er im Austausch gegen seinen Anspruch auf die Zins- und Tilgungszahlung einen bestimmten Anteil am Eigenkapital des Unternehmens. Die Höhe des Anteils liegt im Definitionsbereich zwischen 0 und 1. Die Funkti-

---

51 Vgl. *Schulz* (2006), S. 9; *Bieg/Kußmaul* (2009), S. 213; *Schröder/Gans* (2009), S. 1 f.

52 Vgl. *Drukarczyk* (2008), S. 409.

53 Vgl. *McCormick/Creamer* (1987), S. 2; *Müller-Känel* (2009), S. 13.

54 Vgl. *Nolte/Nolting* (2002), S. 773; *Dürr* (2007), S. 63 f.; *Fabozzi* (2012), S. 465 f.

55 Nur in Ausnahmefällen erfolgt die Wandlung in Vorzugsaktien der Emittentin. Vgl. *Rudolph/Fink* (2002), S. 1564; *Franke* (2005), S. 39.

56 Vgl. *Busch* (1999), S. 58-62; *Habersack* (2011), S. § 221 Rz. 171-198.

57 Vgl. *Swoboda/Kamschal* (1979), S. 297; *Löffler* (1987), S. 161; *Nolte/Nolting* (2002), S. 770.

on des Wandelanleihewerts in Abhängigkeit vom Gesamtkapitalwert ist monoton steigend.[58] Unter diesen Annahmen lässt sich der Wert der Wandelanleihe im Fälligkeitszeitpunkt als Funktion des Gesamtkapitalwerts des Unternehmens folgendermaßen darstellen:[59]

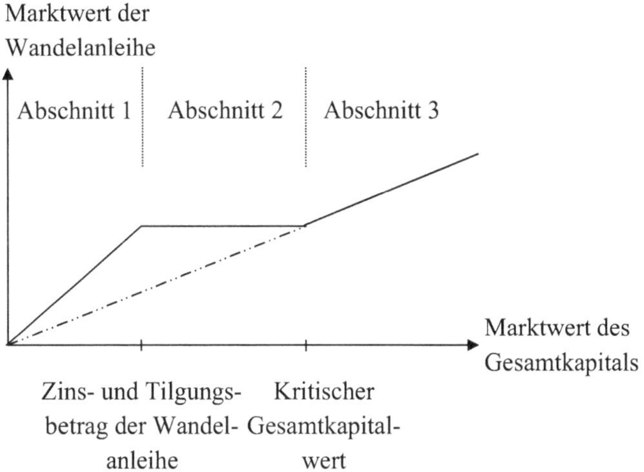

Abb. 1: Wandelanleihenwert in Abhängigkeit vom Gesamtkapitalwert (in Anlehnung an Rudolph (2004)), S. 16

Im ersten Abschnitt liegt der Gesamtkapitalwert unter dem Zins- und Tilgungsbetrag der Wandelanleihe. Wählt der Wandelanleiheinhaber die Wandlung, erhält er einen Anteil am Eigenkapital des Unternehmens. Im Wandlungsfall ist das Unternehmen unter den gesetzten Prämissen rein eigenfinanziert. Folglich entspricht der Eigenkapitalwert dem Gesamtkapitalwert. Der Wert der Wandelanleihe in Abhängigkeit vom Gesamtkapitalwert im Wandlungsfall ist durch die gestrichelte Linie gekennzeichnet. Die Steigung der gestrichelten Linie entspricht der Höhe des bei Wandlung durch den Anleiheninhaber erwerbbaren Eigenkapitalanteils.

58 Vgl. *Bühler/Koziol* (2002), S. 322.
59 Vgl. *Rudolph* (2004), S. 16; *Schulz* (2006), S. 16-20.

Verzichtet der Wandelanleiheninhaber hingegen auf die Wandlung, besitzt er einen Anspruch auf die Zins- und Tilgungszahlung. Da im ersten Abschnitt der Gesamtkapitalwert annahmegemäß unter der Summe aus Zins- und Tilgungsbetrag der Anleihe liegt, kann das Unternehmen die Zins- und Tilgungsverpflichtungen nicht erfüllen und ist insolvent.[60] Der Anleiheinhaber vereinnahmt in diesem Fall den gesamten Unternehmenswert. Dementsprechend entspricht der Marktwert der Wandelanleihe im Nichtwandlungsfall dem Gesamtkapitalwert. Da der Wert der Wandelanleihe somit im Nichtwandlungsfall über deren Wert im Wandlungsfall liegt, wird der Wandelanleiheninhaber in Abschnitt 1 nicht wandeln.

Der zweite Abschnitt beschreibt den Fall, dass der Wert des Gesamtkapitals die Summe aus Zins- und Tilgungsbetrag der Wandelanleihe überschreitet – eine Insolvenz wird somit vermieden –, er jedoch unter dem für die Vorteilhaftigkeit der Wandlung kritischen Gesamtkapitalwert liegt. Der kritische Gesamtkapitalwert ist derjenige Wert des Gesamtkapitals, bei dem der Wert des bei der Wandlung erwerbbaren Eigenkapitalanteils der Summe aus Zins- und Tilgungszahlung entspricht. Folglich ist der Wandelanleiheinhaber an dieser Stelle indifferent zwischen Wandlung und Nichtwandlung, da beide Handlungsalternativen zu einem identischen Wert der Wandelanleihe führen.

Bei Wandlung erwirbt der Wandelanleiheninhaber in diesem Abschnitt einen Anteil am Eigenkapitalwert, der – da das Unternehmen im Wandlungsfall rein eigenfinanziert ist – dem Gesamtkapitalwert entspricht. Im Nichtwandlungsfall vereinnahmt der Wandelanleiheninhaber die Zins- und Tilgungszahlung. Da in Abschnitt 2 die Summe aus Zins- und Tilgungszahlung über dem Eigenkapitalwert liegt, der bei einer Wandlung vom Wandelanleiheninhaber erworben wird, wandelt der Wandelanleiheninhaber.[61] Der Wert der Wandelanleihe entspricht in

---

60 Bei Annahme eines vollkommenen und vollständigen Kapitalmarktes kann der Gesamtkapitalwert, der sich als Barwert aller künftiger Nettozahlungsströme an die Kapitalgeber ergibt, als der Betrag verstanden werden, der dem Unternehmen zur Verfügung steht, um seinen Zahlungsverpflichtungen nachzukommen. Vgl. zu diesem Insolvenzkriterium *Merton* (1974), S. 453.

61 Aus der Annahme einer monoton steigenden Funktion des Wandelanleihenwerts in Abhängigkeit vom Gesamtkapitalwert und der Definition des kritischen Gesamtkapitalwerts folgt, dass ein beliebiger Gesamtkapitalwert, der näher am Ursprung als der kriti-

diesem Abschnitt somit der Summe aus Zins- und Tilgungszahlung. Dies ist durch die durchgezogene Linie verdeutlicht. In Abschnitt 3 liegt der Wert des Gesamtkapitals weiter vom Ursprung entfernt als der kritische Gesamtkapitalwert. Dementsprechend übersteigt der Wert des im Wandlungsfall anteilig erwerbbaren Eigenkapitalanteils den Betrag die Summe aus Zins- und Tilgungszahlung.[62] Der Wandelanleiheninhaber wird wandeln. Die durchgezogene und die gestrichelte Linie überlappen sich in diesem Bereich.

Betrachtet man die gesamte Funktion des Werts der Wandelanleihe in Abhängigkeit vom Gesamtkapitalwert des Unternehmens, zeigt sich, dass die durchgezogene Linie, den Funktionsverlauf wiedergibt, der sich bei einer optimalen Wandlungsstrategie des Wandelanleiheninhabers ergibt. Die gestrichelte Linie hingegen beschreibt den Wert der Wandelanleihe in Abhängigkeit vom Gesamtkapital für den Fall einer obligatorischen Wandlung der Anleihe. Somit ist die Differenz zwischen den beiden Linien als Wert des Wandlungsrechts interpretierbar. Der Funktionsverlauf des Wandelanleihenwerts weist besondere Eigenschaften auf, die bei der Unternehmensbewertung zu berücksichtigen sind. Die bewertungsrelevanten Aspekte einer Finanzierung mit Wandelanleihen werden in Kapitel 3 diskutiert.

2.2 Der Markt für Wandelanleihen

Wandelanleihen sind eine für die Finanzierungspraxis bedeutsame Finanzierungsform.[63] Im Jahre 2010 betrug die Marktkapitalisierung von börsennotierten Wandelanleihen weltweit 468 Milliarden US-Dollar.[64] Davon entfielen 264 Milliarden US-Dollar auf den US-amerikanischen Kapitalmarkt, was in etwa einen Anteil von 56% an der globalen Marktkapitalisierung entspricht. Die Marktkapitalisierung von Wandelanleihen an europäischen beziehungsweise asiatischen

---

sche Gesamtkapitalwert liegt, im Wandlungsfall zu einem Wandelanleihenwert führt, der unter der Summe aus Zins- und Tilgungszahlung liegt.

62 Die Argumentation der Fußnote 61 gilt hier spiegelverkehrt für einen beliebigen Gesamtkapitalwert, der weiter vom Ursprung entfernt ist als der kritische Gesamtkapitalwert.

63 Vgl. *Schulz* (2007), S. 333 f.; *Gillet/de La Bruslerie* (2010), S. 553.

64 Vgl. *Edmond de Rothschild* (2011), S. 13. Dies ist historisch gesehen ein vergleichsweise niedriger Wert. Allgemein liegt die globale Marktkapitalisierung etwa 25% unter dem Wert des Jahres 2006. Vgl. *UBS Global Asset Management* (2007), S. 2.

Kapitalmärkten betrug im Jahre 2010 100 respektive 89 Milliarden US-Dollar. Dies entspricht einem Anteil an der globalen Marktkapitalisierung in Höhe von 21% respektive 19%.[65] In Europa sind Wandelanleihen vor allem in Deutschland und Frankreich verbreitet. So betrug die Marktkapitalisierung von Wandelanleihen in den beiden Ländern jeweils circa 20 Milliarden Euro.[66]

Die globale Marktkapitalisierung teilt sich im Jahre 2010 in 1.285 Wandelanleihen auf, wobei auf dem US-amerikanischen Kapitalmarkt mit 683 Wandelanleihen 53% aller gehandelten Wandelanleihen notieren. Die europäischen und asiatischen Kapitalmärkte kommen mit 217 respektive 350 Wandelanleihen auf einen Anteil von 17% respektive 27% aller weltweit gehandelten Wandelanleihen.[67] Ein großer Anteil an den an europäischen Kapitalmärkten gehandelten Wandelanleihen entfällt dabei auf Deutschland. So sind im Januar 2012 an der Frankfurter Wertpapierbörse 114 Wandelanleihen notiert.[68] Davon wurden 25 Wandelanleihen von einer Konzerngesellschaft, deren Muttergesellschaft einen Sitz in Deutschland hat, und 28 Wandelanleihen von einer Konzerngesellschaft, dessen Muttergesellschaft einen Sitz in Frankreich hat, emittiert.[69] Eine Sonderstellung nimmt Österreich ein. Von den 19 Wandelanleihen wurden 13 von einer einzelnen Gesellschaft emittiert. Die Nominalwerte lagen dabei im einstelligen Millionenbereich. Im Vergleich dazu weisen die Wandelanleihen deutscher Gesellschaften einen durchschnittlichen Nominalwert in Höhe von über 208 Millionen Euro auf. Die Nominalwerte der einzelnen Wandelanleihen liegen in der Spanne von 3 Millionen Euro bis 750 Millionen Euro.

---

65 Der verbleibenden 4%-Anteil verteilt sich auf sonstige Staaten – insbesondere auf Länder des nahen und mittleren Ostens.

66 Vgl. *Blechner* (2010), o. S.

67 Vgl. *Edmond de Rothschild* (2011), S. 13. Die Werte für das Jahr 2009 lagen etwa 20% über denen von 2010. Vgl. *Richter* (2011), S. 40.

68 Vgl. *Deutsche Börse Group* (2012). Ein weiterer wichtiger Handelsplatz für Wandelanleihen in Deutschland ist die Börse Stuttgart, an der im Januar 2012 48 Wandelanleihen gelistet waren. Vgl. *Börse Stuttgart AG* (2012). Jedoch sind fast alle an deutschen Börsen notierten Wandelanleihen auch in Frankfurt am Main notiert. Daher ist die Menge der dort notierten Wandelanleihen ein guter Näherungswert für die Menge an deutschen Börsen notierter Wandelanleihen.

69 Vgl. Anhang 2. Mit größerem Abstand folgen danach Konzerne aus Belgien und der Schweiz mit fünf respektive vier Wandelanleihen. Vgl. *Deutsche Börse Group* (2012).

Nach einem Rückgang der Emissionstätigkeit in den Jahren 2008 und 2009 stabilisierte sich das weltweite nominale Emissionsvolumen von Wandelanleihen ab dem Jahr 2010 wieder.[70] Es betrug in diesem Jahr gut 100 Milliarden US-Dollar. Davon entfielen knapp 40 Milliarden US-Dollar auf den US-amerikanischen Markt, während an europäischen und asiatischen Kapitalmärkten Wandelanleihen im Wert von etwa jeweils 23 Milliarden US-Dollar emittiert wurden.[71] Diese Entwicklung spiegelt sich auch in Deutschland wider. So wurden an der Frankfurter Wertpapierbörse im Jahre 2010 13 Wandelanleihen emittiert. Das kumulierte nominale Emissionsvolumen betrug gut 2,9 Milliarden Euro, wobei sich die Volumina zwischen 9 und 500 Millionen Euro bewegten. Das durchschnittliche Emissionsvolumen lag bei 225 Millionen Euro.[72]

Die Bedeutung der Wandelanleihenfinanzierung für die einzelnen Unternehmen ist unterschiedlich. Betrachtet man die Bedeutung der Wandelanleihenfinanzierung für die gesamte Unternehmensfinanzierung – ausgedrückt durch das Verhältnis des ausstehenden Nominalbetrags aller Wandelanleihen, die im Konzernabschluss des Geschäftsjahres 2010 erfasst werden, zur Konzernbilanzsumme –, schwanken die Werte für die 13 Konzerne, die im Jahre 2010 an der Frankfurter Wertpapierbörse eine Wandelanleihe emittiert haben, zwischen 0,7% und 26,0%.[73] Der Mittelwert und der Median betragen 9,3% beziehungsweise 6,5%. Schließt man das eine in der Stichprobe vorhandene Finanzinstitut von der Betrachtung aus, erhöhen sich der Mittelwert und der Median auf 10,1% beziehungsweise 7,4%. Betrachtet man für dieselben Konzerne die Bedeutung von Wandelanleihen im Rahmen der Verschuldungspolitik – ausgedrückt durch das Verhältnis des ausstehenden Nominalbetrags aller Wandelanleihen, die im Konzernabschluss des Geschäftsjahres 2010 erfasst werden, zu den langfristigen Verbindlichkeiten –, ergibt sich eine Spanne von 2,1% bis 50,0%. Der Mittelwert beträgt 23,1% und bei Ausschluss des Finanzinstituts 27,5%. Der Median beträgt 23,4% und exklusive dem Finanzinstitut 25,0%.

---

70 Vgl. *Edmond de Rothschild* (2011), S. 22. Diese Werte sind im historischen Durchschnitt niedrig. So lag das Emissionsvolumen im Jahr 2006 bei etwa 140 Milliarden US-Dollar. Vgl. *UBS Global Asset Management* (2007), S. 2.

71 Ein Emissionsvolumen in Höhe von gut 14 Milliarden entfiel auf sonstige Staaten.

72 Vgl. Anhang 3.

73 Vgl. Anhang 4.

Diese Zahlen deuten auf eine nicht zu vernachlässigende Bedeutung von Wandelanleihen für die Finanzierung der untersuchten Unternehmen hin. Neben den betrachteten börsennotierten Wandelanleihen gibt es noch eine Vielzahl privat platzierter und gehandelter Wandelanleihen,[74] die insbesondere bei Venture-Capital-Transaktionen Verwendung finden.[75] Weitere bevorzugte Einsatzfelder von Wandelanleihen liegen in der Restrukturierungs- und Management-Buy-Out-Finanzierung.[76] Hierfür sind aussagekräftige Zahlen schwerer zu erheben.

2.3 Bedeutung von Wandelanleihen

2.3.1 Einsatzmotive in der Praxis

In der praxisorientierten Literatur finden sich etliche Motive für die Emission von Wandelanleihen. Ein häufig angeführtes Argument ist die These des „billigen Fremdkapitals". Diese beruht darauf, dass der vom Investor geforderte Zinssatz geringer als bei einer herkömmlichen Anleihe ist, da der stets nicht-negative Wert des Wandlungsrechts einen Teil der Kuponzahlungen substituiert.[77] Dieses Argument der kostengünstigen Kapitalbeschaffung ist unter der Annahme eines vollkommenen[78] und vollständigen[79] Kapitalmarkts nicht überzeugend. Der Grund hierfür ist, dass auf einem solchen Kapitalmarkt der Erwartungswert der Rendite der Wandelanleihe dem Erwartungswert der Rendite einer vergleichbar riskanten Investition entsprechen muß. Wäre dies nicht der Fall, ergäben sich Arbitragegelegenheiten, welche nicht mit den getroffenen Annahmen vereinbar

---

74 Vgl. *Marciukaityte/Varma* (2007), S. 357-364; *Williams/Tang* (2009), S. 879-883.

75 Vgl. *Bigus* (2003), S. 142 f.; *Kaplan/Strömberg* (2003), S. 284; *Schmidt* (2003), S. 1039-1043; *Cummings* (2006), S. 161; *Gebhardt/Schmidt* (2006), S. 39-52; *Rudolph* (2006), S. 365 f. Vgl. kritisch *Hartmann-Wendels/Keienburg/Sievers* (2011), S. 466 f.

76 Vgl. *Rudolph* (2006), S. 363 f.; *Landier/Ueda* (2009), S. 4; *Gillet/de La Bruslerie* (2010), S. 55; *Metrick/Yasuda* (2011), S. 640-645.

77 Vgl. *Ingersoll* (1977b), S. 295-297; *Ganshaw/Dillon* (2000), S. 24; *Müller-Känel* (2009), S. 304.

78 Auf einem vollkommenen Kapitalmarkt sind die Wertpapiere beliebig teilbar und ohne Transaktionskosten handelbar. Zudem sind Informationen kostenlos verfügbar. Vgl. *Schmidt/Terberger* (2003), S. 91; *Ballwieser/Küting/Schildbach* (2004), S. 530 f.; *Laux* (2006), S. 135 f.; *Kruschwitz/Husmann* (2010), S. 41 f.

79 Ein vollständiger Kapitalmarkt zeichnet sich dadurch aus, dass sich alle Zahlungsstromverteilungen durch die am Markt verfügbaren Wertpapiere replizieren lassen. Vgl. *Kruschwitz/Löffler* (2006), S. 28; *Ballwieser* (2010), S. 74. Vgl. auch die Diskussion in Abschnitt 3.1.2.

wären.[80] Aus Sicht des Unternehmens, das die Wandelanleihe emittiert hat, bedeutet dies, dass die Kapitalkosten für die Wandelanleihenfinanzierung nicht durch eine Substitution der Zinszahlungen durch das Wandlungsrecht gesenkt werden können. Vielmehr liegen die Kapitalkosten einer Wandelanleihe über denen einer nicht wandelbaren Anleihe mit festen Kuponzahlungen, da das Wandlungsrecht zusätzliches Risiko für den Investor mit sich bringt, das sich in den Kapitalkosten widerspiegeln muss.[81]

Ein weiteres Motiv sieht die Praxis darin, dass eine Wandelanleihenemission als Möglichkeit für eine verdeckte Aktienemission dienen kann.[82] Dabei wird die Wandelanleihe derart ausgestaltet, dass es mit einer sehr hohen Wahrscheinlichkeit zu einer Wandlung kommt. Eine verdeckte Aktienemission hat gegenüber einer direkten Emission den Vorteil, dass sie weniger öffentliche Aufmerksamkeit verursacht und somit auf nicht vollkommenen Kapitalmärkten die negativen Konsequenzen einer Eigenkapitalerhöhung mindert. Diese negativen Konsequenzen können insbesondere in einem verstärkten Misstrauen hinsichtlich der finanziellen Situation des Emittenten bestehen.[83] Dies wiederum führt zu fallenden Kursen bestehender Aktien bei Ankündigung der Emission.[84] Empirisch finden sich Indizien dafür, dass der Kurseffekt einer Wandelanleiheemission weniger negativ ausfällt als der Kurseffekt bei einer direkten Eigenkapitalemission.[85] Theoretisch ist dieses Argument hingegen schwer haltbar, da es bedingt, dass die Kapitalmarktteilnehmer die Wandlungsmöglichkeit bei der Aktienbewertung verzerrt berücksichtigen.

---

80 Vgl. *Drukarczyk* (1993), S. 135-141; *Gerke/Bank* (2003), S. 439; *Spremann* (2010), S. 316 f.

81 Vgl. *Brennan/Schwartz* (1988), S. 56; *Kolb/Volkart* (2003), S. 966. Dies gilt ungeachtet des stets nicht-negativen Werts des Wandlungsrechts. Der Grund hierfür ist, dass die gängigen Kapitalkostenkonzepte das Risiko als Streuung um einen Erwartungswert eines Zahlungsstroms definieren und somit auch Abweichungsmöglichkeiten nach oben umfassen. Sowohl der Erwartungswert der Zahlungen an den Wandelanleiheninhaber als auch deren Streuung ist im Falle der Wandelanleihe größer als im Falle einer nicht wandelbaren Anleihe mit festen Kuponzahlungen. Vgl. *Ballwieser* (2009), S. 449, sowie die Ausführungen des Abschnitts 2.1.

82 Vgl. *Billingsley/Smith* (1996), S. 97; *Nyborg* (1996), S. 183-187; *Gillet/de La Bruslerie* (2010), S. 555; *Bancel/Mittoo* (2004), S. 349.

83 Vgl. *Myers* (1984), S. 581-592; *Denis* (1994), S. 165-174.

84 Vgl. *Stehle/Erhardt/Przyborowsky* (2000), S. 189; *Thies* (2000), S. 418; *Burkhart* (2003), S. 201.

Die beiden voranstehend ausgeführten Motive lassen sich in der Market-Timing-Hypothese zusammenführen. Diese Hypothese besagt, dass in Phasen einer hohen Volatilität der Aktienkurse bei gleichzeitig niedrigen Zinsen das Wandelanleihenemissionsvolumen signifikant höher ist als in anderen Kapitalmarktumfeldern.[86] Der Grund hierfür liegt darin, dass in einem solchen Marktumfeld eine Emission von Eigenkapital schwierig ist, während der Wert des Wandlungsrechts positiv von der Volatilität des zugrunde liegenden Eigenkapitalwerts abhängt. Daher wird eine Wandelanleihenemission in einem solchen Marktumfeld als besonders vorteilhaft angesehen. Für diesen Effekt lassen sich empirische Indizien finden.[87] Aus theoretischer Perspektive ist dieses Argument jedoch kritisch zu sehen, da rationale Kapitalmarktteilnehmer das niedrige Zinsniveau und die Volatilität des Basiswerts bei der Bewertung der Wandelanleihe berücksichtigen und somit der Market-Timing-Effekt in den Emissionspreis der Wandelanleihe eingepreist wird.[88]

Neben diesen kapitalmarktorientierten Motiven lassen sich regulierungsorientierte Einsatzmotive für Wandelanleihen finden.[89] So wird in der Wandelanleihenemission oftmals eine Möglichkeit zur „Schönung" eigenkapitalbezogener Bilanzkennzahlen gesehen. Dies lässt sich darauf zurückführen, dass der mit der Eigenkapitalerhöhung einhergehende negative Effekt auf diese Kennzahlen erst bei der Wandlung der Anleihe und nicht bereits bei deren Emission auftritt.[90] Dieses Argument greift zu kurz, da das verwässerte Ergebnis pro Aktie regelmäßig direkt in der Finanzberichterstattung publiziert wird oder errechnet werden kann. Zum anderen gibt es auch eigenkapitalbezogene Bilanzkennzahlen, für die ein erhöhter Eigenkapitalausweis vorziehenswürdig ist.[91] So ist eine hohe Eigenkapitalquote ceteris paribus bei Kapitalaufnahmen des Unternehmens vorteilhaft.[92]

---

85 Vgl. *Koziol/Sauer*bier (2005), S. 22. Vgl. kritisch *Li/Wang* (2008), S. 9-11.

86 Vgl. *Mann/Moore/Ramanlal* (1999), S. 101-105.

87 Vgl. *Mann/Moore/Ramanlal* (1999), S. 104; *Dong/Dutordoir/Veld* (2011), S. 18-21.

88 Vgl. *Schulz* (2006), S. 29 f.

89 Vgl. im Überblick *Rudolph* (2004), S. 17.

90 Vgl. *Schulz* (2006), S. 31 f.

91 Vgl. *Brüggemann/Lühn/Siegel* (2004), S. 342 f.; *Grünberger* (2009), S. 697; *Bosse/Hultsch* (2011), S. 48-62.

92 Vgl. *Dürr* (2007), S. 32.

Das Argument, dass potentielle Investoren die Wandlung und die damit einhergehende Stärkung der Haftungsmasse des Unternehmens antizipieren, trägt nur für Pflichtwandelanleihen. Der Grund hierfür ist, dass in wirtschaftlichen Schwächephasen, in denen die Haftungsmasse von Bedeutung ist, regelmäßig keine Wandlung stattfinden wird.[93] Analog dazu ist das Argument, mit Wandelanleihen ließe sich das Kreditrating verbessern,[94] kritisch zu hinterfragen. Darüber hinaus findet sich in der praxisorientierten Literatur das Argument, durch die Emission von Wandelanleihen ließen sich neue Investorengruppen gewinnen. In diesem Kontext sind insbesondere Hedge Fonds zu nennen, die sich auf Wandelanleihen spezialisiert haben.[95] Dieses Argument lässt sich empirisch stützen und ist theoretisch schwer angreifbar.[96]

2.3.2 Agency-theoretische Einsatzmotive

Neben den im vorangegangenen Abschnitt diskutierten Einsatzmotiven gibt es eine Reihe agency-theoretischer Modelle, die den Einsatz von Wandelanleihen in der Unternehmensfinanzierung erklären. Diese Modelle beruhen auf der Annahme, dass eine Partei eine andere beauftragt, wirtschaftliche Handlungen vorzunehmen.[97] Der Auftraggeber wird als Prinzipal und der Beauftragte als Agent bezeichnet. Der aus der wirtschaftlichen Handlung gezogene Nutzen steht dem Prinzipal zu. Der Agent wird für die Durchführung der Handlung vom Prinzipal entlohnt. Da der Agent über seine Fähigkeiten und Handlungen besser als der Prinzipal informiert ist, besteht eine Informationsasymmetrie, die sowohl vorvertraglicher Natur – im Sinne einer Unsicherheit über die Fähigkeiten beziehungsweise der Eigenschaften des Agenten[98] – als auch nachvertraglicher Natur – im Sinne einer Unsicherheit über das Verhalten des Agenten während der Leistungserbringung[99] – sein kann.

Diese Informationsasymmetrie wird vom Agenten zur Maximierung des eigenen Nutzens opportunistisch ausgenutzt. In Folge dessen ergeben sich Agency-

93 Vgl. hierzu *Koziol/Sauerbier* (2005), S. 22.
94 Vgl. *Heidorn/Gerhold* (2004), S. 17.
95 Vgl. *Schäfer* (2002), S. 522.
96 Vgl. *Stulz* (2007), S. 182.
97 Vgl. *Arrow* (1985), S. 37-51; *Rudolph* (2006), S. 134-141.
98 Vgl. grundlegend *Akerlof* (1970), S. 489-492.

Kosten. Diese sind – aus Sicht des Prinzipals – als Differenz zwischen dem Nutzen, der im Modell ohne Informationsasymmetrie erreichbar ist, und dem Nutzen, der im Fall der bestmöglichen Lösung im Modell mit Informationsasymmetrie erreichbar ist, definiert.[100] Agency-Kosten stellen somit den Effizienzverlust in Folge der asymmetrischen Informationsverteilung dar. Das Ziel agency-theoretischer Modelle ist es, Situationen unter Berücksichtigungen der Informationsasymmetrien zu beschreiben und geeignete Lösungen zur Verringerung der Agency-Kosten zu entwickeln.

Im Kontext agency-theoretischer Modelle in der Finanzierungstheorie wird das Management des Unternehmens üblicherweise als Agent definiert, während die (externen) Kapitalgeber als Prinzipale modelliert werden.[101] Die Informationsasymmetrie vor Abschluss des Finanzierungsvertrages besteht hinsichtlich bestimmter Eigenschaften des kapitalsuchenden Unternehmens, die dem Management beziehungsweise den Alteigentümern, aber nicht den (externen) Kapitalgebern bekannt sind.[102] Die Informationsasymmetrie nach Abschluss des Finanzierungsvertrages und der Kapitalbereitstellung ergibt sich daraus, dass die Handlungen des Managers respektive der Alteigentümer für die externen Kapitalgeber nicht vollständig beobachtbar sind. Ein Rückschluss von den Ergebnissen der Handlungen des Agenten auf die Handlungen selbst ist ebenfalls nur verzerrt möglich.[103]

Zur Analyse und Lösung dieser vor- und nachvertraglichen Finanzierungsprobleme wurde in der Literatur eine Vielzahl agency-theoretischer Modelle entwickelt. Modelle, die sich der Verringerung der Agency-Kosten in Folge einer vorvertraglichen Qualitätsunsicherheit widmen, zeigen, wie es Unternehmen, die eine aus Sicht der Kapitalgeber wünschenswerte Eigenschaft aufweisen, mittels

---

99 Vgl. grundlegend *Alchian/Demsetz* (1972), S. 778-785.

100 Vgl. grundlegend *Jensen/Meckling* (1976), S. 308-310. Vgl. zusammenfassend *Rudolph* (2006), S. 140; *Picot/Dietl/Franck* (2008), S. 72-74. Vgl. kritisch hierzu Schneider (1987), S. 481-494, sowie eine Erwiderung hierzu von *Schmidt* (1987), S. 495-509.

101 Dabei wird regelmäßig unterstellt, dass das Management im eigenen Interesse zu Lasten der Eigenkapitalgeber handelt. Es gibt aber auch Modelle, in denen das Management die Interessen der Eigentümer gegenüber externen Investoren vertritt. Vgl. *Rudolph* (2006), S. 163-214.

102 Vgl. grundlegend *Ross* (1977a), S. 32-38; *Myers/Majluf* (1984), S. 198-210; *Miller/Rock* (1985), S. 1033-1047.

einer Wandelanleihenfinanzierung gelingt, ein Signal über die entsprechenden Eigenschaften an die Kapitalgeber zu senden. Dadurch lassen sich vorvertragliche Informationsasymmetrien abbauen und Agency-Kosten vermeiden.[104]

Dieser Modellkategorie ist das Modell von Brennan/Kraus (1987) zuzuordnen. Diese zeigen bei einer Unsicherheit über das operative Risiko des kapitalnachfragenden Unternehmens, dass eine Wandelanleihenemission dem risikoärmeren von zwei Unternehmen erlaubt, ein glaubwürdiges Signal über sein geringes operatives Risiko an die Kapitalgeber zu senden.[105] Ein ähnliches Modell bietet Stein (1992) für den Fall einer vor Vertragsabschluss unbeobachtbaren Ertragskraft des kapitalnachfragenden Unternehmens.[106] Er weist nach, dass die Emission von Wandelanleihen zur Finanzierung eines neuen Investitionsprojekts ein Selbstselektionssignal von Unternehmen mit hoher und mittlerer Ertragskraft darstellt, mit dem diese sich glaubhaft von Unternehmen mit geringer Ertragskraft separieren können. Ein ähnliches Modell bietet Nyborg (1995). Dieser erweitert das Modell von Stein (1992), indem er eine Kündigungsoption des Emittenten implementiert.[107] Das Ergebnis von Stein (1992) wird dabei im Wesentlichen bestätigt.[108] Eine Neuausrichtung des Ansatzes von Stein (1992) erfolgt im Modell von Chemmanur/Nandy/Yang (2004). Im Kontext einer Untersuchung der Motive für eine Emission von Pflichtwandelanleihen modellieren die Verfasser unterschiedliche Insolvenzwahrscheinlichkeiten und Grade an Informationsasymmetrien.[109] Im Ergebnis stellen sie fest, dass im Gleichgewicht Pflichtwandelanleihen insbesondere von Unternehmen emittiert werden, die einen relativ geringen Informationsvorsprung gegenüber den Investoren und gleichzeitig eine relativ hohe Insolvenzwahrscheinlichkeit aufweisen.[110] Für Unternehmen

---

103 Vgl. grundlegend *Jensen/Meckling* (1976), S. 312-351.

104 Vgl. grundlegend zur Problematik vorvertraglicher Qualitätsunsicherheit *Akerlof* (1970), S. 489-492, sowie zusammenfassend *Richter/Furubotn* (2010), S. 258-260.

105 Vgl. *Brennan/Kraus* (1987), S. 1234 f. Operatives Risiko wird dabei als die Varianz der verschiedenen Zahlungsströme gemessen, die ein Unternehmen in den verschiedenen Umweltzuständen realisiert. Vgl. *Brennan/Kraus* (1987), S. 1237 f.

106 Vgl. *Stein* (1992), S. 5-11.

107 Vgl. *Nyborg* (1995), S. 362-381.

108 Vgl. *Nyborg* (1995), S. 368.

109 Vgl. *Chemmanur/Nandy/Yang* (2004), S. 7-29.

110 Vgl. *Chemmanur/Nandy/Yang* (2004), S. 38.

mit gegenteiligen Eigenschaften kann unter bestimmten Bedingungen eine Emission von klassischen Wandelanleihen optimal sein.[111]

Neben den voran stehenden Modellen, die die Vorteilhaftigkeit einer Wandelanleihenfinanzierung bei vorvertraglicher Qualitätsunsicherheit begründen, finden sich in der Literatur Modelle, die den Einsatz von Wandelanleihen bei nachvertraglicher Verhaltensunsicherheit untersuchen. So betrachtet Green (1984) die Wirkung einer Wandelanleihenfinanzierung im Kontext des Risikoanreizproblems.[112] Dieses beschreibt den Anreiz der Eigenkapitalgeber, im Falle einer Fremdfinanzierung Investitionsprojekte mit einem hohen Risiko – gegebenenfalls auch im Falle eines negativen Nettokapitalwerts der Investition – durchzuführen. Der Grund hierfür ist, dass Eigenkapitalgeber unbeschränkt an den Gewinnen, aber nur beschränkt – in Höhe ihrer Einlage – an den Verlusten partizipieren. Durch die Erhöhung des Risikos kommt es somit zu einer Vermögensverschiebung von Fremd- zu Eigenkapitalgebern und gegebenenfalls zu einem Effizienzverlust.[113] Green (1984) zeigt, dass im Fall einer Wandelanleihenfinanzierung der Anreiz der Eigenkapitalgeber zu einer ineffizienten Erhöhung des operativen Risikos gemildert wird, da der Wandelanleiheninhaber an der Wertsteigerung des Eigenkapitals durch Wandlung seiner Anleihe partizipieren kann.

Barnea/Haugen/Senbet (1985) betrachten die Effekte einer Finanzierung mit Wandelanleihen auf das Dienstverbrauchsproblem.[114] Dieses kennzeichnet den Anreiz des Managers zu einem hohen privaten Konsum am Arbeitsplatz. Der hierbei entstehende Nutzen wird vom Manager vollständig internalisiert, während die Kosten überwiegend von den Eigenkapitalgebern getragen werden.[115] Barnea/Haugen/Senbet (1985) weisen nach, dass die Ausgabe einer Verkaufsoption auf das Eigenkapital des Unternehmens an die Kapitalgeber die Kosten einer privaten Nutzenziehung in Form des Wertverfalls der unterstellten Eigenkapitalbeteiligung des Managers am Unternehmen überproportional steigen lässt. Der Anreiz für privaten Konsum lässt sich somit vermindern. Die Ausgabe einer Verkaufsoption an die Kapitalgeber lässt sich durch die Emission von Wandel-

---

111 Vgl. *Chemmanur/Nandy/Yang* (2004), S. 26 f.
112 Vgl. *Green* (1984), S. 124-129.
113 Vgl. *Jensen/Meckling* (1976), S. 333-343.
114 Vgl. *Barnea/Haugen/Senbet* (1987), S. 93-97.
115 Vgl. *Jensen/Meckling* (1976), S. 312-330.

anleihen erreichen. So senkt privater Konsum des Managers ceteris paribus den Unternehmenswert und erhöht dementsprechend die Wahrscheinlichkeit, dass sich die Verkaufsoption während ihrer Fälligkeit „im Geld" befindet und ausgeübt wird. Eine Ausübung der Verkaufsoption kommt der Nichtwandlung der Wandelanleihe gleich. Dementsprechend wählen bei privatem Konsum des Managers die Kapitalgeber die Rückzahlung der Anleihe. Der Manager internalisiert somit die Kosten des privaten Konsums in einem höheren Maße.[116]

Eng mit dem Dienstverbrauchsproblem verbunden ist das Überinvestitionsproblem. Dieses beschreibt den Anreiz von Managern, aus persönlichen Macht- und Reputationsmotiven ineffiziente Investitionen zu tätigen, um ihren Verfügungsbereich auszuweiten, anstatt nicht kapitalwertpositiv investierbare Zahlungsmittel an die Kapitalgeber auszuschütten.[117] Mayers (1998) legt seinem Modell eine Wandelanleihe zu Grunde, die unmittelbar vor der Investition fällig wird und deren Wandlungspreis dergestalt an die Investition geknüpft ist, dass die Kapitalgeber nur im Falle einer kapitalwertpositiven Investition wandeln werden.[118] Dies führt dazu, dass dem Manager im Falle einer kapitalwertnegativen Investitionsmöglichkeit das – annahmegemäß für die Investition notwendige – Kapital durch die Rückzahlung der Anleihe entzogen wird. Somit lässt sich das Überinvestitionsproblem vermeiden.

Die Wirkung einer Wandelanleihenfinanzierung auf das Leistungsanreizproblem wird von Schulz (2007) analysiert.[119] Das Leistungsanreizproblem entsteht dadurch, dass der Manager nur für ein bestimmtes beobachtbares Anstrengungsniveau entlohnt wird und die Bindung der Entlohnung an ein höheres Anstrengungsniveau daran scheitert, dass höhere Anstrenungsniveaus nicht mehr beobachtet werden können. An jeder zusätzlichen Einheit an Anstrengung des Managers partizipieren ausschließlich die Kapitalgeber. Da Anstrengung für den Manager mit einem Disnutzen verbunden ist, wird er stets das seiner Entlohnung

---

116 Zur Lösung des bei Nichtwandlung auftretenden Risikoanreizproblems ist der Eigentümer-Managers mit einer Kaufoption auszustatten. Vgl. *Barnea/Haugen/Senbet* (1987), S. 97.

117 Vgl. *Jensen* (1986), S. 323.

118 Vgl. *Mayers* (1998), S. 85-88. Zudem lassen sich so die Kosten einer zusätzlichen Eigenkapitalemission zur Finanzierung des Investitionsprojektes vermeiden. Vgl. *Mayers* (1986), S. 87.

119 Vgl. *Schulz* (2007), S. 337-352.

zugrunde liegende Anstrenungsniveau wählen. Liegt dieses unter dem – aus Sicht der Kapitalgeber – effizienten Anstrengungsniveau, entstehen Agency-Kosten.[120] Schulz (2007) zeigt in einem zweiperiodigen Modell eines mit Eigenkapital und Wandelanleihen finanzierten Unternehmens, dass ein niedriger Arbeitseinsatz in der ersten Periode zu einem Reputationsverlust des Managers führt. [121] Dieser Reputationsverlust führt zu einer stärkeren Überwachung des Managers durch die Kapitalgeber in der zweiten Periode. Da Fremdkapital eine stärker disziplinierende Wirkung auf den Manager hat als Eigenkapital,[122] werden in diesem Fall die Wandelanleiheninhaber die Anleihe in der zweiten Periode wandeln. Beobachten die Kapitalgeber am Ende der ersten Periode hingegen einen hohen Unternehmenswert, schließen sie auf einen hohen Arbeitseinsatz des Managers und die Wandelanleiheninhaber verzichten auf die Wandlung in der zweiten Periode. Daher wird der Manager, falls sein Disnutzen aus der Disziplinierung durch die Wandlung in der zweiten Periode den Disnutzen des erhöhten Arbeitseinsatzes in der ersten Periode übersteigt, in der ersten Periode einen hohen Arbeitseinsatz leisten.

Voranstehende Modelle weisen konzeptionelle Probleme auf. So basieren sie auf engen Prämissengerüsten, die nur ein stark idealisiertes Bild der Wirklichkeit widerspiegeln. Insbesondere die strengen Rationalitätsanforderungen an die Kapitalmarktteilnehmer sind in der Realität nicht erfüllt. Des Weiteren wird regelmäßig nur ein singuläres Prinzipal-Agenten-Problem untersucht. Es ist jedoch zu erwarten, dass bei jedem Unternehmen multiple und interdependente Prinzipal-Agenten-Probleme auftreten. Bei den aus den Modellen deduzierten Ergebnissen handelt es sich folglich nur um ein Partialergebnis.[123] Inwiefern sich dieses Ergebnis bei dem Einbezug weiterer Prinzipal-Agenten-Probleme ändert, ist – insbesondere auf Grund der stark parameterabhängigen Ergebnisse von Prinzipal-Agenten-Modellen – unklar. Neben diesen wesentlichen konzeptionellen Schwächen, die allen oben dargestellten Modellen gemein sind, finden sich wei-

---

120 Vgl. *Grossman/Hart* (1983), S. 10-18; *Klaus* (1994), S. 167.

121 Die Kapitalgeber können von am Periodenende beobachtbaren Umweltzustand auf den Arbeitseinsatz schließen Der Rückschluss ist nur unvollkommen möglich, da der Manager durch die Wahl seines Anstrengungsniveaus nicht den Eintritt eines bestimmten Umweltzustandes herbeiführt, sondern lediglich die Eintrittswahrscheinlichkeiten der Umweltzustände beeinflusst.

122 Vgl. *Jensen* (1986), S. 323.

123 Vgl. *Rudolph* (2006), S. 374 f.

tere modellspezifische Schwächen in der Modellierung, die in dieser Arbeit nicht weiter ausgeführt werden.[124]

Neben diesen agency-theoretischen Erklärungsansätzen für eine Wandelanleihenfinanzierung finden sich in der Literatur weitere Ansätze, die die Vorteilhaftigkeit dieser Finanzierungsform in bestimmten Marktunvollkommenheiten sehen. Hierbei spielen insbesondere Transaktionskosten, Marktsegmentierungen, heterogene Erwartungen der Kapitalmarktteilnehmer und die Unvollständigkeit des Kapitalmarkts eine Rolle.[125] Jedoch leiden auch diese Modelle unter ihrem engen Prämissengerüst.

Es lässt sich somit festhalten, dass Wandelanleihen ein in der Finanzierungspraxis stark verbreitetes Finanzierungsinstrument darstellen. Ein Grund hierfür wird in praxisorientierten Einsatzmotiven gesehen. Diese Motive sind jedoch leicht angreifbar. Theoretisch fundierter sind hingegen agency-theoretische Begründungen für die Überlegenheit einer Wandelanleihenfinanzierung gegenüber einer Finanzierung mit reinem Eigen- und/oder Fremdkapital in bestimmten Kontexten. Jedoch sind auch diese Ergebnisse auf Grund der restriktiven Prämissen der Modelle umstritten. Insbesondere die starke Rationalitätsannahme agency-theoretischer Modelle ist Gegenstand breiter Kritik.[126]

---

124 Vgl. hierzu *Schulz* (2006), S. 35-86.

125 Vgl. *Lewellen/Racette* (1973), S. 778-790; *McDaniel* (1983), S. 59-63.

126 Vgl. *Arrow* (1991), S. 48-50.

3 Bewertungsrelevante Aspekte einer Wandelanleihenfinanzierung

3.1 Grundlagen der Bewertung

3.1.1 Gesamtbewertung unter Rückgriff auf Risikozuschläge

In der Literatur ist unstrittig, dass ein theoretisch fundierter Unternehmenswert auf den künftigen Nettozahlungsströmen an die Kapitalgeber fußt.[127] Die Bewertung erfolgt im Rahmen eines Gesamtbewertungsverfahrens.[128] Die künftigen Zahlungsströme sind mehrwertig und somit unsicher.[129] Finanzmathematisch lässt sich das Bewertungskonzept als Kapitalwertkalkül unter Unsicherheit abbilden.[130] Da üblicherweise risikoaverse Wirtschaftssubjekte unterstellt werden, geht die Unsicherheit wertmindernd in das Bewertungskalkül ein.[131] Dies geschieht regelmäßig, indem die Erwartungswerte der Zahlungsströme mit einem risikoadjustierten Zinsfuß auf den Bewertungsstichtag diskontiert werden. Dieses Vorgehen wird als Risikozuschlagsmethode bezeichnet.[132] Alternativ werden aus den künftigen, unsicheren Zahlungsströmen Sicherheitsäquivalente gebildet, die mit dem risikolosen Zinssatz zu diskontieren sind. Ein solches Vorgehen wird als Sicherheitsäquivalentmethode bezeichnet.[133]

Eine weitere Möglichkeit besteht in der risikoneutralen Bewertung. Bei dieser wird die Unsicherheit im Zuge der Bildung risikoneutraler Erwartungswerte in den so genannten risikoneutralen Wahrscheinlichkeiten der denkbaren Zah-

---

127 Vgl. grundlegend *Wiese* (1930), S. 5; *Williams* (1938), S. 55. Vgl. *Münstermann* (1966), S. 151; *Hirshleifer* (1970), S. 154 f.; *Moxter* (1977), S. 254; *Moxter* (1983), S. 79-84; *Hachmeister* (2000), S. 91-94; *Richter* (2002), S. 40 f.; *Ballwieser* (2011), S. 8-10.

128 Vgl. *Moxter* (1983), S. 75-83; *Ballwieser* (2011), S. 8-10. Auf Einzelbewertungs- und Mischverfahren sowie Überschlagsrechnungen wird wegen ihren schwerwiegenden konzeptionellen Mängeln in der vorliegenden Arbeit nicht weiter eingegangen. Vgl. *Ballwieser* (1991), S. 52-54; *Ballwieser* (2011), S. 199-216.

129 Vgl. *Hirshleifer* (1961), S. 113; *Ballwieser* (1981), S. 99-105; *Moxter* (1983), S. 117 f.; *Ballwieser* (1990), S. 155-157; *Kruschwitz/Löffler* (2008), S. 805.

130 Vgl. *Franke/Hax* (2009), S. 297 f.; *Kruschwitz/Löffler* (2006), S. 1 f.

131 Vgl. *Ballwieser* (1990), S. 7; *Ballwieser* (1993), S. 153; *Günther* (1998), S. 1836; *Pratt/Grabowski* (2008), S. 41; *Drukarczyk/Schüler* (2009), S. 39.

132 Vgl. *Ballwieser* (1981), S. 102; *Ballwieser* (1993), S. 157; *Ballwieser* (1997), S. 2393 f.; *Schwetzler* (2000), S. 470; *Moser* (2004), S. 57; *Drukarczyk/Schüler* (2009), S. 73; *Spremann* (2010), S. 175-177; *Ballwieser* (2011), S. 81-84.

133 Vgl. *Hull* (1986), S. 445; *Franke/Hax* (2009), S. 303-307; *Ballwieser* (2011), S. 77-79.

lungsstromausprägungen erfasst. Die risikoneutralen Erwartungswerte werden mit dem risikolosen Zinssatz diskontiert.[134]

Die Sicherheitsäquivalentmethode baut auf der axiomatisch fundierten Bernoulli-Theorie auf.[135] Auf Grund der Diskontierung mit dem risikolosen Zinssatz werden der Zeit- und Risikoeffekt, die bei der Bewertung künftiger Zahlungsströme berücksichtigt werden müssen, getrennt erfasst. Somit lässt sich die Vermengung dieser beiden Effekte im risikoadjustierten Zinsfuß, wie er bei der Risikozuschlagsmethode verwandt wird, vermeiden.[136] Jedoch bedarf dieses Vorgehen der Kenntnis der Risikonutzenfunktion des Bewerters, welche in praxi unbekannt und empirisch kaum zu erheben ist.[137]

Im Rahmen der risikoneutralen Bewertung lässt sich ebenfalls das Problem der Bestimmung risikoadäquater Kapitalkosten umgehen. Zudem ist die Annahme eines arbitragefreien Kapitalmarktes hinreichend, um das Bewertungskonzept zu begründen.[138] Jedoch bedarf die risikoneutrale Bewertung der Kenntnis des risikolosen Wahrscheinlichkeitsmaßes.[139] Dieses Wahrscheinlichkeitsmaß setzt voraus, dass die Preise der Arrow-Debreu-Wertpapiere bekannt sind.[140] Jene sind in der Realität jedoch unbekannt[141] und müssen daher unter Rückgriff auf Verteilungsannahmen der bewertungsrelevanten Zahlungsströme und Annahmen über die Risikopräferenzen der Kapitalmarktteilnehmer konstruiert werden. Somit geht der vermeintliche Vorteil der präferenzunabhängigen risikoneutralen Bewertung gegenüber der Sicherheitsäquivalentmethode verloren.[142]

---

134 Vgl. grundlegend *Harrison/Kreps* (1979), S. 384-394. Vgl. zusammenfassend *Bingham/Kiesel* (2004), S. 115; *Kruschwitz/Husmann* (2010), S. 321-325.

135 Vgl. grundlegend von *Neumann/Morgenstern* (1944), S. 15-43. Vgl. weiterhin *Schneeweiß* (1967), S. 61-77; *Hirshleifer* (1970), S. 216-240; Ballwieser (2011), S. 67 f.

136 Vgl. *Robichek/Myers* (1965), S. 83-86; *Schwetzler* (2000), S. 472; *Wilhelm* (2005), S. 642 f. Vgl. kritisch *Kürsten* (2002), S. 137-142, und in Erwiderung auf *Kürsten* *Bamberg/Dorfleitner/Krapp* (2004), S. 107 f.; *Ballwieser* (2011),S. 80.

137 Vgl. *Ballwieser* (2002), S. 738. Versuche, individuelle Risikopräferenzen empirisch zu erheben, finden sich u.a. bei *Smidts* (1997), S. 360-367, und *Kirkwood* (2004), S. 1-62.

138 Vgl. *Keiber* (2004), S. 424; *Kruschwitz/Löffler* (2006), S. 26-28.

139 Vgl. *Kruschwitz/Löffler* (2006), S. 22; *Hull* (2009), S. 628 f.

140 Vgl. Ross (1978b), S. 458-464; *Bingham/Kiesel* (2004), S. 18-25.

141 Vgl. *Wilhelm* (1983), S. 531; *Loistl* (1994), S. 316 f.

142 Vgl. *Nietert* (2001), S. 205-207; *Richter* (2003), S. 67; *Wiese* (2006), S. 48 f.

Bei der Risikozuschlagsmethode werden die periodenspezifischen Erwartungswerte künftiger Zahlungsströme mit risikoadjustierten Kapitalkosten auf den Bewertungsstichtag abgezinst.[143] Die risikoadjustierten Kapitalkosten setzen sich aus dem Basiszinssatz, der die Präferenz des Bewerters hinsichtlich des zeitlichen Anfalls von Zahlungsströmen berücksichtigt,[144] und einem Risikozuschlag zusammen, der die Präferenz des Bewerters hinsichtlich des Risikos der zukünftigen Zahlungen widerspiegelt.[145] Die Risikoerfassung erfolgt somit ausschließlich im Nenner des Kalküls. Die Ermittlung des Risikozuschlags beziehungsweise der risikoadjustierten Kapitalkosten ist das zentrale Problem bei Anwendung der Risikozuschlagsmethode.

Die Literatur hat eine Fülle an theoretischen Abhandlungen über die sachgerechte Bestimmung der relevanten Kapitalkosten hervorgebracht.[146] Die unterschiedlichen Formeln für die Kapitalkosten ergeben sich infolge unterschiedlicher Annahmen hinsichtlich des zu bewertenden Unternehmens.[147] Im Allgemeinen gilt, dass Kapitalkosten den Erwartungswert der Rendite der besten alternativen, hinsichtlich bestimmter Äquivalenzprinzipien vergleichbaren Mittelverwendung widerzuspiegeln haben.[148] Bei konsistenter Anwendung führen alle drei Verfahren zu einem identischen Unternehmenswert.[149] Daher ist das Verfahren zu wäh-

---

143 Vgl. *Ballwieser* (2011), S. 81-84; *Schultze* (2003), S. 263f.

144 Vgl. *Hirshleifer* (1970), S. 192 f.; *Lehmann* (1975), S. 80-123; *Ballwieser* (2003), S. 23; *Baetge/Krause* (2004), S. 449 f.

145 Vgl. *Ballwieser* (2011), S. 93.

146 Vgl. insb. *Modigliani/Miller* (1963), S. 441; *Sharpe* (1964), S. 432; *Lintner* (1965), S. 27 f.; *Mossin* (1966), S. 777; *Hamada* (1972), S. 440; *Ashton/Atkins* (1978), S. 1450-1452; *Miles/Ezzell* (1980), S. 726; *Inselbag/Kaufold* (1997), S. 118-121; *Wallmeier* (1999), S. 1476; *Heizer/Dutschmann* (1999), S. 1465 f.; *Langenkämper* (2003), S. 83 f.

147 Vgl. *Ballwieser* (2011), S. 150 f.

148 Vgl. *Hirshleifer* (1970), S. 205-210; *Moxter* (1983), S. 155-202; *Ballwieser/Leuthier* (1986), S. 548 f.; *Moxter* (1992), S. 52; *Armitage* (2005), S. 134.

149 Zur Überführbarkeit von Risikozuschlagsmethode und risikoneutraler Bewertung vgl. *Richter* (1999), S. 1-21; *Richter* (2002a), S. 136-147. Zur Überführbarkeit von Risikozuschlags- und Sicherheitsäquivalentmethode unter Berücksichtigung eines allgemeinen Risikozuschlagssatzes vgl. *Robichek/Myers* (1965), S. 81 f.; *Ballwieser* (1981), S. 99-104; *Ballwieser* (1990), S. 170; *Siegel* (1994), S. 462-474; *Ballwieser* (2001b), Sp. 2086; *Drukarczyk/Schüler* (2009), S. 44-55; *Ballwieser* (2011), S. 194 f. Zur Überführbarkeit von Risikozuschlags- und Sicherheitsäquivalentmethode unter Berücksichtigung eines im Rahmen des CAPM ermittelten Risikozuschlagssatzes vgl. *Bogue/Roll* (1974), S. 606; *Turnbull* (1977a), S. 222; Timmreck (2006), S. 56-61.

len, das für den Zweck der Bewertung eines mit einer Wandelanleihe finanzierten Unternehmens am besten zu operationalisieren ist. Aus voranstehender Diskussion ergibt sich, dass sowohl die Sicherheitsäquivalentmethode als auch die Methode der risikoneutralen Bewertung zwar theoretisch fundiert, im Kontext der Unternehmensbewertung aber nicht zweckgerecht sind. Obgleich die Risikozuschlagsmethode ebenfalls einiger kritischer Annahmen bedarf,[150] ist diese für den Zweck der Unternehmensbewertung leichter operationalisierbar und wird daher in der vorliegenden Arbeit herangezogen.

3.1.2 Arbitragefreier Kapitalmarkt als Bewertungsrahmen

Regelmäßig wird die Erwartungsnutzentheorie mit der Sicherheitsäquivalentmethode assoziiert, während man der Risikozuschlagsmethode oftmals eine kapitalmarktorientierte Bestimmung der Risikozuschläge zuschreibt. Dies ist jedoch nicht zwingend.[151] Ballwieser gelingt es anschaulich zu verdeutlichen, wie Risikozuschläge aus der zu Grunde liegenden Zahlungsstromverteilung unter Berücksichtigung der individuellen Risikonutzenfunktion zu gewinnen sind.[152] Dementsprechend lassen sich die im Rahmen der Risikozuschlagsmethode benötigten risikoadjustierten Kapitalkosten sowohl in einem idealisierten Marktkalkül als auch auf Grundlage eines Individualkalküls, das sämtliche Handlungsalternativen und Präferenzen des Bewertungssubjektes berücksichtigt, bestimmen.

Aus entscheidungstheoretischer Sicht ist das Individualkalkül dem Kapitalmarktkalkül überlegen.[153] Jedoch stehen der Verwendung des Individualkalküls schwerwiegende Probleme bei dessen Operationalisierung entgegen.[154] So ist zur vollständigen Erfassung aller Handlungsalternativen grundsätzlich eine Programmplanung vorzunehmen, die alle verdrängten alternativen Mittelverwen-

---

150 Vgl. Abschnitte 3.1.2, 3.1.3 und 3.2.2; *Ballwieser* (1990), S. 169-171; *Ballwieser* (2002), S. 738.

151 Vgl. *Ballwieser* (2002), S. 738.

152 Vgl. *Ballwieser* (2011), S. 94-97.

153 Vgl. *Schneider* (1998), S. 1473-1478; *Krag/Kasperzak* (2009), S. 112-116; *Hering* (2006), S. 242; *Matschke/Brösel* (2007), S. 49.

154 Vgl. *Hering* (2006), S. 200; *Ballwieser* (2010), S. 69-73.

dungsmöglichkeiten explizit berücksichtigt.[155] Da dies jedoch mit nicht zu bewältigenden Anstrengungen verbunden ist, erweist sich die Notwendigkeit einer Komplexitätsreduktion als unumgänglich.[156] Darüber hinaus wiegt das Problem mangelnder Operationalisierbarkeit des Individualkalküls im Fall der Bewertung eines mit Wandelanleihen finanzierten Unternehmens schwerer als im Fall einer Finanzierung mit nicht wandelbarem Fremdkapital, da nicht nur die individuellen Präferenzen und Handlungsfelder der Eigenkapitalgeber, sondern – wie in den Abschnitten 4.2, 5.1.2 und 5.2.2 gezeigt wird – auch jene der Wandelanleiheinhaber zu berücksichtigen sind.

Infolge dessen wird in der vorliegenden Arbeit auf eine kapitalmarktorientierte Bestimmung der Kapitalkosten zurückgegriffen.[157] Bei dieser wird die Menge der denkbaren alternativen Mittelverwendungsmöglichkeiten auf Wertpapiere verengt, die auf dem Kapitalmarkt gehandelt werden.[158] Der grundlegende Vorteil des Einbezugs eines Markts ist, dass unter bestimmten Bedingungen das Separationstheorem nach Fisher Gültigkeit erlangt, welches erlaubt, die Investitions- von der Finanzierungsentscheidung abzukoppeln und jeweils getrennt optimieren zu können.[159] Für die Unternehmensbewertung impliziert dies, dass der Unternehmenswert ohne direkte Kenntnis der individuellen Präferenzen und der Handlungsfelder der Eigentümer bestimmbar ist, da die Bewertung auf Markterwartungen abstellt, die die Risikoeinstellungen der Marktteilnehmer bereits implizit abbilden.[160]

Damit aber eine konsistente Anwendung der gängigen Bewertungsverfahren gewährleistet ist, muss der Kapitalmarkt bestimmte Bedingungen erfüllen. Regelmäßig greift die Literatur auf das Modell eines arbitragefreien Kapitalmarkts

---

155 Vgl. *Moxter* (1961), S. 187 f.; *Magee* (1964), S. 132; *Hirshleifer* (1970), S. 205-211; *Laux* (1971), S. 525-540; *Ballwieser* (1980), S. 56-60; *Moxter* (1983), S. 23 f., 123 f., 155-202; *Ballwieser* (1990), S. 26-31; *Ballwieser* (2002b), S. 737, Fn. 8; *Wagner/Jonas/Ballwieser/Tschöpel* (2004), S. 890; *Ballwieser* (2008a), S. 131; *Franke/Hax* (2009), S. 283-291.

156 Vgl. *Ballwieser* (1990), S. 26-31; *Mandl/Rabel* (1997), S. 132 f.; *Wiese* (2006), S. 7.

157 Vgl. *Ballwieser* (1990), S. 173-176.

158 Vgl. *Hachmeister* (2000), S. 154.

159 Vgl. grundlegend *Fisher* (1932), S. 195-264. Vgl. zusammenfassend *Franke/Hax* (2009), S. 154-157; *Kruschwitz/Husmann* (2010), S. 22-25 *Spremann* (2010), S. 94-100.

160 Vgl. kritisch *Ballwieser* (2001), S. 23 f.; *Ballwieser* (2002), S. 738 f.;.

mit Spanning-Eigenschaft zurück.[161] Die Spanning-Eigenschaft kennzeichnet die Eigenschaft eines Kapitalmarkts, dass jeder beliebige Zahlungsstrom mittels Portfoliobildung reproduziert werden kann.[162] Liegt ein vollkommener und vollständiger Kapitalmarkt vor, so ist die Zahlungsstromreplikation ebenfalls möglich.[163] Jedoch ist ein solcher Kapitalmarkt nicht zwangsläufig arbitragefrei.[164] Dies gilt auch vice versa: Während ein arbitragefreier Kapitalmarkt vollkommen sein muss, um die Arbitrageprozesse nicht zu beeinträchtigen,[165] ist ein solcher nicht unbedingt vollständig.[166]

Aus dem Konzept der Arbitragefreiheit lassen sich drei für die Bewertung unsicherer Zahlungsströme wesentliche Theoreme ableiten.[167] Erstens, die Preise für zukünftige Zahlungsströme folgen dem Gesetz des einheitlichen Preises. Dieses Gesetz besagt, dass identische Zahlungsströme zu jedem Zeitpunkt denselben Preis aufweisen müssen.[168] Wäre dies nicht der Fall, setzten Arbitrageprozesse ein, die die Preise der identischen Zahlungsströme unverzüglich anglichen.[169] Zweitens, das Prinzip der Proportionalität ist erfüllt. Dies besagt, dass der Preis einer künftigen Zahlung proportional zu der Höhe der Zahlung ist. Folglich ist der Zinsfuß von der Höhe der Zahlungen unabhängig.[170] Drittens, das Prinzip der Wertadditivität ist erfüllt. Demnach besitzt ein Güterbündel einen Preis, welcher der Summe der Preise der isolierten Komponenten des Bündels entspricht.[171] Die Zahlungsströme sind somit isoliert bewertbar.[172] Die Preisbildung

---

161 Vgl. *Kruschwitz/Löffler* (2006), S. 20; *Ballwieser* (2010), S. 73 f.

162 Vgl. *Schultze* (2003), S. 43-47; *Kruschwitz/Löffler* (2006), S. 19 und S. 28; Franke/*Hax* (2009), S. 372-375.

163 Vgl. *Ballwieser* (2010), S. 74.

164 Vgl. *Kruschwitz/Husmann* (2010), S. 167 f.

165 Vgl. *Harrison/Kreps* (1979), S. 385; *Dybvig/Ross* (1992), S. 43; *Franke/Hax* (2009), S. 372.

166 Vgl. *Kruschwitz/Husmann* (2010), S. 165.

167 Vgl. *Wilhelm* (1981), S. 894.

168 Vgl. *Dybvig/Ross* (1992), S. 43 f.; *Bodie/Kane/Marcus* (2009), S. 325. Das Gesetz des einheitlichen Preises ist nicht hinreichend für die Arbitragefreiheit. Vgl. *Dybvig/Ross* (1992), S. 44.

169 Vgl. *Gerke/Bank* (2003), S. 270-272; *Drukarczyk/Schüler* (2009), S. 115 f.

170 Vgl. *Wilhelm* (1981), S. 894; *Nietert* (2001), S. 203; *Spremann* (2010), S. 19 f.

171 Vgl. *Turnbull* (1977a), S. 222; *Drukarczyk* (1993), S. 125-130; *Franke/Hax* (2009), S. 336-349; *Kruschwitz/Husmann* (2010), S. 160 f.

172 Vgl. *Franke/Hax* (2009), S. 340.

erfolgt in diesem Fall mittels eines positiv linearen Preisfunktionals.[173] Voranstehende Theoreme sind notwendige Bedingungen für die Anwendbarkeit kapitalwertbasierter Bewertungsverfahren.[174]

Im Marktkalkül ergibt sich der Unternehmenswert als derjenige Marktpreis, den das Unternehmen auf dem voranstehend beschriebenen arbitragefreien Kapitalmarkt mit Spanning-Eigenschaften hat.[175] Ein solcher liegt in der Realität nicht vor. Dennoch wird der auf einem solchen idealisierten, arbitragefreien Markt ermittelte Preis von der Mehrheit der Literatur als vertretbare Approximation des gesuchten Unternehmenswerts gesehen.[176] Gestützt wird diese Meinung regelmäßig mit dem Argument, dass mittels dieser Bewertung – obgleich sich der als Marktwert deklarierte Barwert künftiger Zahlungen nicht als markträumender Preis aus Angebot und Nachfrage berechnet – die grundsätzlichen Marktmechanismen nachvollzogen werden.[177] Dieser Argumentation ist grundsätzlich zuzustimmen. Jedoch erfolgt die Bewertung als Partialkalkül, das heißt ohne Einbezug des gesamten Handlungsfelds des Bewerters.[178] Insbesondere erfolgt keine Berücksichtigung von Erfolgs- und Risikoverbünden.[179] Somit ist die Ermittlung eines subjektiven Unternehmenswerts streng genommen nicht möglich.

Alternativ zu einer Bewertung auf einem arbitragefreien Kapitalmarkt gibt es noch die Möglichkeit einer Bewertung im Rahmen eines Gleichgewichtsmodells. Dabei werden Angebot und Nachfrage nach dem zu bewertenden Unternehmen unter Berücksichtigung der Präferenzfunktionen und Handlungsfelder aller Marktteilnehmer modelliert. Dadurch gelingt es, einen markträumenden

---

173 Vgl. *Dybvig/Ross* (1992), S. 44-46.

174 Vgl. *Kruschwitz/Löffler* (2006), S. 19-22; *Spremann* (2010), S. 20 f. Vgl. zur daraus resultierenden Problematik der Erfassung von Synergieeffekten im Kapitalwertkalkül *Schneider* (1993), S. 280; *Leuthier* (1988), S. 57-61 und S. 181-194; *Hachmeister* (2000), S. 101-104.

175 Vgl. *Schultze* (2003), S. 485; *Tschöpel* (2004), S. 149.

176 Vgl. *Spremann* (2010), S. 19.

177 Vgl. *Jonas* (2011), S. 300.

178 Vgl. *Hachmeister* (2000), S. 101-104; *Hering* (2006), S. 158 f.

179 Unter „Erfolgsverbund" versteht man die stochastischen Abhängigkeiten zwischen den Zahlungsströmen aus verschiedenen Projekten. Analog dazu beschreibt der Begriff „Risikoverbund" die Interdependenzen zwischen den Risiken aus verschiedenen Projekten. Vgl. *Leuthier* (1988), S. 57-61 und S. 181-194.

Preis für das Unternehmen zu bestimmen.[180] Da die Präferenzfunktionen und Handlungsfelder der Marktteilnehmer jedoch nicht bekannt sind, ist dieses Vorgehen – wie bereits voranstehend diskutiert – wenig operabel. Zudem beruht ein gleichgewichtiger Kapitalmarkt auf restriktiveren Annahmen als ein arbitragefreier Kapitalmarkt.[181] Folglich wird dieser Ansatz hier nicht weiter verfolgt.

Die Bewertung in einem idealisierten Marktkalkül ist konzeptionell von der Verwendung in der Realität beobachtbarer Marktpreise zu trennen. Eine solche direkte Unternehmenswertermittlung scheitert an der fehlenden Existenz eines funktionsfähigen Markts für *gesamte* Unternehmen.[182] Zwar ist der Preis einzelner Aktien beobachtbar, jedoch beeinhaltet die Marktkapitalisierung der Aktien keine Paketzuschläge, deren Existenz in der Literatur vielfach nachgewiesen wurde.[183] Da der Wert eines Unternehmens somit nicht mit der Marktkapitalisierung der Aktien des Unternehmens übereinstimmt, würde eine Unternehmensbewertung auf Grundlage des Werts einzelner Aktien das Proportionalitätsprinzip verletzen und ist somit abzulehnen.[184]

3.1.3 APV-Verfahren als geeignetes Bewertungsverfahren

Regelmäßig wird im Rahmen der Risikozuschlagsmethode auf ein Barwertkalkül in Form eines Discounted-Cash-Flow-Verfahrens (DCF-Verfahrens) zurückgegriffen.[185] Dafür stehen vier unterschiedliche Varianten zur Verfügung. Bei dem Adjusted-Present-Value-Verfahren (APV-Verfahren), dem Free-Cash-Flow-Verfahren (FCF-Verfahren) und dem Total-Cash-Flow-Verfahren (TCF-Verfahren) handelt es sich um Bruttobewertungsverfahren. Bei diesen ist in einem ersten Schritt der Wert des Gesamtkapitals zu errechnen, von dem anschließend der Wert des Fremdkapitals abzuziehen ist, um zum Wert des Eigenkapitals zu gelangen. Beim Flow-to-Equity-Verfahren (FTE-Verfahren), wel-

180 Vgl. *Spremann* (2010), S. 315 f.

181 Arbitragefreiheit ist notwendig, aber nicht hinreichend für einen gleichgewichtigen Markt. Vgl. *Kruschwitz/Löffler* (2006), S. 20; *Laux/Schabel* (2009), S. 161.

182 Vgl. *Bühler/Koziol* (2002), S. 312; *Spremann* (2010), S. 18 f.

183 Vgl. *Shleifer/Vishny* (1986), S. 758; *Barclay/Holderness* (1989), S. 371-375; *Bhide* (1993), S. 31; *Ballwieser* (2011), S. 210 f.

184 Vgl. *Wilhelm* (1981), S. 894; *Shleifer/Vishny* (1986), S. 758; *Barclay/Holderness* (1989), S. 371-375; *Bhide* (1993), S. 31.

ches dem Ertragswertverfahren entspricht, wird hingegen direkt der Wert des Eigenkapitals errechnet. Es handelt sich bei diesem somit um ein Nettobewertungsverfahren.[186]

Die DCF-Verfahren sind analytisch ineinander überführbar und kommen bei einer verschuldungsgradabhängigen Anpassung der Kapitalkosten zu identischen Ergebnissen.[187] Die Verfahren sind somit gleichwertig.[188] Unterschiede ergeben sich jedoch hinsichtlich der rechentechnischen Erfassung der periodischen Steuervorteile, die sich aus der Abzugsfähigkeit der Fremdkapitalzinsen von der Steuerbemessungsgrundlage ergeben und somit von der Finanzierungsstruktur des Unternehmens abhängen.[189]

Beim FTE-Verfahren werden die periodischen Steuervorteile in den Zahlungsströmen zu den Eigenkapitalgebern berücksichtigt. Diese Zahlungsströme sind mit den Eigenkapitalkosten des verschuldeten Unternehmens zu diskontieren.[190] Es kommt somit zu einer simultanen Erfassung von leistungswirtschaftlichen und steuerlichen Werteffekten.

Beim FCF-Verfahren werden die finanzierungsunabhängigen Free Cash Flows mit den gewichteten durchschnittlichen Kapitalkosten des Unternehmens nach Steuern diskontiert.[191] Die periodischen Steuervorteile werden folglich in den Kapitalkosten, die auch das leistungswirtschaftliche Risiko abbilden, erfasst. Es kommt somit auch zu einer simultanen Erfassung von leistungswirtschaftlichen und steuerlichen Effekten.

Ebenfalls zu einer simultanen Erfassung von leistungswirtschaftlichen und steuerlichen Effekten kommt es bei Verwendung des TCF-Verfahrens. Bei ihm wird der Steuereffekt in den Zahlungsströmen, die den Eigen- und Fremdkapitalge-

---

185 Vgl. *Mandl/Rabel* (1997), S. 30 f.; *Ballwieser* (2011), S. 8-10.

186 Vgl. *Ballwieser* (1993), S. 164; *Schultze* (2003), S. 483 f.

187 Vgl. *Hachmeister* (1996), S. 259; *Ballwieser* (2008), S. 134.

188 Vgl. *Kruschwitz/Löffler* (2001), S. 113 f.; *Ballwieser* (2011), S. 194 f.

189 Vgl. *Modigliani/Miller* (1963), S. 436; *Myers* (1974), S. 4 f.; *Kruschwitz/Löffler* (2006), S. 47-49; *Drukarczyk/Schüler* (2009), S. 118-122; *Ballwieser* (2011), S. 133.

190 Vgl. *Schultze* (2003), S. 101; *Ballwieser* (2011), S. 194.

191 Vgl. *Drukarczyk/Schüler* (2009), S. 179 f.; *Ballwieser* (2011), S. 161.

bern zufließen und die mit den gewichteten durchschnittlichen Kapitalkosten des Unternehmens vor Steuern diskontiert werden, berücksichtigt.[192]

Dagegen besteht die Grundkonzeption des APV-Verfahrens in der Zerlegung des Bewertungskalküls in eine rein leistungswirtschaftliche Wertkomponente und eine Komponente, die den Steuereffekt aus der Finanzierungsstruktur abbildet.[193] Beide Komponenten werden getrennt bewertet.[194] Dieses Vorgehen macht die Quellen des Unternehmenswerts transparent und erleichtert eine Analyse der wertrelevanten Merkmale einer Wandelanleihenfinanzierung.[195] Ein weiterer Vorteil des APV-Verfahrens gegenüber dem FCF- und dem TCF-Verfahren wird in der geringeren Fehleranfälligkeit gesehen.[196] Zudem hat die Kapitalkostenanpassung im FCF-Verfahren im Fall deterministischer Fremdkapitalbestände[197] unter Rückgriff auf den im APV-Verfahren ermittelten Barwert der Steuervorteile zu erfolgen.[198]

Das APV-Verfahren weist somit rechentechnische Vorteile auf und erlaubt eine isolierte Bewertung des finanzierungsbedingten Steuervorteils. Daher wird es dem Bewertungsmodell der Kapitel 4 und 5 zugrunde gelegt. Das APV-Verfahren beruht auf Prämissen, die sich bei Modigliani/Miller finden. Im Wesentlichen handelt es sich hierbei um einen arbitragefreien, bis auf die Existenz eines linearen Gewinnsteuersatzes auf Unternehmensebene friktionslosen Kapitalmarkt.[199]

---

192 Vgl. *Kuhner/Maltry* (2006), S. 198 f.: *Ballwieser* (2011), S. 184.

193 Vgl. *Myers* (1974), S. 4; *Mandl/Rabel* (1997), S. 365; *Ballwieser* (1998), S. 91.

194 Vgl. *Myers* (1974), S. 4 f.; *Pratt/Grabowski* (2008), S. 507 f.

195 Vgl. *Luehrman* (1997), S. 145 f.; *Drukarczyk/Schüler* (2009), S. 148 f.; *Dierkes/Diedrich/Gröger* (2009), S. 287. Kritisch hierzu *Ballwieser* (2011), S. 134, Fn. 557, S. 149 f.

196 Vgl. *Luehrmann* (1997), S. 145 und S. 152 f. Diese Vorteile hängen von den Annahmen über die Finanzierungspolitik ab. Vgl. *Kruschwitz*/Löffler (2006), S. 61; *Dierkes/Diedrich/Gröger* (2009), S. 287; *Ballwieser* (2011), S. 134.

197 Für eine Diskussion möglicher Finanzierungsannahmen vgl. Abschnitt 3.2.2.

198 Vgl. *Ballwieser* (2011), S. 195.

199 Vgl. *Modigliani/Miller* (1958), S. 265-268; *Modigliani/Miller* (1963), S. 434 f.; *Myers* (1974), S. 2-6. Steuern sind den Kapitalmarktfriktionen zuzuordnen, da sie die gleichgewichtigen Preise beeinflussen, ohne dem originären Leistungserstellungsprozess der Marktteilnehmer direkt zurechenbar zu sein. Vgl. grundlegend *Sraffa* (1926), S. 452, und *Robinson* (1934), S. 112.

Die grundlegende Formel des APV-Verfahrens zur Bewertung eines ausschließlich mit Eigenkapital und einer Wandelanleihe finanzierten Unternehmens ergibt sich als:

(3.1) $$EK_0^{WA} = EK_0^u + TS_0^{WA} - WA_0 .$$

Gemäß dieser Formel ergibt sich der Wert des Eigenkapitals EK_0^{WA} des ausschließlich[200] wandelanleihenfinanzierten Unternehmens im Bewertungszeitpunkt $t = 0$ aus der Summe der leistungswirtschaftlichen Wertkomponente EK_0^u und dem Barwert der künftigen Steuervorteile TS_0^{WA} abzüglich des Werts der Wandelanleihe WA_0.

Die leistungswirtschaftliche Komponente EK_0^u errechnet sich als Barwert der periodenspezifischen Free Cash Flows $\tilde{X}_t$.[201] Die Eigenheit des Free Cash Flow besteht darin, dass er den Saldo aller operativen – sich bei Fiktion einer reinen Eigenfinanzierung ergebenden – Zahlungsströme des Unternehmens abbildet. Dementsprechend spiegelt der Free Cash Flow den Beitrag zum Gesamtkapitalwert wider, der ausschließlich in der Investitionspolitik des Unternehmens gründet. Werteffekte der Fremdfinanzierung – insbesondere deren Steuereffekt – werden ausgeblendet.[202] Zur Wahrung der für die Kapitalkostenbestimmung zentralen Risikoäquivalenz hat sich die hinter den Free Cash Flows stehende Risikostruktur in den Kapitalkosten, die zur Diskontierung der Erwartungswerte der Free Cash Flows $\overline{X}_t$ herangezogen werden, widerzuspiegeln.[203] Folglich sind die Eigenkapitalkosten des unverschuldeten Unternehmens der

---

200 Für den Fall, dass das zu bewertende Unternehmen zusätzlich noch mit nicht wandelbarem Fremdkapital finanziert wäre, wäre diese Gleichung um den Barwert der Steuervorteile aus dem nicht wandelbaren Fremdkapital und dem Wert des nicht wandelbaren Fremdkapitals zu erweitern. Ersteres ginge positiv, letzteres negativ in die Gleichung ein. Vgl. hierzu auch Kapitel 6.

201 Vgl. *Myers* (1974), S. 4-8.

202 Zur Free-Cash-Flow-Konzeption und dessen Ermittlung vgl. *Schultze* (2003), S. 370 f.; *Drukarczyk/Schüler* (2009), S. 149 f.; *Ballwieser* (2011), S. 133.

203 Daneben gibt es weitere zu berücksichtigende Äquivalenzdimensionen, die im Weiteren jedoch nicht eingehender behandelt werden. Vgl. *Moxter* (1983), S. 155-202; *Kuhner/Maltry* (2006), S. 84-91; *Ballwieser* (2011), S. 84-119.

korrekte Zinsfuß für die Periode, in der der entsprechende Free Cash Flow realisiert wird.[204] Diese lassen sich unter bestimmten Bedingungen aus den prognostizierten Free Cash Flows gewinnen.[205]

Als Ergebnis der Diskontierung des Free Cash Flow der betrachteten Periode mit den Eigenkapitalkosten des unverschuldeten Unternehmens ergibt sich aus Sicht der Vorperiode der deterministische Barwert des Free Cash Flow der betrachteten Periode.[206] Mittels welcher Zinsfüße dieser Barwert in allen vorhergehenden Perioden auf den Bewertungszeitpunkt zu diskontieren ist, hängt von der Annahme hinsichtlich der stochastischen Abhängigkeit der periodenspezifischen Free Cash Flows ab.[207] Im Fall stochastisch unabhängiger Verteilungen erfolgt die Bewertung pfadunabhängig.[208] Dementsprechend werden die periodenspezifischen Erwartungswerte des Free Cash Flow nur in der jeweils letzten Periode mit den periodenspezifischen Eigenkapitalkosten des unverschuldeten Unternehmens $r_{EK,t}^{u}$ diskontiert. In allen vorhergehenden Perioden erfolgt die Diskontierung mit dem risikolosen Zinssatz r_f.[209] Somit ergibt sich als Formel für die leistungswirtschaftliche Komponente im Fall stochastisch unabhängiger Free Cash Flows:

$$(3.2) \qquad EK_0^u = \sum_{t=1}^{n} \frac{\overline{X}_t}{\left(1+r_f\right)^{t-1} \cdot \left(1+\overline{r}_{EK,t}^{u}\right)}.$$

Im Fall stochastisch abhängiger Free Cash Flows ist die Bewertung hingegen rekursiv vorzunehmen.[210] Dabei wird der zustandsabhängige Free Cash Flow der letzten betrachteten Periode auf seinen Erwartungswert verdichtet und anschließend mittels eines risikoangepassten Zinsfußes auf die Vorperiode diskontiert. Der sich im Zuge der Diskontierung ergebende zustandsabhängige Barwert ist

204 Vgl. *Hachmeister* (2000), S. 153-155.
205 Vgl. Abschnitt 3.3.
206 Barwerte sind aus Sicht des jeweiligen Bewertungszeitpunkts deterministische Größen, da sie den sicherheitsäquivalenten Betrag unsicherer, künftiger Zahlungen abbilden. Vgl. *Hirshleifer* (1965), S. 509 f.; *Hirshleifer* (1970), S. 249 f.
207 Vgl. *Ballwieser* (2011), S. 81-84 und S. 94.
208 Vgl. *Fama* (1977), S. 9; *Ballwieser* (1993), S. 158; *Hachmeister* (1998), S. 26.
209 Vgl. *Schwetzler* (2000), S. 474 f.; *Drukarczyk/Schüler* (2009), S. 47.
210 Vgl. *Schwetzler* (2000), S. 475-483; *Wiese* (2006), S. 37 f.; *Ballwieser* (2011), S. 74-76.

unter Berücksichtigung der Pfadabhängigkeit der entsprechenden zustandsabhängigen Free-Cash-Flow-Verteilung der Vorperiode hinzuzuzählen. Die sich dadurch neu ergebende Free-Cash-Flow-Verteilung ist wiederum zu einem Erwartungswert zu verdichten und mit den zeit- und zustandsabhängigen Eigenkapitalkosten des unverschuldeten Unternehmens zu diskontieren.[211] Voranstehendes Verfahren ist rekursiv für alle Zeit-Zustandskombinationen durchzuführen, bis der Barwert der Free Cash Flows im Bewertungszeitpunkt ermittelt wurde. Infolge der Notwendigkeit des rekursiven Vorgehens lassen sich im Fall stochastisch abhängiger Free Cash Flows nur unter zusätzlichen Annahmen allgemeingültige, geschlossene Formeln ableiten. Die für das vorliegende Bewertungsproblem einschlägigen Formeln werden in den Kapiteln 4 und 5 vorgestellt.

Während die leistungswirtschaftliche Komponente ausschließlich den Wertbeitrag der operativen Tätigkeit des Unternehmens wiedergibt, wird der Einfluss der Fremdfinanzierung in der zweiten Komponente TS_0^{WA} der Formel (3.1) berücksichtigt.[212] Sie erfasst den Wertbeitrag, den das zinstragende Fremdkapital in Folge der steuerlichen Abzugsfähigkeit der Fremdkapitalzinsen von der Steuerbemessungsgrundlage für den Unternehmenswert leistet.[213] Finanzmathematisch ergibt sich der Betrag von TS_0^{WA} als Barwert der periodenspezifischen Steuervorteile aus der Fremdfinanzierung.[214] Im betrachteten Fall der alleinigen Finanzierung mit einer Wandelanleihe errechnen sich die periodenspezifischen Steuervorteile aus der Multiplikation des Gewinnsteuersatzes auf Unternehmensebene s, des Nominalzinssatzes r_{FK}^{nom} der Wandelanleihe und des Fremd-

211 Vgl. *Kruschwitz/Löffler* (2006), S. 25; *Ballwieser* (2011), S. 82-84.

212 Vgl. *Myers* (1974), S. 5; *Drukarczyk* (2008), S. 176.

213 Vgl. *Hamada* (1969), S. 20; *Myers* (1974), S. 20 f.; *Koller/Goedhart/Wessels* (2005), S. 121 f. Grundsätzlich sind in dieser Komponente alle Zahlungsströme, die in der Kapitalstruktur begründet liegen, zu erfassen. Vgl. *Myers* (1974), S. 4; *Luehrman* (1997), S. 146; Kol*ler/Goedhart/ Wessels* (2005), S. 122, Fn. 8. Meist wird die zweite Wertkomponente jedoch auf den Steuervorteil aus der Fremdfinanzierung verengt. Vgl. *Modigliani*/Miller (1963), S. 434 f.; *Myers* (1974), S. 20-22; *Stiglitz* (1988), S. 124-126; *Drukarczyk* (2008), S. 214; *Ballwieser* (2011), S. 134.

214 Vgl. *Modigliani/Miller* (1963), S. 439; *Myers* (1974), S. 6; *Miles/Ezzell* (1980), S. 722. Anderer Ansicht ist *Fernandez* (2004), S. 163. Fernandez' Modell verletzt jedoch das Wertadditivitätsprinzips und ist daher abzulehnen. Vgl. *Fieten et al.* (2005), S. 185-187; *Cooper/Nyberg* (2006), S. 219-223.

kapitalbestands R_t^{WA}, der von der Höhe des in Periode t ausstehenden – das heißt noch nicht gewandelten oder getilgten – Nominalbetrags der Wandelanleihe abhängt.

Die hinter den periodenspezifischen Steuervorteilen stehende Risikostruktur hat sich in den Kapitalkosten, die zur Diskontierung herangezogen werden, widerzuspiegeln.[215] In wie weit die in der Literatur vorgeschlagenen Kapitalkosten zur Diskontierung von Steuervorteilen, die sich aus einer Finanzierung mit zinstragenden, nichtwandelbaren Fremdkapitaltiteln ergeben, auf den Fall der Diskontierung von Steuervorteilen aus einer Wandelanleihenfinanzierung übertragen lassen, wird in den Abschnitten 3.2.2 und 3.2.3 diskutiert. Die Ermittlung des Wandelanleihenwerts WA_0 aus Formel (3.1) ist Gegenstand der Abschnitte 4.3.3, 5.1.3.3 und 5.2.3.3.

3.1.4 Notwendigkeit einer ganzheitlichen Bewertung

Bei den Bruttoverfahren im Rahmen der Discounted-Cash-Flow-Verfahren wird in einem ersten Schritt aus den zukünftigen Zahlungsströmen der Wert des Gesamtkapitals errechnet, bevor davon der Wert des Fremdkapitals in Abzug gebracht wird, um zum Wert des Eigenkapitals zu gelangen.[216] Daher erscheint auf den ersten Blick eine isolierte Bestimmung des Gesamtkapitalwerts eines wandelanleihenfinanzierten Unternehmens im Rahmen eines Bruttoverfahrens sowie die isolierte Bewertung der Wandelanleihe zweckmäßig. Ob eine solche isolierte Bewertung von Gesamtkapital und Wandelanleihe zu einem theoretisch sauberen Eigenkapitalwert führt, soll im Folgenden untersucht werden.

Der Wert des Gesamtkapitals bestimmt sich – wie in Abschnitt 3.1.3 gezeigt – im APV-Verfahren als Summe des Barwerts künftiger Free Cash Flows und des Barwerts der Steuervorteile künftiger Perioden. Der erste Summand ist aufgrund der Konzeption der Free Cash Flows als rein leistungswirtschaftliche Zahlungsströme unabhängig vom Wert der Wandelanleihe und der Wandlungsentscheidung. Der zweite Summand ist hingegen abhängig von der künftigen Kapitalstruktur des Unternehmens und somit von der Wandlungsentscheidung. Da der

215 Vgl. *Moxter* (1983), S. 155-167; *Ballwieser* (1990), S. 169 f.
216 Vgl. *Ballwieser* (2011), S. 132.

Wandelanleiheinhaber die Wandlung nur dann wählen wird, wenn der Wert des im Zuge der Wandlung erwerbbaren Eigenkapitals den Wert der Ansprüche aus der Wandelanleihe im Nichtwandlungsfall übersteigt, ist die Wandlungsentscheidung ihrerseits vom Eigenkapitalwert abhängig.[217] Folglich bestehen zwischen dem Wert der Wandelanleihe und dem Wert des Gesamtkapitals Interdependenzen. Eine isolierte Bewertung des Gesamtkapitals und der Wandelanleihe ist dementsprechend nicht zweckmäßig, da bei ihr die Interdependenzen nicht berücksichtigt würden.

Unterstellt man eine integrative Bewertung von Gesamtkapital und Wandelanleihe, stellt sich die Frage, wie die Wandelanleihe zu bewerten ist. Besonderes Augenmerk ist hierbei auf die Modellierung des Eigenkapitalwerts des zu bewertenden Unternehmens als Basiswert der Wandlungsoption zu richten. Hierzu stehen zwei Ansätze zu Verfügung:[218]

Im Rahmen der so genannten reduced-form-Ansätze wird der Aktienkurs als exogen gegebener zeitstetiger Zufallsprozess oder zeitdiskrete Zufallskette modelliert.[219] In Abhängigkeit von diesem stochastischen Prozess oder dieser stochastischen Kette wird die Entscheidung über die Wandlung getroffen. Die Bewertung der Wandelanleihe erfolgt dabei komponentenweise, das heißt die Anleihe und das Wandlungsrecht werden getrennt bewertet.[220] Während die Anleihe mittels eines üblichen Discounted-Cash-Flow-Verfahrens durch risikoadäquate Diskontierung der künftigen Zahlungsströme bewertet wird,[221] erfolgt die Bewertung des Wandlungsrechts mittels eines Optionspreismodells.[222] Das Wandlungsrecht wird dabei regelmäßig als Kaufoption mit dem im Zuge der Wandlung anteilig erwerbbaren Eigenkapitalwert als Basiswert interpretiert.[223] Der Ausübungspreis des Wandlungsrechts entspricht dem im Zuge der Wand-

---

217 Vgl. Ingersoll (1977a), S. 289; *Brennan/Schwartz* (1980), S. 907; *Hull* (2009), S. 280 f.

218 Vgl. *Kühn/van Schaik* (2008), S. 585.

219 Vgl. *Merton* (1990), S. 255 f.; *Bühler/Koziol* (2002), S. 306; *Bielecki et al.* (2009), S. 19-24.

220 Vgl. *Bühler/Koziol* (2002), S. 306; *Zabolotnyuk/Jones/Veld* (2010), S. 679-782.

221 Vgl. *Spremann* (2010), S. 29; *Fabozzi* (2012), S. 22.

222 Vgl. *Ingersoll* (1977a), S. 301-303. Vgl. zur Optionsbewertung *Black/Scholes* (1973), S. 640-645; *Merton* (1973a), S. 142-150; *Cox/Ross/Rubinstein* (1979), S. 231-241.

lung aufzugebenden Anleihewert.[224] Die Laufzeit des Wandlungsrechts entspricht der Laufzeit der Anleihe. Diesem Ansatz folgen die meisten Modelle für die Wandelanleihenbewertung.[225]

Dem gegenüber steht die Klasse der Strukturmodelle.[226] In diesen Modellen ergibt sich der für die Wandlungsentscheidung maßgebliche Aktienkurs endogen als Funktion des Unternehmenswerts, der im Rahmen der Unternehmensbewertung ermittelt wird. Die Bewertung der Wandelanleihe erfolgt in diesen Modellen als Einheit von Anleihe und Wandlungsrecht durch Diskontierung der sich in den jeweiligen Zeit-Zustandskombinationen ergebenden Ansprüche aus der Wandelanleihe. Da die Ansprüche aus der Wandelanleihe in den einzelnen Zeit-Zustandskombinationen von der Wandlungsentscheidung der entsprechenden Periode und den Wandlungsentscheidungen in den Vorperioden abhängig sind, ist die Bewertung der Ansprüche pfadabhängig vorzunehmen.[227]

Beide Ansätze weisen Vor- und Nachteile auf. Welcher der beiden Ansätze im jeweiligen Bewertungsmodell zu implementieren ist, hängt von der Modellstruktur, dem Bewertungszweck, den Markteigenschaften und den verfügbaren Informationen ab. Der reduced-form-Ansatz zeichnet sich insbesondere durch seine elegante mathematische Handhabbarkeit aus, welche zu übersichtlichen Bewertungsformeln führt. Zudem setzt dieser Ansatz keine Informationen über die künftigen Zahlungsströme des Unternehmens, in dessen Aktien die Anleihe gewandelt werden kann, voraus. Der wesentliche Nachteil des reduced-form-Ansatzes besteht darin, dass kein expliziter Zusammenhang zwischen den künftigen Zahlungsströmen des Unternehmens und der Wandlungsentscheidung modelliert wird.[228] Auf diese Weise werden Interdependenzen zwischen der Wandlungsentscheidung und dem Eigenkapitalwert des wandelanleihenfinanzierten Unternehmens nicht berücksichtigt. Insbesondere führt die mit der Wandlung einhergehende Emission junger Aktien zu einer Veränderung des Verschul-

---

223 Vgl. *McConnel/Schwartz* (1986), S. 565 f. Manche Modelle verwenden dagegen den Wert des Gesamtkapitals als Basiswert der Kaufoption. Vgl. *Brennan/Schwartz* (1977), S. 1701. Dieses Vorgehen führt zu weiteren Problemen. Vgl. *Sörensson* (1993), S. 138.

224 Vgl. *Zabolotnyuk/Jones/Veld* (2010), S. 675

225 Vgl. *Hull* (2009), S. 599-602.

226 Vgl. *Jarrow/Protter* (2004), S. 5.

227 Vgl. *Walter/Que* (1973), S. 722-726.

228 Vgl. *Zabolotnyuk/Jones/Veld* (2010), S. 676.

dungsgrades, was zu einer Veränderung des Eigenkapitalwerts führt. Die Bewertung der Wandelanleihe hat dementsprechend stets unter Rückgriff auf die sich nach der Wandlung einstellende Kapitalstruktur des Unternehmens zu erfolgen. Folglich führt die komponentenweise Berechnung des Wandelanleihenwerts nur unter bestimmten Annahmen zu dem theoretisch korrekten Wert, da auch zwischen dem Wert der Anleihe und dem Wert des Wandlungsrechts Interdependenzen bestehen, die bei der komponentenweisen Wertbestimmung nicht erfasst werden.[229]

Wird der Wert des Wandlungsrechts mittels eines reduced-form-Ansatzes errechnet, kommt es darüber hinaus zu einer Vermischung von Unternehmenswert und Marktkapitalisierung. Während der Wert des Gesamtkapitals und der Wert der Anleihe exklusive dem Wandlungsrecht mittels eines Discounted-Cash-Flow-Verfahrens im Sinne eines Grenzpreises ermittelt werden, ergibt sich der Wert des Wandlungsrechts als Preis in einem fiktiven Markt. Aufgrund der grundsätzlichen Divergenz von Marktpreisen und Unternehmenswerten[230] ist eine solche Vermengung nur unter engen Prämissen zulässig.[231]

Aufgrund obiger Argumente ist in der vorliegenden Arbeit ein Strukturmodell zur Bewertung von wandelanleihenfinanzierten Unternehmen heranzuziehen. Mittels dessen können alle Interdependenzen zwischen der Wandlungsentscheidung, dem Wert des Gesamtkapitals und dem Wert der Wandelanleihe theoretisch sauber abgebildet werden. Jedoch bedingt auch die Anwendung des Strukturmodells zusätzliche Annahmen. So besitzen der Wandelanleiheinhaber und die Eigenkapitalgeber des Unternehmens in jeder Zeit-Zustandskombination einen identischen Informationsstand hinsichtlich der Verteilung der bewertungsrelevanten Modellparameter. Die Informationsanforderungen an den Wandelanleiheinhaber sind somit höher als im reduced-form-Ansatz, in dem es ausreichend ist, wenn dem Inhaber der Wandelanleihe die Form des stochastischen

---

229 Vgl. *Kimura/Shinohara* (2006), S. 302; *McConnell/Schwartz* (1986), S. 561-577; *Brennan/Schwartz* (1977), S. 1699.

230 Vgl. *Shleifer/Vishny* (1986), S. 758; *Barclay/Holderness* (1989), S. 371-375; *Bhide* (1993), S. 31; *Ballwieser* (2003a), S. 21; *Kuhner/Maltry* (2006), S. 35-41; *Ballwieser* (2011), S. 210.

231 Vgl. *Hachmeister* (2000), S. 101-104; *Rudolph* (2006), S. 80 f.; *Franke/Hax* (2009), S. 373-377; *Ballwieser* (2010), S. 73 f.; *Spremann* (2010), S. 94-100; *Kruschwitz/Husmann* (2010), S. 22-25.

Prozesses beziehungsweise der stochastischen Kette bekannt ist.[232] Darüber hinaus müssen der Wandelanleiheninhaber und die Eigenkapitalgeber die Informationen identisch verarbeiten, um einen identischen Eigenkapitalwert zu berechnen. Dies setzt identische Handlungsfelder, identische Präferenzen und homogene Erwartungen hinsichtlich der bewertungsrelevanten Parameter voraus. Zudem muss eine symmetrische Marktrationalität vorliegen. Diese besagt, dass jeder Marktteilnehmer in jedem Zeitpunkt den eingetretenen Umweltzustand und die Aktionen der anderen Marktteilnehmer kennt und optimal darauf reagiert.[233] Sind voranstehende Annahmen nicht erfüllt, ergeben sich Arbitragegelegenheiten.[234]

Zusammenfassend lässt sich festhalten, dass eine isolierte Bewertung und ein einfacher Abzug des Werts der Wandelanleihe vom Wert des Gesamtkapitals des Unternehmens nicht sachgerecht ist, da dadurch Zahlungsstrom- und Risikoexternalitäten der Wandlungsentscheidung auf den Wert des Barwerts der Steuervorteile nicht berücksichtigt werden. Die Modellierung der Wandlungsentscheidung hat daher in einem Strukturmodell zu erfolgen, in dem sich der für die Wandlung relevante Eigenkapitalwert endogen aus den bewertungsrelevanten Zahlungsströmen des Unternehmens ergibt.

3.2 Bewertung der unsicheren Steuervorteile

3.2.1 Allgemeine Risikostruktur von Steuervorteilen

Die periodenspezifischen Steuervorteile werden in der Praxis und in der Literatur üblicherweise durch die Multiplikation des Gewinnsteuersatzes auf Unternehmensebene s mit dem Nominalzinssatz des Fremdkapitals r_{FK}^{nom} sowie dem Fremdkapitalbestand R_t in der entsprechenden Periode t errechnet.[235] Dieses einfache Vorgehen setzt jedoch bestimmte Annahmen voraus.

---

232 Vgl. *Jarrow/Protter* (2004), S. 5.

233 Vgl. *Miller/Modigliani* (1963), S. 427; *Merton* (1990), S. 258. Kritisch zu dieser Annahme *Baumol* (1963), S. 113.

234 Vgl. *Franke/Hax* (2009), S. 373-377.

235 Vgl. *Kruschwitz/Löffler* (2006), S. 47-49; *Drukarczyk/Schüler* (2009), S. 118-122; *Ballwieser* (2011), S. 135. Unter Fremdkapital wird im Folgenden nur zinstragendes Fremdkapital verstanden. Zur Behandlung von nicht zinstragendem Fremdkapital vgl. *Rehkugler* (2003), S. 47 f.

Eine erste – in der Literatur oftmals implizit getroffene Annahme – betrifft die Risikoeigenschaften der drei Faktoren – der Gewinnsteuersatz auf Unternehmensebene s, der Nominalzinssatz des Fremdkapitals r_{FK}^{nom} und der Fremdkapitalbestand R_t^{WA} –, als deren Produkte sich die periodenspezifischen Steuervorteile errechnen. So ist jeder der drei Faktoren grundsätzlich eine Variable, die durch eine mehrwertige Verteilung beschrieben wird. Eine Multiplikation von zwei oder mehr stochastisch abhängigen Variablen ist jedoch mathematisch problematisch.[236] Um dieses Problem zu umgehen, werden der Unternehmenssteuersatz s und der Nominalzinssatz des Fremdkapitals r_{FK}^{nom} in der Literatur üblicherweise nicht als Variablen, sondern als Parameter definiert.[237]

Im Zuge dessen wird der Unternehmenssteuersatz s regelmäßig aus der vereinfachten Anwendung des am Bewertungsstichtag gültigen Steuersystems gewonnen[238] und über alle Perioden hinweg als konstant angenommen.[239] Diese Komplexitätsreduktion ist vertretbar, da Änderungen im Steuersystem unregelmäßig auftreten und maßgeblich von exogenen, nicht prognostizierbaren Einflüssen abhängen.[240] Folglich kann – in Ermangelung eines verlässlichen Verfahrens zur Prognose künftiger Steuersätze – der momentan gültige Steuersatz als vertretbarer Schätzer für die Steuersätze aller zukünftigen Perioden angesehen werden.[241] Problematischer ist die Annahme eines deterministischen und konstanten Nomi-

---

236 Bei stochastisch abhängigen Variablen gilt, dass das Produkt der Erwartungswerte ungleich des Erwartungswerts des Produktes ist. Im Fall von zwei Variablen ist die Kovarianz zwischen beiden Variablen zu berücksichtigen. Bei mehr als zwei Variablen ist eine analytische Lösung regelmäßig nicht mehr möglich; daher muss auf ein numerisches Lösungsverfahren zurückgegriffen werden. Vgl. *von Auer* (2005), S. 34.

237 Vgl. *Streitferdt* (2004), S. 43; *Loderer et al.* (2005), S. 662 f.; *Dierkes/Gröger* (2010), S. 63.

238 Die Vereinfachungen können sehr weitreichend sein. Es gibt aber auch Ansätze, die ein weitestgehend realitätsgetreues Modell der Steuerwirklichkeit auf Unternehmensebene implementieren. Vgl. *Mai* (2008), S. 36 f.; *Drukarczyk/Schüler* (2009), S. 118-124; *Förster/Stöckl/Brenken* (2009), S. 988 f.; *Ballwieser* (2011), S. 136-139; *Arnold/Lahmann/Schwetzler* (2011), S. 294 f.

239 Vgl. *Kruschwitz/Löffler* (2006), S. 4. Für eine Bewertung mit periodenspezifischen Unternehmenssteuersätzen vgl. *Dörschell/Franken/Schulte* (2009), S. 197.

240 Vgl. *Brähler* (2008), S. 660-666.

241 Vgl. *Stanton/Seasholes* (2005), S. 5; *Brähler* (2008), S. 659. Vgl. kritisch *Kruschwitz/Löffler* (2006), S. 4.

nalzinssatzes r_{FK}^{nom} des Fremdkapitals, da die die Änderungen der Kreditkonditionen künftiger Fremdfinanzierungsmaßnahmen in praxi zwar unsicher sind, deren Änderungen aber – im Vergleich zum Steuersatz – regelmäßiger auftreten und besser prognostizierbar sind.[242]

Eine zweite – ebenfalls in der Literatur oftmals implizit unterstellte – Annahme betrifft die vollständige und periodengerechte Abzugsfähigkeit der Fremdkapitalzinsen von der Steuerbemessungsgrundlage.[243] Diese Annahme ist kritisch.[244] Ist die Steuerbemessungsgrundlage der Periode geringer als die Zinszahlungen der entsprechenden Periode, ist in dieser Periode nur ein Teilabzug der Fremdkapitalzinsen von der Steuerbemessungsgrundlage möglich.[245] Ähnliches gilt bei steuerrechtlichen Sonderregelungen wie beispielsweise der Zinssschranke.[246] Zwar lässt sich ein Teilabzug der Fremdkapitalzinsen von der Steuerbemessungsgrundlage grundsätzlich in der Höhe des Steuersatzes s erfassen. Jedoch hängt die Höhe des Teilabzugs vom unsicheren Steuerbilanzgewinn ab. Somit ist der Steuersatz s unter Berücksichtigung des Teilabzugs stochastisch. Die damit einhergehenden Probleme wurden voranstehend diskutiert. Auch die Möglichkeit von Zinsvorträgen oder eines Verlustausgleichs heilt dieses Problem nicht, da die daraus resultierenden Zinseffekte zu berücksichtigen sind.[247]

Wird eine der beiden Annahmen nicht gesetzt, ist eine Ermittlung der periodischen Steuervorteile zwar nach wie vor möglich, jedoch hat diese dann in einem komplexeren Modellrahmen zu erfolgen.[248] Sind die beiden Annahmen erfüllt, verbleibt nur noch der Fremdkapitalbestand als Quelle einer möglichen Unsicherheit der Steuervorteile. Dieser ist als Marktwert des Fremdkapitals definiert.[249] Damit zur Berechnung der periodischen Steuervorteile vereinfachend

---

242 Vgl. *Aders/Wagner* (2004), S. 38. Zinskonditionen hängen insbesondere vom Unternehmenserfolg und dem sich daraus ergebenden Rating ab. Vgl. *Wappenschmidt* (2008), S. 18-28.

243 Vgl. *Modigliani/Miller* (1963), S. 438; *Kuhner/Maltry* (2006), S. 256.

244 Vgl. *Wrightsman* (1978), S. 652; *Förster/Stöckl/Brenken* (2009), S. 988 f..

245 Vgl. *Homburg/Stephan/Weiß* (2004), S. 282.

246 Vgl. *Arnold/Lahmann/Schwetzler* (2011), S. 294 f.

247 Vgl. *Förster/Stöckl/Brenken* (2009), S. 990; anderer Ansicht *Rapp* (2006), S. 778.

248 Vgl. *Mai* (2008), S. 36 f.; *Förster/Stöckl/Brenken* (2009), S. 988 f.; *Arnold/Lahmann/Schwetzler* (2011), S. 294 f.

249 Vgl. *Kruschwitz/Löffler* (2006), S. 49 f.; *Ballwieser* (2011), S. 135.

der Nominalbetrag des Fremdkapitals herangezogen werden kann, müssen sich der Marktwert und der Nominalwert des Fremdkapitals in jedem Zeitpunkt entsprechen. Dies ist jedoch nur unter engen Bedingungen gewährleistet. So ist vorauszusetzen, dass das Fremdkapital risikolos[250] und der risikolose Zinssatz intertemporal konstant ist. Zudem müssen die Fremdkapitaltitel ohne Auf- und Abgeld emittiert worden sein.[251]

Sind diese Annahmen erfüllt, gründet die Unsicherheit hinsichtlich der Höhe der periodenspezifischen Steuervorteile ausschließlich in der Höhe des periodenspezifischen nominalen Fremdkapitalbestands R_t.[252] Es stellt sich nun die Frage, mit welchem Zinsfuß die periodischen Steuervorteile auf den Bewertungszeitpunkt zu diskontieren sind. Die hierzu in der Literatur erarbeiteten Überlegungen werden im folgenden Abschnitt dargestellt. Anschließend erfolgt in Abschnitt 3.2.3 eine Diskussion, unter welchen Bedingungen diese Überlegungen auch im Kontext eines mit Wandelanleihen finanzierten Unternehmens Anwendung finden können.

3.2.2 Finanzierungsannahmen in der Literatur

In der Literatur findet sich eine breite Diskussion über die sachgerechte Diskontierung periodenspezifischer Steuervorteile.[253] Grundsätzlich hat der Zinsfuß das Gesamtrisiko der Steuervorteile widerzuspiegeln. Gelten jedoch die im vorangegangenen Abschnitt diskutierten Annahmen, entspricht das Gesamtrisiko der periodenspezifischen Steuervorteile dem Risiko der Höhen der periodenspezifischen Fremdkapitalbestände. Zu dessen Bestimmung greift die Literatur auf Annahmen bezüglich der Finanzierungspolitik des zu bewertenden Unternehmens zurück.[254]

---

250 Neben dem Ausfallrisiko unterliegen Fremdkapitalinstrumente einem Währungs-, Zins- und Kündigungsrisiko. Vgl. *Fabozzi* (2012), S. 5-8.

251 Vgl. *Modigliani/Miller* (1963), S. 438; Myers (1974), S. 13.

252 Vgl. *Miles/Ezzell* (1980), S. 720; *Streitferdt* (2004), S. 43; *Loderer et al.* (2005), S. 662 f.; *Kruschwitz/Löffler* (2006), S. 4; *Dierkes/Gröger* (2010), S. 63.

253 Die folgenden Ausführungen geben nur Literaturbeiträge im Rahmen der Risikozuschlagsmethode wieder. Bewertungsansätze der Steuervorteile, die auf einem risikoneutralen Optionsbewertungskalkül beruhen, werden nicht diskutiert. Vgl. hierzu *Barbi* (2007), S. 7-10; *Grinblatt/Liu* (2008), S. 227-251.

254 Vgl. *Kruschwitz/Löffler* (2006), S. 50 f.; *Ballwieser* (2011), S. 151 f.

Wird unterstellt, das Unternehmen plant deterministisch künftige Verschuldungsgrade, liegt eine wertorientierte Finanzierungspolitik vor.[255] In diesem Fall ist die Höhe des Fremdkapitalbestands[256] in jeder Periode vom Unternehmenswert abhängig.[257] Der Unternehmenswert ist aus Sicht der Periode, in der der zu diskontierende Steuervorteil anfällt, deterministisch und aus Sicht aller anderen vorhergehenden Perioden stochastisch.[258] Dementsprechend ist der Steuervorteil in der jeweils letzten Periode mit den Fremdkapitalkosten – welche im Fall risikolosen Fremdkapitals dem risikolosen Zinssatz entsprechen – und in allen anderen Perioden mit den Eigenkapitalkosten des unverschuldeten Unternehmens zu diskontieren.[259] Dieses Vorgehen bedingt, dass aus Sicht des Bewertungszeitpunkts $t = 0$ die künftigen Eigenkapitalwerte stochastische Größen sind, deren Risikogehalt mit dem der künftigen Free Cash Flows übereinstimmt.[260]

Letztere Annahme ist problematisch, da sie impliziert, dass der Unternehmenswert ausschließlich operativen Einflüssen unterworfen ist. Werteffekte aus dem Finanzierungsbereich, die nicht der Risikostruktur der Free Cash Flows entsprechen, werden vernachlässigt. Dementsprechend wird bei diesem Vorgehen die Risikostruktur des Unternehmenswerts nur partiell erfasst. Eine Mindermeinung in der Literatur plädiert daher für die Eigenkapitalkosten des verschuldeten Unternehmens als Zinsfuß.[261] Dieses Vorgehen kann jedoch nicht überzeugen, da die diesen Arbeiten zugrunde liegende Definition der Eigenkapitalkosten des verschuldeten Unternehmens konzeptionelle Schwächen aufweist.[262] Auch hin-

---

255 Vgl. *Miles/Ezzell* (1985), S. 1485-1488; *Richter* (1998), S. 379; *Wallmeier* (1999), S. 1476; *Kruschwitz/Löffler/Lorenz* (2011), S. 676-678.

256 Grundsätzlich erfolgt die Planung der Verschuldungsgrade respektive der Fremdkapitalbestände zu Marktwerten. Vgl. *Kruschwitz/Löffler* (2006), S. 49 f. Unter den in Abschnitt 3.2.1 getroffenen Annahmen entsprechen sich Markt- und Nominalwert des Fremdkapitals. Daher wird im Folgenden von Fremdkapitalbestand gesprochen.

257 Vgl. *Miles/Ezzell* (1980), S. 722; *Schultze* (2003), S. 105.

258 Vgl. *Miles/Ezzell* (1980), S. 725; *Modigliani* (1988), S. 151; *Kruschwitz/Löffler* (2001), S. 106; *Hachmeister* (2000), S. 115; *Homburg/Stephan/Weiß* (2004), S. 283; *Ballwieser* (2011), S. 151 f.

259 Vgl. *Miles/Ezzell* (1985), S. 1487; Löffler (1998); *Schultze* (2003), S. 108; *Arzac/Glosten* (2005), S. 455. Eine vereinfachende Diskontierung mit den Eigenkapitalkosten des unverschuldeten Unternehmens in allen Perioden halten *Harris/Pringle* (1985), S. 240-242, für vertretbar.

260 Vgl. *Miles/Ezzell* (1980), S. 724. Kritisch hierzu *Schüler* (2006), S. 15.

261 Vgl. *Kolari* (2010), S. 3.

262 Vgl. *Tham/Vele-Pareja/Kolari* (2010), S. 2-5.

sichtlich der Rechentechnik ergeben sich Schwierigkeiten. Da der Eigenkapitalwert der Periode von den Free Cash Flows und den periodischen Steuervorteilen künftiger Perioden abhängt, hat die Ermittlung des Eigenkapitalwerts rekursiv zu erfolgen.[263] Zudem trivialisiert die Annahme einer wertorientierten Finanzierungspolitik das Bewertungsproblem.[264] So entledigt sich der Bewerter durch diese Annahme des Bewertungsproblems. Wenn der Verschuldungsgrad und der Fremdkapitalwert ermittelbar oder gegeben ist, lässt sich der Wert des Eigenkapitals analytisch leicht aus dieser Beziehung bestimmen.[265] Zudem deuten die Ergebnisse empirischer Studien daraufhin, dass eine wertorientierte Finanzierungspolitik nur bedingt in der Praxis verwandt wird.[266]

Kann hingegen davon ausgegangen werden, dass die Finanzierungsstrategie des Unternehmens deterministisch die absolute Höhe künftiger Fremdkapitalbestände vorgibt, spricht man von einer autonomen Finanzierungspolitik.[267] Unter den in Abschnitt 3.2.1 dargestellten Prämissen folgt in diesem Fall, dass die periodenspezifischen Steuervorteile das gleiche Risiko wie die Zinszahlungen der künftigen Perioden aufweisen. Daher erfolgt die Diskontierung der Steuervorteile über alle Perioden hinweg mit den Fremdkapitalkosten.[268] Im Fall risikolosen Fremdkapitals entsprechen die Fremdkapitalkosten dem risikolosen Zinssatz.

Die Diskontierung der periodenspezifischen Steuervorteile mit den Fremdkapitalkosten im Fall der Annahme einer autonomen Finanzierungspolitik ist ebenfalls kritisch. Zum einen sind die Prämissen, die die Identität des Risikos der Höhe des Fremdkapitalbestands und der Steuervorteile stützen, sehr restriktiv.
Als weiterer Kritikpunkt wird vorgebracht, dass die periodischen Steuervorteile dem Eigenkapitalgeber und nicht dem Fremdkapitalgeber zufließen und somit

263 Vgl. *Myers* (1974), S. 20-22. Eine analytische Lösung unter der Annahme eines intertemporal konstanten Verschuldungsgrades findet sich bei *Ashton/Atkins* (1978), S. 1450-1452. Vgl. ähnlich *Kruschwitz/Löffler* (1998), S. 5 f.

264 Vgl. *Hering* (2005), S. 198.

265 Vgl. *Kruschwitz/Löffler* (2001), S. 112.

266 Vgl. *Graham/Harvey* (2003), S. 211.

267 Vgl. *Richter* (1998), S. 379-381; *Drukarczyk/Honold* (1999), S. 337; *Aders/Wagner* (2004), S. 37 f.; *Volkart* (2008), S. 164; *Kofler/Baumgartner* (2010), S. 85.

268 Vgl. *Modigliani/Miller* (1963), S. 436; *Hachmeister* (2000), S. 110; *Schultze* (2003), S. 105; *Ballwieser* (2011), S. 151. Kritisch hierzu *Ross* (2005), S. 7; *Kolari* (2010), S. 3.

die Diskontierung mit dem Fremdkapitalkostensatz konzeptionell falsch sei.[269] Zudem kann es im Rahmen des Gordon/Shapiro-Wachstumsmodells, welches ein unendliches geometrisches Wachstum der Überschüsse mit konstanter Wachstumsrate unterstellt,[270] bei der Diskontierung der Steuervorteile mit einem Zinsfuß, der unter den Eigenkapitalkosten des unverschuldeten Unternehmens liegt, dazu kommen, dass die Eigenkapitalkosten des verschuldeten Unternehmens unter den Eigenkapitalkosten des unverschuldeten Unternehmens liegen.[271] Darüber hinaus ist die empirische Relevanz der Annahme einer autonomen Finanzierungspolitik gering.[272]

Neben diesen beiden weit verbreiteten Finanzierungsannahmen finden sich in der Literatur weitere Finanzierungsannahmen, die zu unterschiedlichen Bewertungsgleichungen führen.[273] Hierzu zählt insbesondere eine buchwertorientierte Finanzierungspolitik, der im Allgemeinen eine höhere empirische Relevanz als eine marktwertorientierte Finanzierungsstrategie zugesprochen wird.[274] Jedoch beruht diese Finanzierungspolitik auf sehr engen Prämissen.[275] Ähnliches gilt für zahlungsstrom- und dividendenbasierte Finanzierungspolitiken.[276]

3.2.3 Spezielle Anforderungen einer Wandelanleihenfinanzierung

Wie im vorangegangenen Abschnitt gezeigt, bedingt eine sachgerechte Diskontierung der Steuervorteile Annahmen über die Finanzierungspolitik des zu bewertenden Unternehmens.[277] Die in der Literatur erarbeiteten Finanzierungspolitiken werden in der Regel im Kontext einer Finanzierung mit nicht wandelbarem Fremdkapital angewandt. Daher ist im Folgenden zu prüfen, unter welchen Bedingungen diese Finanzierungspolitiken auch für ein mit Wandelanleihen finanziertes Unternehmen Anwendung finden können und welche Bewertungskonse-

269 Vgl. *Sick* (1990), S. 1438; *Kolari* (2010), S. 3.

270 Vgl. *Gordon/Shapiro* (1956), S. 105 f. Ähnlich bereits *Williams* (1938), S. 87-96.

271 Vgl. *Aders/Schröder* (2004), S. 112.

272 Vgl. *Graham/Harvey* (2001), S. 218.

273 Vgl. *Kruschwitz/Löffler* (2006), S. 79-98.

274 Vgl. *Kruschwitz/Löffler* (2006), S. 79-89; *Scholze* (2010), S. 38-44.

275 Vgl. *Myers* (1974), S. 18; *Kruschwitz/Löffler* (2006), S. 79-88.

276 Vgl. *Arzac* (1996), S. 42; *Löffler* (2000), S. 2; *Kruschwitz/Löffler* (2001), S. 112 f.; *Rosarius* (2007), S. 48 f.; *Lobe* (2008), S. 6-11.

277 Vgl. *Wallmeier* (1999), S. 1474; *Schultze* (2003), S. 329; *Ballwieser* (2011), S. 151.

quenzen sich im Fall der Unvereinbarkeit obiger Finanzierungsannahmen und der Finanzierung mit Wandelanleihen ergeben.

Die im voran stehenden Abschnitt diskutierten Finanzierungspolitiken implizieren zu Beginn jeder Periode eine Anpassung des Fremdkapitalbestands, um eine im Bewertungszeitpunkt festgelegte und zu diesem Zeitpunkt sichere Zielgröße zu erreichen. Im Fall einer autonomen Finanzierung entspricht diese Zielgröße dem vorgegebenen Fremdkapitalbestand. Dieser ist somit in allen Perioden annahmegemäß deterministisch.

Im Fall einer wertorientierten Finanzierung entspricht diese Zielgröße dem vorgegebenen Verschuldungsgrad. Da der zu Beginn der jeweiligen Periode ermittelte Eigenkapitalwert eine deterministische Größe darstellt,[278] ist auch der komplementäre Fremdkapitalbestand, der in Verbindung mit diesem Eigenkapitalwert zu dem im Bewertungszeitpunkt festgelegten Verschuldungsgrad führt, aus Sicht der jeweiligen Periode eine deterministische Größe. Folglich ist – unter den in Abschnitt 3.2.1 getroffenen Annahmen – auch der Steuervorteil der Periode aus Sicht der jeweiligen Periode eine deterministische Größe. Somit sind sowohl unter der Annahme einer wertorientierten als auch unter der Annahme einer autonomen Finanzierungspolitik aus Sicht der Periode, in der der Steuervorteil anfällt, – analog zu obiger Diskussion – die Fremdkapitalkosten zur Diskontierung des Steuervorteils in der entsprechenden Periode heranzuziehen.

Ob diese Überlegungen im Fall einer Finanzierung mit wandelbarem Fremdkapital weiterhin gelten, hängt von dem Zeitpunkt der Wandlungsentscheidung und von der Behandlung der Stückzinsen ab. Erfolgt die Wandlungsentscheidung zu Beginn der betrachteten Periode, ist eine Anpassung des Fremdkapitalbestands dieser Periode in Abhängigkeit von der Wandlungsentscheidung möglich. In diesem Fall lassen sich die im vorangehenden Abschnitt diskutierten Finanzierungspolitiken analog zu dem Fall mit nicht wandelbarem Fremdkapital annehmen.

Das Vorgehen bei der Bewertung und das Bewertungsergebnis bleiben in diesem Fall unter der Annahme einer bestimmten Finanzierungspolitik von der Existenz des Wandlungsrechts unberührt. Erfolgt die Entscheidung über die

---

278 Vgl. *Hirshleifer* (1970), S. 215; *Kruschwitz/Löffler* (2006), S. 25 f.

Wandlung hingegen am Ende der Periode nach Realisierung und Beobachtung des Free Cash Flow der Periode, aber vor dessen Verteilung an die Fremd- und Eigenkapitalgeber, ist eine Nachfinanzierung mit Fremdkapital zur Aufrechterhaltung eines bestimmten Fremdkapitalbestands im Sinne einer autonomen Finanzierungspolitik oder eines bestimmten Verschuldungsgrades in dieser Periode nicht möglich.[279] Dies liegt darin begründet, dass Finanzierungsentscheidungen am Ende einer Periode nicht auf die abgelaufene Periode zurückwirken, sondern ihre Wirkung erst in der nächsten Periode entfalten.

Die zweite Annahme, dass die Wandlungsentscheidung am Periodenende erfolgt und das Unternehmen seine Kapitalstruktur daher erst mit Wirkung für die folgende Periode anpassen kann, ist realitätsnäher. Diese Modellannahme trägt der in praxi zeitlich verzögerten Umsetzung von Kapitalstrukturanpassungsmaßnahmen Rechnung. Wählt man hingegen die erste Annahme, dass die Wandlungsentscheidung vor der Free-Cash-Flow-Aufteilung auf die Kapitalgeber erfolgt, lässt sich die Unsicherheit über die Höhe der Steuervorteile ausblenden. Im Bewertungsmodell der vorliegenden Arbeit wird die realitätsnähere, zweite Annahme über die zeitliche Struktur der Wandlungsentscheidung unterstellt.

Wie sich die Wandlungsentscheidung am Periodenende auf den Steuervorteil der betrachteten Periode auswirkt, hängt von der Behandlung der Stückzinsen im Wandlungszeitpunkt ab. Unter Stückzinsen sind in diesem Kontext die Zinsen zu verstehen, die gemäß den Verzinsungskonditionen der Wandelanleihe zwischen dem letzten Zinszahlungstermin und dem Wandlungszeitpunkt aufgelaufen sind, aber noch nicht an den Wandelanleiheninhaber ausbezahlt wurden.[280] Wie in Abschnitt 2.1 dargestellt, finden sich in der Praxis zwei Formen der Ausgestaltung des Wandlungsrechts: Entweder geht der Zinsanspruch des Wandelanleiheinhabers bei der Wandlung der Anleihe zusammen mit dem Tilgungsanspruch unter oder der Zinsanspruch bleibt bei der Wandlung bestehen.[281]

---

279 Eine Nachfinanzierung zur Einhaltung der geplanten Finanzierungsstrategie ist erstrebenswert, da dies eine „Steuerung“ der periodenspezifischen Zinszahlungen und Steuervorteile erlaubt.

280 Vgl. *Swoboda/Kamschal* (1979), S. 297.

281 Der Anspruch auf die Tilgung geht bei einer Wandlung in beiden Fällen unter. Im Falle einer Nichtwandlung der Anleihe werden die Zinsen zum vertraglich vorgesehenen Zinszahlungstermin an den Wandelanleiheinhaber ausgezahlt.

Bei der ersten Ausgestaltungsform ist die Höhe der Zinszahlungen und somit die Höhe des Steuervorteils von der unsicheren Wandlungsentscheidung abhängig. Da unterstellt wird, dass die Wandlung erst am Periodenende erfolgt und somit eine Nachfinanzierung mit zinstragendem Fremdkapital zur Aufrechterhaltung der geplanten Zinszahlungen nicht möglich ist, ist die Höhe des Steuervorteils aus Sicht des Beginns der entsprechenden Periode unsicher. Folglich entspricht das Risiko der periodischen Steuervorteile nicht mehr allein dem Risiko der Fremdkapitalzinszahlungen zu Beginn der entsprechenden Perioden. Vielmehr ist eine zusätzliche Unsicherheitsdimension zu berücksichtigen, die die unsichere Wandlungsentscheidung erfasst. Bei der zweiten Ausgestaltungsform bleiben die Zinszahlungen und damit auch der Steuervorteil der betrachteten Periode von der Wandlungsentscheidung unberührt. Folglich gilt weiterhin – wie im Fall nicht wandelbaren Fremdkapitals –, dass das Risiko der periodischen Steuervorteile dem Risiko der Fremdkapitalzinszahlungen der entsprechenden Perioden entspricht.

Wie bereits in Kapitel 2.1 ausgeführt, ist in der deutschen Praxis die erste Ausgestaltungsform üblich, die einen Verlust des Anspruchs auf die Stückzinsen im Wandlungsfall vorsieht.[282] Eine solche Ausgestaltung des Wandlungsrechts unterstellen auch die meisten formalen Bewertungsmodelle von Wandelanleihen.[283] Daher wird im Bewertungsmodell der vorliegenden Arbeit ebenfalls unterstellt, dass der Anspruch auf die Stückzinsen, die zwischen dem Beginn der betrachteten Periode und dem Wandlungszeitpunkt aufgelaufen sind, im Zuge der Wandlung verloren geht.

---

282 Vgl. auch Anhang 1.

283 In einigen Modellen wird diese Annahme explizit formuliert. Vgl. *Swoboda/Kamschal* (1979), S. 297; *Constantinides* (1984), S. 375, Fn. 7; *Sörensson* (1993), S. S132. In anderen Modellen lässt sich diese Annahme implizit aus der Modellierung erkennen. So sieht *Ingersoll* (1977b) bei seinem Dominanzbeweis im Wandlungsfall keine Zinszahlung an den Wandelanleiheninhaber vor. Vgl. *Ingersoll* (1977b), S. 296. Ähnlich gehen *Brennan/Schwartz* (1977) vor, die den Wert der Anleihe im Wandlungsfall nicht mehr berücksichtigen. Vgl. *Brennan/Schwartz* (1977), S. 1702. *McConnell/Schwartz* (1986) und *Bühler/Koziol* (2002) untersuchen eine wandelabre Nullkuponanleihe. Dies impliziert ebenfalls eine Aufgabe des Anspruches auf die aufgelaufen Zinsen. Vgl. *McConnell/Schwartz* (1986), S. 561; *Bühler/Koziol*, 2002, S. 305. Das Problem umgehen *Koziol* (2006) und *Koziol/Lawrenz* (2012), indem sie stetige Zinszahlungen unterstellen. Vgl. *Koziol* (2006), S. 126; *Koziol/Lawrenz* (2012), S. 93.

Diese Annahmen haben wesentliche Konsequenzen für das Bewertungsmodell. So lässt sich das Wandlungsrisiko des Steuervorteils in Perioden, in denen eine Wandlung möglich ist, nicht durch eine Finanzierungsannahme ausblenden. Folglich sind die im voranstehenden Abschnitt diskutierten Finanzierungspolitiken und deren Implikationen für die Diskontierung der Steuervorteile nicht für den hier betrachteten Fall eines mit einer Wandelanleihe finanzierten Unternehmens anwendbar.[284]

Insbesondere scheitert eine Diskontierung der periodenspezifischen Steuervorteile mit den Fremdkapitalkosten daran, dass diese nur das Risiko des Fremdkapitalbestands unter der Annahme, dass am Periodenende keine Wandlung erfolgt, erfassen. Die Unsicherheit über die Wandlung, die dadurch entsteht, dass die Wandlungsentscheidung vom stochastischen Free Cash Flow der jeweiligen Periode abhängt, wird von den Fremdkapitalkosten nicht erfasst. Eine Diskontierung mittels der Eigenkapitalkosten des unverschuldeten Unternehmens spiegelt ebenfalls nicht die hinter den Steuervorteilen stehende Risikostruktur wider. Zwar hängt die Wandlungsentscheidung – wie in den Abschnitten 4.2, 5.1.2 und 5.2.2 gezeigt wird – von dem periodenspezifischen Free Cash Flow ab, jedoch impliziert die binäre Struktur des Steuervorteils – im Wandlungsfall ergibt sich dieser in Höhe von Null, im Nichtwandlungsfall in Höhe von $s \cdot r_{WA}^{nom} \cdot R_{WA}^{nom}$ – eine Risikostruktur, die nicht durch die Eigenkapitalkosten des unverschuldeten Unternehmens abbildbar ist. Gleiches gilt für die Eigenkapitalkosten des verschuldeten Unternehmens.

Folglich sind im vorliegenden Modell die Kapitalkosten zur Diskontierung der Steuervorteile in den Perioden, in denen eine Wandlung möglich ist, aus den entsprechenden zeit- und zustandsabhängigen Verteilungen der Steuervorteile zu ermitteln. Die Voraussetzungen und das korrekte Vorgehen hierfür werden in Abschnitt 3.3.2.3 diskutiert.

---

284 Das bedeutet nicht, dass der Bewertungskalkül ohne Finanzierungsannahme auskommt. Jeder Bewertungskalkül bedarf einer Annahme hinsichtlich der Finanzierungspolitik. Vgl. *Ballwieser* (2011), S. 151; *Kruschwitz/Löffler* (2006), S. 50 f. Die Finanzierungsannahme besteht hier in der Annahme der Finanzierung des Unternehmens mit Eigenkapital und einer Wandelanleihe.

3.3 Kapitalkostenbestimmung im Rahmen des CAPM

3.3.1 Grundlagen des CAPM

3.3.1.1 Prämissen und Standardgleichung

Wie im vorhergehenden Abschnitt ausgeführt, bedient sich die vorliegende Arbeit der Risikozuschlagsmethode. Neben der Prognose der bewertungsrelevanten Zahlungsströme ist die Bestimmung der Kapitalkosten ein zentrales Problem dieses Verfahrens.[285] Bereits kleinste Änderungen im Zinsfuß des Kalküls führen mitunter zu signifikanten Änderungen im ermittelten Unternehmenswert.[286]

In Literatur und Praxis wird häufig das Capital Asset Pricing Model (CAPM) zur kapitalmarktgestützten Bestimmung der Kapitalkosten herangezogen.[287] Theoretische Basis dieses Modells ist die Portfoliotheorie von Markowitz.[288] Die Idee der Portfolio-Theorie ist, dass durch eine Mischung von riskanten Wertpapieren, die nicht vollkommen positiv miteinander korrelieren, das Risiko der Gesamtposition verringert werden kann.[289] Die Portfolio-Theorie ist ein normatives Optimierungskalkül, das einem individuellen Kapitalmarktteilnehmer unter Berücksichtigung seiner Risikopräferenz vorgibt, in welche riskanten Wertpapiere er sein Vermögen investieren sollte.[290]

Die Portfoliotheorie baut auf einem engen Annahmengerüst auf.[291] So bedingt diese einen friktionslosen Kapitalmarkt, auf dem eine endliche Zahl beliebig teilbarer riskanter Wertpapiere gehandelt werden kann. Insbesondere fallen keine Steuern, Transaktions- und Informationskosten an. Die Wertpapierangebots- und -nachfragestruktur ist polypolistisch, der einzelne Kapitalmarktteilnehmer ist somit Preisnehmer. Darüber hinaus ist der einzelne Kapitalmarktteilnehmer risikoavers und beurteilt die Vorziehungswürdigkeit eines bestimmten Portfolios

---

285 Vgl. *Hachmeister* (2000), S. 162 f.; *Schultze* (2003), S. 42 f.; *Kruschwitz/Löffler* (2006), S. 22-25; *Ballwieser* (2011), S. 97 f.

286 Vgl. *Ballwieser* (2002), S. 736; *Wiese* (2006), S. 1.

287 Vgl. *Sharpe* (1964) S. 436-442; *Lintner* (1965), S. 427-442; *Mossin* (1966), S. 65-86.

288 Vgl. *Markowitz* (1952), S. 80.

289 Vgl. *Markowitz* (1952), S. 89 f.; *Celec/Pettway* (1979), S. 1061-1063.

290 Vgl. *Markowitz* (1952), S. 77; *Hirshleifer* (1965), S. 518-523; *Hakansson* (1971a), S. 518-520.

291 Vgl. *Markowitz* (1952), S. 78-80.

gegenüber einem anderen Portfolio nur anhand des Erwartungswerts und der Standardabweichung der Rendite des Portfolios. Er entscheidet somit nach dem μ-σ-Kriterium. Der Planungshorizont des Kapitalmarktteilnehmers ist eine Periode. Es handelt sich somit um ein statisches Modell. Mittels der Portfoliotheorie gelingt es, effiziente Portfolios zu identifizieren, die ein Kapitalmarktteilnehmer in Abhängigkeit von seiner Risikopräferenz wählen sollte. Ein Portfolio ist dann effizient, wenn es kein anderes Portfolio gibt, das – bei gegebener Streuung der Rendite – einen höheren Erwartungswert der Rendite oder – bei gegebenem Erwartungswert der Rendite – eine niedrigere Streuung bietet.[292]

Um den Übergang von der Portfoliotheorie, die eine normative Theorie zur individuellen Portfoliooptimierung darstellt, zu dem CAPM, das ein Marktgleichgewichtsmodell ist, zu gewährleisten, sind weitere Annahmen zu treffen. Zum einen wird unterstellt, dass auf dem Kapitalmarkt zusätzlich zu den riskanten Wertpapieren eine risikolose Geldaufnahme- und Geldanlagemöglichkeit existiert.[293] Den Teil seines Vermögens, den der Kapitalmarktteilnehmer nicht in das Portfolio riskanter Wertpapiere investiert, investiert er risikolos. Übersteigt der Wert des Portfolios das Vermögen des Kapitalmarktteilnehmers, wird er die Unterdeckung mittels der risikolosen Geldaufnahmemöglichkeit ausgleichen. Die Risikopräferenz des Kapitalmarktteilnehmers – ausgedrückt durch seine Indifferenzkurve zwischen dem Erwartungswert und der Streuung der Portfoliorenditen – spiegelt sich somit nicht in der Zusammensetzung seines Portfolios riskanter Wertpapiere wider, sondern im Verhältnis des Volumens der Investition in das Portfolio riskanter Wertpapiere zu dem Volumen der risikolosen Geldaufnahme beziehungsweise -anlage.[294] So wird ein stark risikoaverser Kapitalmarktteilnehmer nur einen geringen Teil seines Vermögens in ein Portfolio riskanter Wertpapiere investieren, während er den Großteil seines Vermögens risikolos anlegen wird. Ein weniger risikoaverser Kapitalmarktteilnehmer wird sich hingegen sogar verschulden, um ein Portfolio riskanter Wertpapiere zu erwerben, der sein Vermögen übersteigt.[295]

---

292 Vgl. *Markowitz* (1952), S. 84-91.
293 Vgl. *Sharpe* (1964), S. 434 f.; *Lintner* (1965), S. 14; *Mossin* (1966), S. 769 f.
294 Vgl. *Hachmeister* (2000), S. 161; *Wiese* (2006), S. 34.
295 Vgl. *Sharpe* (1964), S. 436-438; *Lintner* (1965), S. 25-28; *Mossin* (1966), S. 775 f.

Wird als weitere Annahme davon ausgegangen, dass alle Kapitalmarktteilnehmer identische Investitionsmöglichkeiten haben und homogene Erwartungen hinsichtlich der Erwartungswerte, Standardabweichungen und Kovarianzen der Wertpapierrenditen besitzen, dann wählen alle Kapitalmarktteilnehmer dieselbe Zusammensetzung ihres Portfolios riskanter Wertpapiere.[296] Das Portfolio, das sich ergibt, wenn man die Portfolios aller Kapitalmarktteilnehmer aggregiert, wird Marktportfolio genannt.[297] Unterstellt man einen gleichgewichtigen und somit geräumten Kapitalmarkt,[298] folgt daraus, dass das Marktportfolio alle am Markt gehandelten riskanten Wertpapiere – gewichtet mit ihren modellhaften Marktpreisen – umfasst.[299] Alle Kapitalmarktteilnehmer halten somit einen Anteil am Marktportfolio, der sich hinsichtlich seiner Höhe, aber nicht hinsichtlich seiner Wertpapierzusammensetzung unterscheidet.[300]

Die Preise der einzelnen riskanten Wertpapiere bestimmen sich unter obigen Annahmen entsprechend des mit ihnen verbundenen Risikobeitrages zum Marktportfolio.[301] Dementsprechend ergibt sich der Erwartungswert der Rendite $\overline{r}_i$ eines einzelnen Wertpapiers i aus folgender Gleichung:[302]

$$(3.3) \qquad \overline{r}_i = r_f + \frac{\operatorname{cov}(\tilde{r}_i;\tilde{r}_M)}{\operatorname{var}(\tilde{r}_M)} \cdot \left[\overline{r}_M - r_f\right].$$

Dabei bezeichnet $\overline{r}_M$ den Erwartungswert und $\operatorname{var}(\tilde{r}_M)$ die Varianz der Rendite des Marktportfolios. Der Ausdruck $\operatorname{cov}(\tilde{r}_i;\tilde{r}_M)$ bezeichnet die Kovarianz zwischen der Rendite des Wertpapiers i und der Rendite des Marktportfolios. Der

---

296 Vgl. *Sharpe* (1964), S. 433 f.; *Lintner* (1965), S. 25 f.; *Mossin* (1966), S. 769 f.; *Ross* (1978a), S. 255; *Drukarczyk* (1993), S. 234; *Hachmeister* (2000), S. 161.

297 Vgl. *Franke/Hax* (2009), S. 355.

298 Die Existenz und Eindeutigkeit eines gleichgewichtigen Kapitalmarkts lässt sich mittels eines Bündels zusätzlicher – teilweise sehr restriktiver – Annahmen sichern. Vgl. *Wiese* (2006), S. 43 f.

299 Vgl. Fama/*French* (2004), S. 25 f.; *Kruschwitz/Husmann* (2010), S. 191 f.

300 Vgl. *Franke/Hax* (2009), S. 355.

301 Vgl. *Schmidt* (1992), S. 251; *Hachmeister* (2000), S. 161-163; *Franke/Hax* (2009), S. 357.

302 Vgl. *Fama* (1977), S. 5; *Wiese* (2006), S. 35 f.; *Ballwieser* (2011), S. 97 f.

Term $\left[\bar{r}_M - r_f\right]$ beschreibt den Erwartungswert der Überrendite einer Investition in das riskobehaftete Marktportfolio gegenüber einer risikolosen Geldanlage zum Zins r_f. Dieser Ausdruck wird als Marktrisikoprämie bezeichnet. Das Verhältnis der Kovarianz zwischen der Rendite des Wertpapiers i und der Rendite des Marktportfolios und der Varianz der Rendite des Marktportfolios wird als Betafaktor β_i bezeichnet. Dieser misst die Reagibilität des Erwartungswerts der Rendite des Wertpapiers i auf Änderungen der Marktrisikoprämie.[303]

Ökonomisch impliziert dies, dass nicht die gesamte Streuung des Wertpapiers i bei der Ermittlung der erwarteten Rendite des Wertpapiers i berücksichtigt wird, sondern lediglich das nicht im Marktportfolio diversifizierbare, systematische Risiko.[304] Das systematische Risiko des Marktportfolios wird durch die Marktrisikoprämie, die alle makroökonomischen Einflüsse der Ökonomie auf den Risikozuschlag abbildet, ausgedrückt.[305] Alle anderen Risikofaktoren, die auf die Rendite eines einzelnen Wertpapiers einwirken, sind im Marktportfolio vollständig diversifiziert und bei der Kapitalkostenermittlung somit unbeachtlich.[306] In welchem Grad der Erwartungswert der Rendite eines einzelnen Wertpapiers dem systematischen Risiko des Marktportfolios ausgesetzt ist, wird durch den Betafaktor des Wertpapiers erfasst.[307]

3.3.1.2 Würdigung

Die Eignung des CAPM zur Kapitalkostenermittlung ist in der Literatur umstritten. Als wesentlicher Vorzug des Modells gelten seine formale Geschlossenheit und der Rückgriff auf Markterwartungen.[308] Dies erlaubt eine Aggregation der individuellen Risikopräferenzen der Marktteilnehmer, welche im individualistischen Ansatz regelmäßig nicht möglich ist.[309] Zudem erscheinen die Modellpa-

---

303 Vgl. *Drukarczyk* (1993), S. 261; *Wiese* (2006), S. 35 f.;.

304 Vgl. *Statman* (1987), S. 354-360; *Bodie/Kane/Marcus* (2009), S. 217.

305 Vgl. *Bodie/Kane/Marcus* (2009), S. 247.

306 Vgl. *Bodie/Kane/Marcus* (2009), S. 251.

307 Vgl. *Hachmeister* (2000), S. 162.

308 Vgl. *Rudolph* (1979), S. 1038; *Ballwieser* (2001), S. 23; *Ballwieser* (2002), S. 738 f.

309 Vgl. *Arrow* (1963), S. 22-60; *Tschöpel* (2004), S. 149-158; *Wiese* (2006), S. 42; *Dörschell/Franken/Schulte* (2009), S. 22.

rameter bei Verwendung historischer Marktdaten gut operationalisierbar und der komponentenweise Ausweis von Marktgrößen und unternehmensindividuellen Größen macht die Quellen des Risikozuschlages transparent.[310]

Die Kritik am CAPM richtet sich insbesondere auf die Realitätsferne der zu Grunde liegenden Prämissen.[311] Daher wurden verschiedene Modellvarianten des Standardmodells entwickelt, die versuchen, restriktive Annahmen durch weniger realitätsferne Annahmen zu ersetzen.[312] Die zentrale lineare Rendite-Risiko-Relation bleibt in diesen Modellvarianten erhalten.[313] Da diese Modellvarianten jedoch weitaus komplexer sowie weniger operabel als das Standardmodell sind, wird in der Praxis überwiegend das Standardmodell bevorzugt.[314]

Des Weiteren sind zusätzliche Annahmen notwendig, um sicherzustellen, dass der nach dem μ-σ-Kriterium entscheidende Kapitalmarktteilnehmer zu Entscheidungen gelangt, die mit dem axiomatisch verankerten Bernoulli-Kriterium konsistent sind. Hinreichend für eine solche Konsistenz ist die Annahme normalverteilter Wertpapierrenditen, linearer Risikoklassen oder quadratischer Risikonutzenfunktionen.[315] Diese zusätzlichen Annahmen sind problematisch, da sie nicht nur stark restriktiv sind, sondern weitere Probleme mit sich bringen.[316] Auf diese Annahmen kann verzichtet werden, wenn man das Bernoulli- und das μ-σ-Kriterium als gleichwertige Ansätze betrachtet. Dafür plädiert ein Teil der

---

310 Vgl. *Bodie/Kane/Marcus* (2009), S. 247-251; *Dörschell/Franken/Schulte* (2009), S. 22. Kritisch hierzu *Ballwieser* (2010), S. 75; *Ballwieser* (2011), S. 99.

311 Vgl. *Drukarczyk* (1993), S. 251 f.; *Ballwieser* (2001), S. 23; *Ballwieser* (1998), S. 83; *Mandl/Rabel* (1997), S. 308 f.

312 Vgl. für einen Überblick *Turnbull* (1977b), S. 328-332; *Rudolph* (1979), S. 1051; *Kruschwitz/Husmann* (2010), S. 215-220.

313 Vgl. *Turnbull* (1977b), S. 331 f. Diese lineare Struktur des Modells ergibt sich infolge der Arbitragefreiheitsbedingung und dem Wertadditivitätstheorem. Vgl. *Beja* (1971), S. 363-365; *Wilhelm* (1981), S. 894-899; *Franke*/Hax (2009). S. 359 f.

314 Vgl. *Ballwieser* (1998), S. 83; *Ballwieser* (2001), S. 23; *Richter* (2001), S. 177 f.; *Dinstuhl* (2003), S. 29 f.; *Wagner et al.* (2004), S. 892; *Wiese* (2006), S. 42 f.

315 Vgl. *Tobin* (1958), S. 74-76; *Schneeweiß* (1967), S. 121-127; *Hirshleifer* (1970), S. 282 f.; *Saelzle* (1976), S. 46-59; *Ross* (1978a), S. 271-274; *Laux* (2005), S. 228; *Löffler* (2001), S. 43-51; *Kruschwitz/Husmann* (2010), S. 146-150; *Ballwieser* (2011), S. 98. Daneben wurden in der Literatur weitere hinreichende Bedingungen herausgearbeitet. Vgl. im Überblick *Wiese* (2006), S. 43.

316 Vgl. *Feldstein* (1969), S. 5-12; *Samuelson* (1970), S. 537; *Wiese* (2006), S. 43.

Literatur unter dem Hinweis darauf, dass auch das μ-σ-Kriterium präferenztheoretisch begründbar ist.[317]

Ebenfalls problematisch ist, dass die Existenz eines eindeutigen Marktgleichgewichtes ohne weitere Annahmen nicht gewährleistet ist.[318] Ist das Preissystem nicht eindeutig, ist nicht gewährleistet, dass die verschiedenen Kapitalmarktteilnehmer identische optimale Portfolios wählen.[319] Ist hingegen die Existenz eines eindeutigen Kapitalmarktgleichgewichtes gesichert, zeigt sich ein nicht auflösbares, konzeptionelles Problem der Gleichgewichtsanalyse. So sind im Fall eines gleichgewichtigen Kapitalmarktes alle riskanten Anlageformen per Definition richtig bepreist. Alle existierenden Investitionsprojekte sind somit kapitalwertneutral. Das Bewertungsproblem, zu dessen Lösung die Kapitalkosten zu ermitteln sind, entfällt somit.[320] Unterstellt man, dass die Durchführung eines neu verfügbaren, kapitalwertpositiven Investitionsprojekts nur ein sehr kurzfristiges Marktungleichgewicht erzeugt, das unendlich schnell durch Anpassungsprozesse wieder aufgehoben wird, ist das CAPM als rein statisches Modell nicht in der Lage, diesen Anpassungsprozess zu beschreiben.[321] Darüber hinaus implizieren die Annahmen des CAPM, dass alle Kapitalmarktteilnehmer bereits die nutzenmaximierende Mischung aus risikoloser Anlage und eines Anteils am Marktportfolio halten. Folglich kann sich ein Kapitalmarktteilnehmer durch eine Unternehmenstransaktion nicht besser stellen. Unternehmenstransaktionen sind daher streng genommen nicht mit dem CAPM vereinbar.[322]

Neben den oben genannten konzeptionellen Schwächen des CAPM sind auch die Ergebnisse empirischer Studien zur Eignung des CAPM, künftige Wertpa-

---

317 Vgl. *Nielsen* (1990), S. 226; *Löffler* (1996), S. 532-534; *Löffler* (2001), S. 50 f. Kritisch hierzu *Kürsten* (1997), S. 80, und *Kruschwitz/Husmann* (2010), S. 83, die das Bernoulli-Kriterium als überlegen ansehen.

318 Vgl. *Hart* (1974), S. 299-310; *Werner* (1987), S. 1410; *Nielsen* (1988), S. 332-335; *Nielsen* (1990), S. 219-223 und S. 229; *Hachmeister* (2000), S. 171-176.

319 Vgl. *Kruschwitz/Husmann* (2010), S. 196 f.

320 Vgl. *Ballwieser* (1990), S. 175; *Hachmeister* (2000), S. 172; *Ballwieser/Coenenberg/Schultze* (2002), Sp. 2420; *Tschöpel* (2004), S. 70 f.

321 Vgl. *Kloster* (1988), S. 78; *Hachmeister* (2000), S. 172.

322 Vgl. *Ballwieser* (1990), S. 175-176; *Ballwieser* (1993), S. 165; *Hachmeister* (1996), S. 268-269; *Hachmeister* (2000), S. 171 f.; *Ballwieser/Coenenberg/Schultze* (2002), Sp. 2420; *Hering* (2006), S. 183; *Ballwieser* (2010), S. 77 und S. 79.

pierrenditen zu schätzen, widersprüchlich.[323] Die überwiegende Anzahl der Studien schätzt die Erklärungskraft des Modells als gering ein.[324] Jedoch ist die Aussagekraft dieser Studien kritisch zu hinterfragen, da das Marktportfolio nicht beobachtet werden kann und das CAPM somit streng genommen empirisch nicht testbar ist.[325]

3.3.2 Modellrelevante Sonderprobleme

3.3.2.1 Mehrperiodige Anwendung

Weitere Probleme ergeben sich, wenn das CAPM auf mehrperiodige Bewertungsprobleme angewandt werden soll.[326] Da das CAPM einperiodig ist,[327] ist dessen wiederholte Anwendung in mehreren aufeinanderfolgenden Perioden nur unter bestimmten zusätzlichen Bedingungen möglich.[328] Von besonderer Bedeutung sind die Risikoeigenschaften der Eingangsparameter des CAPM. Zur Erleichterung der folgenden Diskussion wird Gleichung (3.3) umformuliert:

$$\overline{r_i} = r_f + \frac{\overline{r_M} - r_f}{\operatorname{var}(\tilde{r}_M)} \cdot \operatorname{cov}(\tilde{r}_i;\tilde{r}_M). \tag{3.4}$$

Voranstehende Formel gibt die Quellen der Unsicherheit komponentenweise wieder.[329] Die erste Unsicherheitsquelle besteht im risikolosen Zinssatz r_f. Die-

323 Vgl. *Hachmeister* (2000), S. 185-189 m.w.N.; *Kruschwitz/Husmann* (2010), S. 225-237.

324 Vgl. *Ballwieser* (2001), S. 23; *Copeland/Weston/Shastri* (2008), S. 225-234.

325 Vgl. *Roll* (1977), S. 143 f.; *Roll/Ross* (1994), S. 109. *Stambaugh* (1982) sieht hingegen die generelle Testbarkeit des CAPM gegeben. Grundlage seines Arguments ist seine empirische Untersuchung, die keine signifikante Änderung der empirischen Güte des CAPM findet, wenn das Referenzportfolio variiert. Vgl. *Stambaugh* (1982), S. 237 f.

326 Vgl. *Ballwieser* (1997), S. 2394; *Laitenberger* (2004), S. 6-8; *Laitenberger/Löffler* (2006), S. 289.

327 Vgl. *Sharpe* (1964), S. 428; *Lintner* (1965), S. 26; *Mossin* (1966), S. 770; *Bogue/Roll* (1974), 5 f.

328 Vgl. grundlegend *Fama* (1977), S. 7-14. Zusammenfassend *Ballwieser* (1993), S. 167; *Ballwieser* (1995), S. 125 und S. 129; *Mandl/Rabel* (1997), S. 299; *Röder/Müller* (2001), S. 225-233; *Laitenberger* (2004), S. 9 f.; *Wiese* (2006), S. 36.

329 Vgl. *Fama* (1977), S. 7. Formel (3.3) weist hingegen Vorteile in der empirischen Erhebbarkeit der Eingangsgrößen auf. Vgl. *Ballwieser* (2011), S. 97.

ser ist in einem einperiodigen Modell deterministisch. Wendet man das CAPM hingegen wiederholt in aufeinanderfolgenden Perioden an, ist aus Sicht des Bewertungszeitpunkts $t = 0$ lediglich der risikolose Zinssatz der ersten Periode sicher. Die risikolosen Zinssätze der nachfolgenden Perioden sind hingegen aus Sicht des Bewertungszeitpunkts $t = 0$ unsicher.[330] Die zweite Unsicherheitsquelle besteht im so genannten Marktpreis des Risikos $\left(\overline{r}_M - r_f\right) / \operatorname{var}\left(\tilde{r}_M\right)$.[331] Diese Komponente spiegelt das Risiko wider, das sich aus der stochastischen Rendite des Marktportfolios ergibt.[332] Risiko wird dabei als die Varianz der Rendite des Marktportfolios $\operatorname{var}\left(\tilde{r}_M\right)$ gemessen.[333] Der Marktpreis des Risikos ist im mehrperiodigen Kontext unsicher. Die dritte Komponente von Gleichung (3.4) $\operatorname{cov}\left(\tilde{r}_i;\tilde{r}_M\right)$ verknüpft das Wertpapier mit dem Kapitalmarkt, indem sie die Kovarianz aus der Rendite des Wertpapiers und der Rendite des Marktportfolios berechnet. Diese Komponente ist im mehrperiodigen Kontext ebenfalls unsicher.

Fama (1977) gelingt es zu zeigen, dass bei der Annahme einer in jeder Periode deterministischen Renditeforderung der Eigenkapitalgeber eine wiederholte Anwendung des CAPM in mehreren aufeinanderfolgenden Perioden zulässig ist.[334] Wäre die Diskontierungsrate – und somit die Renditeforderung – unsicher, implizierte dies eine Beziehung zwischen der Rendite, die in Periode t realisiert wird, und der Rendite, die in Periode $t+1$ realisiert wird. Eine solche Beziehung ist mit der Grundkonzeption des CAPM als einperiodiges Modell unvereinbar. In diesem sind intertemporale Zusammenhänge ausgeschlossen.[335] Neben dieser konzeptionellen Erklärung der Notwendigkeit deterministischer Renditeforderungen findet sich auch eine mathematische. So bedingt obig skizzierte Verknüpfung der periodenspezifischen Renditen mittels der Renditeforderungen eine Diskontierung der Erwartungswerte eines Zahlungsstroms mit der Rendite-

---

330 Vgl. *Tobin* (1958), S. 67 f.

331 Vgl. *Bogue/Roll* (1974), S. 605; *Bierman/Smidt* (1975), S. 327; *Fama* (1977), S. 7. Grundlegend Lintner (1965), S. 20 f.; *Mossin* (1966), S. 781-783.

332 Vgl. *Sharpe* (1964), S. 433 f.; *Lintner* (1965), S. 14; *Landskroner* (1977), S. 482.

333 Vgl. *Mossin* (1966), S. 770 f.

334 Vgl. *Fama* (1977), S. 14.

335 Vgl. *Fama* (1977), S. 6 f.

forderung. Eine Diskontierung mit einem stochastischen Diskontierungssatz ist jedoch mathematisch problematisch.[336]

Wie aus Formel (3.4) ersichtlich, setzt eine deterministische Renditeforderung einen deterministischen risikolosen Zinssatz voraus.[337] Wäre der risikolose Zins r_f unsicher, dann hinge die erwartete Rendite eines Wertpapiers von den stochastischen Eigenschaften des risikolosen Zinses r_f ab.[338] Ein solcher Zusammenhang ist nicht durch die Standardform des CAPM erfassbar.[339]

Soll ein stochastischer risikoloser Zinssatz zugelassen werden, muss auf das Intertemporal Capital Asset Pricing Model (ICAPM) zurückgegriffen werden.[340] Dieses stellt eine Verallgemeinerung des CAPM auf intertemporale Bewertungsfälle dar. Die hinter dem ICAPM stehende Konzeption ist folgende: Ist das Entscheidungsproblem hinsichtlich der optimalen Konsum- und Investitionsentscheidung mehrperiodig und der risikolose Zinssatz stochastisch, werden sich die Kapitalmarktteilnehmer gegen die stochastischen Änderungen in ihrem Handlungsfeld durch eine Hedging-Strategie absichern.[341]

Das ICAPM ermittelt jedoch nur unter Berücksichtigung restriktiver Annahmen einen identischen Erwartungswert der Rendite eines Wertpapiers wie das CAPM. Eine dieser Annahmen ist, dass die Kapitalmarktteilnehmer eine logarithmische Risikonutzenfunktion besitzen. Diese impliziert, dass die Kapitalmarktteilnehmer trotz myopischen Entscheidungsverhaltens auch im mehrperio-

---

336 Vgl. *Fama* (1977), S. 4 und S. 23; *Drukarczyk* (1993), S. 280 f.; *Kruschwitz/Löffler* (2005a), S. 1015; Laitenberger/*Löffler* (2006), S. 292. Hintergrund hierfür ist die Jensensche Ungleichung, welche impliziert, dass der Erwartungswert eines Quotienten ungleich dem Quotienten des Erwartungswertes ist. Vgl. *Malliaris/Brock* (1991), S. 58; *Kruschwitz/Löffler* (2005b), S. 421. Modelle, in denen eine Diskontierung mit stochastischen Kapitalkosten möglich ist, beruhen auf strikten Prämissen. Vgl. *Bogue/Roll* (1974), S. 607 f.; *Wilhelm/Schosser* (2007), S. 135-141.

337 Vgl. *Fama* (1977), S. 13 f.; *Drukarczyk* (1993), S. 280-283.

338 Vgl. *Bogue/Roll* (1974), S. 608 f.

339 Vgl. *Fama* (1977), S. 8 f.

340 Vgl. *Merton* (1973b), S. 881-883; *Fama* (1996), S. 442 f.

341 Vgl. *Merton* (1973b), S. 876 f.; *Turnbull* (1977c), S. 1131 f.; *Wallmeier* (1997), S. 87.

digen Kontext optimale Entscheidungen treffen.[342] Alternativ kann angenommen werden, dass der risikolose Zinssatz zwar stochastisch, aber mit den Rückflüssen aller riskanten Anlagemöglichkeiten unkorreliert ist.[343] Eine weitere Möglichkeit, die erlaubt, anstatt des komplexen ICAPM[344] das übersichtliche CAPM zu verwenden, ist die Annahme eines deterministischen risikolosen Zinses. In diesem Fall sind intertemporale Absicherungsstrategien gegen Änderungen in der Menge der Investitionsalternativen des Kapitalmarktteilnehmers redundant und das ICAPM entspricht dem wiederholt einperiodig angewandten CAPM.[345]

Neben der Annahme eines deterministischen risikolosen Zinssatzes bedingt eine deterministische Renditeforderung einen in jeder Periode deterministischen Marktpreis des Risikos $\left(\bar{r}_M - r_f\right)/\mathrm{var}\left(\tilde{r}_M\right)$ und eine in jeder Periode deterministische Kovarianz der Wertpapierrendite mit der Rendite des Marktportfolios.[346] Während der risikolose Zinssatz und der Marktpreis des Risikos in allen Perioden bereits im Bewertungszeitpunkt $t = 0$ bekannt sein müssen, ist es hinreichend, wenn die Kovarianz der Wertpapierrendite mit der Rendite des Marktportfolios aus Sicht der jeweiligen Vorperiode bekannt ist.[347] Sind diese Bedingungen erfüllt, ist eine wiederholte Anwendung des CAPM zur Bestimmung periodenspezifischer Kapitalkosten möglich.

Soll die Diskontierung mittels periodenkonstanter Kapitalkosten erfolgen, bedingt dies weiterer Annahmen. Eine hinreichende Bedingung hierfür ist, dass der risikolose Zinssatz, der Marktpreis des Risikos und die Kovarianz der Wertpapierrendite mit der Rendite des Marktportfolios intertemporal konstant sind.[348] Alternative Annahmen, die eine Diskontierung mit periodenkonstanten Kapital-

---

342 Vgl. *Mossin* (1968), S. 223-226; *Hakansson* (1971b), S. 331-334; *Merton* (1973b), S. 883; *Elton/Gruber* (1974), S. 298 f.; *Ballwieser* (1978), S. 241-243. Die Annahme myopischen Entscheidungsverhaltens bedingt weitere Annahmen, um die Additivitätsvoraussetzung, die für das Barwertkalkül von grundlegender Bedeutung ist, zu erfüllen. Vgl. *Wiese* (2006), S. 41.

343 Vgl. *Merton* (1973b), S. 883. Diese Annahme ist jedoch problematisch, da sie nicht mit dem Marktgleichgewicht des ICAPM vereinbar ist.

344 *Fama* (1977), S. 23, bezeichnet das ICAPM als „unworkably complex".

345 Vgl. *Merton* (1973), S. 870 und S. 883; *Fama* (1977), S. 23.

346 Vgl. *Fama* (1977), S. 14; *Haley* (1984), S. 349; *Drukarczyk* (1993), S. 280-283.

347 Vgl. *Fama* (1977), S. 14.

348 Vgl. *Fama* (1977), S. 17.

kosten erlauben, werden von Richter (2001) formuliert. Dieser zeigt, dass im Fall eines arbitragefreien Kapitalmarktes und einer binomialen Entwicklung der Zahlungsstromgröße, deren Entwicklungsparameter über die Zeit konstant sind und in einem reziproken Verhältnis zueinander stehen, eine Diskontierung der bewertungsrelevanten Zahlungsströme mit einem periodenkonstanten Zinsfuß folgt.[349] Rosarius/Wiese (2005) erweitern das Modell von Richter, indem sie die Annahme der Reziprozität der Entwicklungsparameter des Binomialbaums aufheben und stattdessen die Varianz der Wachstumsrate als exogene Variable definieren. Es gelingt ihnen dadurch, die periodenspezifischen Kapitalkosten des Unternehmens bei stochastischer Unabhängigkeit der Wachstumsraten abzuleiten.[350] Diese Formel erfüllt ebenfalls die von Fama (1977) formulierten Anforderungen für den mehrperiodigen Einsatz des CAPM.[351] Jedoch bedingt der wiederholte Ansatz von Kapitalkosten aus dem einperiodigen CAPM bestimmte Eigenschaften der zu diskontierenden Zahlungsstromverteilung. Werden die intertemporalen Erwartungsänderungen hinsichtlich der Zahlungsstromausprägung als Martingal-Prozess modelliert, führt dies in Verbindung mit der Annahme, dass die einperiodigen Wertpapierrenditen normalverteilt sind, für die Zeitpunkte $t > 1$ zu einer rechtsschiefen Zahlungsstromverteilung.[352] Diese implizierte Verteilung muss mit der geplanten Zahlungsstromverteilung übereinstimmen, was im Allgemeinen nicht der Fall sein wird.[353]

Zusammenfassend gilt, dass das CAPM wiederholt anwendbar ist, wenn der risikolose Zinssatz und der Marktpreis des Risikos in jeder Periode aus Sicht des Bewertungszeitpunktes deterministisch sind. Die Kovarianz der Wertpapierrendite mit der Rendite des Marktportfolios muss ebenfalls deterministisch sein. Diese Annahmen sind in den Modellen der Kapitel 4 und 5 erfüllt. Bei dieser ist jedoch hinreichend, dass sie aus Sicht der Vorperiode bekannt ist. Unter Hinzunahme weiterer Annahmen ist die Diskontierung mit einem intertemporal konstanten Diskontierungssatz möglich. Diese Annahmen sind in den Modellen der Kapitel 4 und 5 nicht erfüllt, so dass periodenspezifische Kapitalkosten zur Diskontierung der Erwartungswerte künftiger Zahlungsströme heranzuziehen sind.

---

349 Vgl. *Richter* (2001), S. 188-190.

350 Vgl. *Rosarius/Wiese* (2005), S. 7-16. *Wallmeier* (1999), S. 1474 f., und *Löffler* (2003), S. 4, befürworten ebenfalls die Verwendung periodenkonstanter Eigenkapitalkosten.

351 Vgl. *Fama* (1977), S. 7-20; *Rosarius/Wiese* (2005), S. 17-19.

352 Vgl. *Fama* (1996), S. 420-424; *Hachmeister* (1998), S. 27.

353 Vgl. *Hachmeister* (1998), S. 33.

3.3.2.2 Anwendbarkeit für Wandelanleihen

Beim vorliegenden Problem stellt sich die Frage, ob das CAPM auch zur Ermittlung der Kapitalkosten einer Wandelanleihe heranziehbar ist. Neben der mathematischen Lösbarkeit ist sicherzustellen, dass das CAPM auch konzeptionell geeignet ist, die Kapitalkosten der Wandelanleihe abzuleiten. Hierzu ist zu prüfen, ob die besonderen Anforderungen der Ermittlung von Kapitalkosten von Wandelanleihen mit der Konzeption und den Prämissen des CAPM vereinbar sind.

Im Rahmen des CAPM halten alle Kapitalmarktteilnehmer einen Anteil am Marktportfolio. Es stellt sich die Frage, ob Wandelanleihen Bestandteil des Marktportfolios sind. Das Marktportfolio ergibt sich durch eine Aggregation der Portfolios aller Kapitalmarktteilnehmer. Bei dieser Aggregation fallen alle Wertpapierpositionen weg, die eine Gegenposition auf dem Kapitalmarkt aufweisen.[354] Dies betrifft insbesondere Fremdkapitalpositionen und Optionen. Da sich eine Wandelanleihe aus der Kombination einer Anleihe und einer Kaufoption ergibt, sind Wandelanleihen nicht Bestandteil des Marktportfolios.[355]

Dennoch ist das CAPM unter bestimmten Bedingungen zur Bestimmung der Kapitalkosten der Wandelanleihe geeignet.[356] Ist die Zahlungsstromverteilung zum Wandelanleiheninhaber ermittelbar, lässt sich auf einem arbitragefreien Kapitalmarkt mit Spanning-Eigenschaft die Zahlungsstromverteilung der Wandelanleihe replizieren.[357] Die Preise der im Replikationsportfolio enthaltenen Wertpapiere lassen sich unter bestimmten Bedingungen durch das CAPM erklären. Zu diesen Bedingungen zählt insbesondere, dass alle Kapitalmarktteilnehmer homogene Erwartungen hinsichtlich der Renditeverteilungen der am Markt gehandelten Wertpapiere besitzen und zur Ermittlung der Eigenkapitalkosten das CAPM heranziehen.[358] Aufgrund des Additivitätsprinzips arbitragefreier

354 Vgl. *Mossin* (1966), S. 779; *Bodie/Kane/Marcus* (2009), S. 281.

355 Vgl. *Frankle/Hawkins* (1975), S. 208.

356 Vgl. Walter/Que (1973), S. 713-732; Jennings (1974), S. 34-40.

357 Vgl. *Schultze* (2003), S. 43-47; *Kruschwitz/Löffler* (2006), S. 19 und S. 28; *Franke/Hax* (2009), S. 372-375.

358 Vgl. *Rubinstein* (1974), S. 230-237; *Ross* (1978a), S. 271; *Dybvig/Ingersoll* (1982), S. 234-241.

Preise und der linearen Rendite-Risiko-Beziehung des CAPM lassen sich in diesem Fall die erwartete Rendite des Replikationsportfolios und somit auch die erwartete Rendite der Wandelanleihe durch das CAPM erklären.[359]

Problematisch ist, dass ein Kapitalmarktgleichgewicht, das eine Annahme des CAPM darstellt, mit der Emission von Eigenkapitaltiteln im Wandlungsfall der Anleihe unvereinbar ist.[360] Daher muss im Fall einer Wandelanleihenfinanzierung die zusätzliche Annahme getroffen werden, dass die Renditeverteilungen aller Wertpapiere und somit das Kapitalmarktgleichgewicht von der Emission des Wandlungsrechts und der etwaigen Kapitalerhöhung unberührt bleiben.[361] Diese Restriktion ist vertretbar, wenn man davon ausgeht, dass der Marktwert der etwaigen Eigenkapitalemission nur einen sehr geringen Anteil am Marktportfolio besitzt.

3.3.2.3 Anwendbarkeit für Steuervorteile

Wie in Abschnitt 3.2.3 gezeigt, sind die in der Literatur regelmäßig unterstellten Finanzierungspolitiken infolge der zeitlichen Struktur der Wandlungsentscheidung nicht für die Perioden, in denen eine Wandlung möglich ist, anwendbar. Die in der Literatur vorgeschlagenen Zinsfüße zur Diskontierung der unsicheren Steuervorteile sind daher im Fall einer Finanzierung mit Wandelanleihen nicht sachgerecht. Als alternative Ermittlungsmöglichkeit bietet sich an, die Kapitalkosten der Steuervorteile aus deren zeit- und zustandsabhängigen Wahrscheinlichkeitsfunktionen abzuleiten.

Im vorhergehenden Abschnitt wurde anhand eines Arbitragearguments begründet, unter welchen Bedingungen die Bestimmung der Kapitalkosten einer Wandelanleihe im Rahmen des CAPM konzeptionell möglich ist. Inwieweit dieses Argument auf die Ermittlung der Kapitalkosten der Steuervorteile aus der Wandelanleihenfinanzierung übertragen werden kann, wird im Folgenden untersucht.

359 Vgl. *Frankle/Hawkins* (1975), S. 207-210.
360 Vgl. *Dybvig/Ingersoll* (1982), S. 234-241.
361 Vgl. *Dybvig/Ingersoll* (1982), S. 241-250; *Merton* (1990), S. 257.

Zwischen einer Wandelanleihe und dem Steuervorteil einer Periode bestehen hinsichtlich der für die Anwendbarkeit des CAPM relevanten Eigenschaften fundamentale Unterschiede. So ist die Wandelanleihe – wie in Abschnitt 3.3.2.2. ausgeführt – zwar einzeln am Kapitalmarkt handelbar, aber kein Bestandteil des Marktportfolios im Sinne des CAPM. Im Gegensatz dazu ist der periodische Steuervorteil ein Bestandteil des Zahlungsanspruchs der Eigenkapitalgeber des verschuldeten Unternehmens. Der Steuervorteil ist somit kein eigenständiges Wertpapier und nicht einzeln am Markt handelbar. Da der Steuervorteil aber eine Komponente des Eigenkapitalwerts des verschuldeten Unternehmens ist, ist er im Marktportfolio – eingebunden in die Eigenkapitaltitel des zu bewertenden Unternehmens – enthalten.

Damit das in Abschnitt 3.3.2.2 dargestellte Arbitrageargument auf den Steuervorteil aus der Wandelanleihenfinanzierung übertragen werden kann, müssen bestimmte Bedingungen erfüllt sein. Zum einen müssen die zustandsabhängigen Zahlungsströme des Steuervorteils isoliert vom den operativen Zahlungsströmen ermittelbar sein. Diese Bedingung ist im vorliegenden Modell erfüllt: Im Wandlungsfall weist dieser eine Höhe von Null und im Nichtwandlungsfall eine Höhe von $s \cdot r_{WA}^{nom} \cdot R_{WA}^{nom}$ auf. Die Wandlungsentscheidung erfolgt in Abhängigkeit vom Free Cash Flow der Periode. Wird ein Free Cash Flow realisiert, der einen bestimmten kritischen Wert übersteigt, erfolgt die Wandlung. Ansonsten erfolgt keine Wandlung. Die Erhebung des kritischen Free Cash Flow wird in den Abschnitten 4.2, 5.1.2 und 5.2.2 erläutert.

Zum anderen müssen die zustandsabhängigen Zahlungsströme am Kapitalmarkt durch Portfoliobildung reproduzierbar und die Preise der im Replikationsportfolio enthaltenen Wertpapiere bekannt oder ermittelbar sein. Beide Bedingungen sind auf einem arbitragefreien Kapitalmarkt mit Spanning-Eigenschaft erfüllt.[362] Der Wert des Steuervorteils ergibt sich in diesem Kapitalmarkt als Wert des Replikationsportfolios.[363] Dabei ist unerheblich, ob der Steuervorteil tatsächlich

362 Vgl. *Schultze* (2003), S. 43-47; *Kruschwitz/Löffler* (2006), S. 28; *Franke/Hax* (2009), S. 372-375.

363 Vgl. *Hirshleifer* (1970), S. 249 f. *Hirshleifer* betont, dass ein Portfolio von Zahlungsansprüchen als einzelner Vermögenswert aufzufassen ist. Vgl. *Hishleifer* (1970), S. 216.

am Kapitalmarkt gehandelt wird.[364] Die Verknüpfung des Replikationsansatzes mit dem CAPM ist zulässig, sofern die Annahmen des CAPM und des Zustandspreisansatzes erfüllt sind.[365] Dies ist im vorliegenden Modell der Fall.

Da der periodische Steuervorteil bereits als Bestandteil der Rendite der Eigenkapitaltitel des Unternehmens im Marktportfolio enthalten ist, bleibt das Kapitalmarktgleichgewicht von der Bewertung unberührt.[366] Dementsprechend kann das CAPM für die Bewertung der periodischen Steuervorteile herangezogen werden.[367]

Zudem gelten die von Fama (1977) formulierten Voraussetzungen für eine wiederholte Anwendung des CAPM bei einer Bewertung von Wandelanleihen und Steuervorteile analog.[368]

---

364 Vgl. ähnlich im zeitstetigen Kontext vgl. *Grinblatt/Liu* (2008), S. 227. Das Argument lässt sich unter den gegebenen Annahmen leicht auf den diskreten Fall übertragen. Vgl. *Grinblatt/Liu* (2008), S. 239. Im Rahmen alternativer Ansätze kommen andere Arbeiten ebenfalls zu dem Ergebnis, dass nicht handelbare Vermögenswerte mittels des CAPM bewertet werden können. Vgl. *Mayers* (1972), S. 225-230; *Jensen* (1972), S. 25-27; *Mayers* (1973), S. 260-265; *Mayers* (1976), S. 1; *Brito* (1977), S. 1116-1118; *Landskroner* (1977), S. 483-485; *Grossman/Shiller* (1982), S. 195-210; *Oh* (1996), S. 287-289.

365 Vgl. *Rubinstein* (1974), S. 230-237; *Ross* (1978a), S. 271 f.; *Dybvig/Ingersoll* (1982), S. 234-241; *Kruschwitz/Husmann* (2010), S. 257-263; *Löffler* (1998a), S. 420-422. Der Zustandspreisansatz unterstellt, dass sich die unsichere Zukunft vollständig durch sich gegenseitig ausschließende Zustände darstellen lässt. Unter Annahme eines arbitragefreien Kapitalmarktes lassen sich die Preise so genannter „reiner Wertpapiere“ bestimmen. Ein solches Werpapier ist dabei so definiert, dass es eine Zahlung in Höhe einer Geldeinheit ausschüttet, falls ein bestimmter Zustand eintritt; ansonsten erfolgt keine Ausschüttung. Es gibt eben so viele „reine Wertpapiere“ wie Umweltzustände. Der Gegenwartswert des zu bewertenden realen Finanztitels ergibt sich als Portfolio dieser „reinen Wertpapiere“. Vgl. grundlegend *Debreu* (1959), S. 99 f.; *Arrow* (1964), S. 91 f. Hinsichtlich der Annahmen der Zustandspreistheorie vgl. auch zusammenfassend *Rudolph* (2006), S. 60-67; *Copeland/Weston/Shastri* (2008), S. 119-124.

366 Vgl. *Ross* (1978a), S. 241-250.

367 Vgl. *Brito* (1977), S. 1115 f.; *Oh* (1996), S. 286 f. Empirisch lässt sich ebenfalls kein signifikanter Einfluss auf die Ergebnisse der CAPM-Tests für den Fall nachweisen, dass nicht handelbare Vermögenswerte im CAPM berücksichtigt werden. Vgl. *Fama/Schwert* (1977), S. 105-120.

368 Vgl. *Fama* (1977), S. 14; Abschnitt 3.3.2.1.

3.4 Bedingungen für eine vorzeitige Ausübung des Wandlungsrechts

Wandelanleihen lassen sich als eine Kombination einer Anleihe und einer Kaufoption interpretieren.[369] Dabei entspricht der im Zuge der Wandlung erwerbbare Anteil am Eigenkapital des Unternehmens dem Basiswert der Kaufoption. Da im Wandlungsfall die Zins- und Tilgungsansprüche aus der Wandelanleihe verloren gehen, ist zudem der Wert der Anleihe als Ausübungspreis der Kaufoption deutbar.[370] Dementsprechend lassen sich auch, wie in Abschnitt 2.1 ausgeführt, Wandelanleihen amerikanischen Typs und europäischen Typs voneinander abgegrenzen. Die Terminologie wurde der Optionspreistheorie entlehnt, die zwischen amerikanischen und europäischen Optionen unterscheidet. Das Abgrenzungsmerkmal dieser beiden Optionstypen besteht in der Anzahl der Zeitpunkte, zu denen eine Ausübung der Option möglich ist. Während amerikanische Optionen zu mehreren Zeitpunkten während der Laufzeit der Option ausgeübt werden können, ist eine europäische Option nur am Laufzeitende ausübbar.[371] Diese Unterscheidung lässt sich auf Wandelanleihen übertragen.

In der optionspreistheoretischen Literatur wurde nachgewiesen, dass es grundsätzlich optimal ist, eine amerikanische Kaufoption bis zu ihrer Fälligkeit zu halten, da sich ein Zinsvorteil ergibt, wenn der Ausübungspreis erst im Fälligkeitszeitpunkt anstatt in einem früheren Zeitpunkt gezahlt wird.[372] Ist eine vorzeitige Ausübung der Kaufoption nicht vorteilhaft, folgt daraus, dass es keinen Unterschied bei der Bewertung europäischer und amerikanischer Kaufoptionen gibt.

Nur unter bestimmten Bedingungen ist eine vorzeitige Ausübung einer amerikanischen Kaufoption vorteilhaft. Eine solche Bedingung ist, dass aus dem Basiswert während der Laufzeit der Option deterministische Ausschüttungen erfol-

369 Vgl. *Sörensson* (1993), S. S130; *Tsiveriotis/Fernandes* (1998), S. 95; *Copeland/Weston/ Shastri* (2008), S. 771; *Franke /Hax* (2009), S. 392.

370 Vgl. *Brennan/Schwartz* (1977), S. 701 f.; *Ingersoll* (1977b), S. 290 f.

371 Vgl. *Merton* (1973a), S. 142; *Hull* (2009), S. 179.

372 Vgl. *Samuelson* (1965), S. 30; *Black/Scholes* (1973), S. 646; *Merton* (1973a), S. 144 f.; *Ingersoll* (1977b), S. 297 f.; *Merton* (1990), S. 259 f.; *Hull* (2009), S. 211 f. Dies gilt auch bei dem diskreten Optionsbewertungsmodell von *Cox/Ross/Rubinstein* (1979), das unter Rückgriff auf den Spezialfall des Zentralen Grenzwertsatzes in das stetige Bewertungsmodell von *Black/Scholes* überführt werden kann. Vgl. *Hsia* (1983), S. 41-46; *He* (1990), S. 534-537.

gen. In diesem Fall kann der Wert der Ausschüttungen, die dem Optionsinhaber entgehen, wenn er die Option erst am Laufzeitende ausübt, den oben genannten Zinsvorteil übersteigen. In diesem Fall ist die vorzeitige Ausübung der Option vorteilhaft.[373] Eine alternative Bedingung ist erfüllt, wenn der Ausübungspreis der Option im Zeitablauf stochastisch ist.[374] Zur Kompensation der Unsicherheit verlangt der Optionsinhaber eine Risikoprämie. Übersteigt diese Risikoprämie den Zinsvorteil, der sich aus der Zahlung des Ausübungspreises in einer späteren Periode ergibt, ist eine vorzeitige Ausübung vorteilhaft.[375]

Die erste der beiden oben genannten Bedingungen kann auf den Fall einer amerikanischen Wandelanleihe übertragen werden.[376] So sind bei Dividenden zahlenden Unternehmen Parameterkonstellationen denkbar, bei denen der Wert der Ausschüttungen den Zinsvorteil einer späteren Wandlung überkompensiert.[377] Die zweite Bedingung kann nicht auf den Fall einer amerikanischen Wandelanleihe übertragen werden. Indem der Wandelanleiheninhaber die Wandelanleihe, deren Wert als Ausübungspreis der Wandlungsoption interpretierbar ist, bereits hält, ist er gegen Veränderungen des Ausübungspreises geschützt.[378] Folglich ist ein möglicher Anstieg des Ausübungspreises für den Wandlungszeitpunkt unerheblich.[379]

Im vorliegenden Modell, das in den Kapiteln 4 und 5 entwickelt wird, sind die Wandlungskonditionen exogen gegeben und intertemporal konstant. Daher ist die zweite Bedingung nicht erfüllt. Zudem wird in allen betrachteten Perioden eine Vollausschüttung des realisierten Free Cash Flow – im Nichtwandlungsfall gekürzt um die Zins- und Tilgungszahlung und erweitert um den Steuervorteil aus der Verschuldung – unterstellt.[380] Daher ist die erste Bedingung erfüllt und

---

373 Vgl. Merton (1973a), S. 144; *Samuelson/Merton* (1969), S. 29; *Roll* (1977), S. 251-258; *Whaley* (1981), S. 207-211.

374 Vgl. *Merton* (1973a), S. 144; *Fischer* (1978), S. 173 f. Die Bindung des Ausübungspreises an stochastische Größen ist in der Praxis nicht unüblich. Vgl. *Brealey/Myers/Allen* (2008), S. 683 f.

375 Vgl. *Fischer* (1978), S. 171; *Merton* (1990), S. 259 f.

376 Vgl. *Ingersoll* (1977b), S. 295-297; *Swoboda/Kamschal* (1979), S. 301.

377 Vgl. *Ingersoll* (1977b), S. 316-319; *Brennan/Schwartz* (1977), S. 1702 f.

378 Die Veränderung des Ausübungspreises und des Werts der Wandelanleihe gleichen sich exakt aus. Vgl. *Ammann/Kind/Wilde* (2003), S. 638.

379 Vgl. ähnlich *Margrabe* (1978), S. 180 f.

380 Vgl. Abschnitt 4.1.

eine vorzeitige Ausübung der Wandelanleihe denkbar. Diese Aussage ist jedoch nur dann für das vorliegende Modell von Gehalt, wenn die Prämissen der Optionspreistheorie mit denen des Modells konsistent sind. Diese Frage wird im Folgenden beleuchtet.

Das in den nächsten beiden Kapiteln dieser Arbeit zu entwickelnde Bewertungsmodell ist in diskreter Zeit formuliert. Der Basiswert der Wandlungsoption entspricht dem Eigenkapitalwert des unverschuldeten Unternehmens. Dieser Wert ergibt sich als Barwert periodenspezifischer Free Cash Flows, der mit der Risikozuschlagsmethode ermittelt wurde. Es handelt sich somit um ein Strukturmodell. Dagegen sind die voranstehenden optionspreistheoretischen Modelle zeitstetige reduced-form-Modelle. Die Wertentwicklung des Basisobjekts wird in diesen mittels eines exogen gegebenen stochastischen Prozesses beschrieben.[381] Die Bewertung erfolgt mittels risikoneutraler Wahrscheinlichkeiten.[382]

Es ist daher zu prüfen, inwieweit die Ergebnisse der zeitstetigen reduced-form-Modelle, denen eine risikoneutrale Bewertung zugrunde liegt, auf das zeitdiskrete Strukturmodell der vorliegenden Arbeit, das die Bewertung mit der Risikozuschlagsmethode vornimmt, übertragbar sind. Die Risikozuschlagsmethode und der Ansatz der risikoneutralen Bewertung sind – wie in Abschnitt 3.1.1 beschrieben – unter bestimmten Annahmen ineinander überführbar.[383] Diese Annahmen sind im vorliegenden Modell nicht erfüllt.[384]

Die Überführbarkeit zeitstetiger in zeitdiskrete Modelle ist ebenfalls an restriktive Annahmen geknüpft. Eine hinreichende Annahme hierzu ist die Annahme einer binomialen Wertentwicklung des Basisobjektes mit unendlich kleinen Zeitintervallen.[385] Diese Annahme ist im vorliegenden Modell der Kapitel 4 und 5 nicht erfüllt, da der Eigenkapitalwert des unverschuldeten Unternehmens, der

---

381 Vgl. Merton (1990), S. 255 f.; *Bielecki et al.* (2009), S. 19-24.

382 Vgl. grundlegend *Harrison/Kreps* (1979), S. 384-394. Vgl. im Überblick *Franke/Hax* (2009), S. 375-377; *Kruschwitz/Husmann* (2010), S. 321-325.

383 Vgl. *Richter* (1999), S. 1-21; *Richter* (2002), S. 136-147.

384 Die stochastische Entwicklung der bewertungsrelevanten Zahlungsströme folgt nicht einem Binomial- oder Trinomialprozess und ist somit nicht mit risikoneutralen Wahrscheinlichkeiten bewertbar. Vgl. *Alexander* (2008), S. 142-144.

385 Vgl. *Merton/Samuelson* (1974), S. 85-92; *Cox/Ross/Rubinstein* (1979), S. 251; *Hsia* (1983), S. 41-46; *He* (1990), S. 534-537.

dem Basiswert der Wandlungsoption entspricht, in Folge der stochastisch unabhängigen Free Cash Flows keinem binomialen Prozess folgt, sondern Sprungstellen aufweist.

Folglich ist eine Übertragbarkeit der Ergebnisse zeitstetiger optionspreistheoretischer Modelle auf das vorliegende zeitdiskrete Bewertungsmodell nicht gegeben. Auch der direkte Rückgriff auf zeitdiskrete Modellierungen des Problems einer vorzeitigen Ausübung amerikanischer Optionen kann die Frage nicht klären, ob im vorliegenden Modell eine vorzeitige Ausübung des Wandlungsrechts vorteilhaft ist. Das Problem hierbei ist, dass auch diese zeitdiskreten Modelle an eine binomiale Entwicklung des Basiswerts anknüpfen.[386] Eine solche ist jedoch – wie oben beschrieben – im vorliegenden Modell nicht gegeben.

Folglich ist es im n-periodigen Bewertungsmodell des Kapitels 5 notwendig, unterschiedliche Bewertungsgleichungen für Wandelanleihen amerikanischen und europäischen Typs abzuleiten. Nur so ist es möglich, die Unsicherheitsstruktur, die sich infolge der unterschiedlichen potentiellen Wandlungszeitpunkte ergibt, zu berücksichtigen. Im einperiodigen Bewertungsfall des Kapitels 4 ist eine solche Unterscheidung nicht möglich.

386 Vgl. *Samuelson* (1965), S. 25 f.; *Cox/Ross/Rubinstein* (1979), S. 232-241; *Swoboda/Kamschal* (1979), S. 303-307; *Franke/Hax* (2009), S. 382-387; *Kruschwitz/Husmann* (2010), S. 326-329.

4 Einperiodiges Bewertungsmodell

4.1 Prämissen

Folgende Annahmen gelten: Der Kapitalmarkt, auf dem eine endliche Anzahl von riskanten Wertpapieren gehandelt wird, ist vollkommen, vollständig und im Gleichgewicht. Die Möglichkeit einer risikolosen Geldanlage und -aufnahme besteht zu einem einheitlichen Zinssatz. Der risikolose Zins r_f ist eine deterministische Größe und für alle Kapitalmarktteilnehmer identisch. Die Erwartungen der Kapitalmarktteilnehmer hinsichtlich der Renditeverteilung des Marktportfolios $\tilde{r}_m$ sind homogen. Die Kapitalmarktteilnehmer sind risikoavers und entscheiden anhand des μ-σ-Kriteriums. Steuern auf Unternehmensebene werden durch einen exogen gegebenen und deterministischen sowie für alle Unternehmen identischen Steuersatz s bei der Bildung der gleichgewichtigen Wertpapierpreise und bei der Bewertung des Unternehmens berücksichtigt. Steuern auf Ebene der Kapitalmarktteilnehmer spielen keine Rolle.

Das zu bewertende Unternehmen existiert eine Periode lang. Im Zeitpunkt $t=1$ fließt dem Unternehmen ein Free Cash Flow $\tilde{X}_1$ zu. Im nachstehenden Bewertungsmodell werden zwei Fälle betrachtet: Im ersten Fall ist der Free Cash Flow $\tilde{X}_1$ als eine stetige Zufallsvariable definiert. Dementsprechend wird $\tilde{X}_1$ durch eine Dichtefunktion beschrieben. Diese Funktion ist annahmegemäß Riemann-integrierbar.

Im zweiten Fall ist der Free Cash Flow $\tilde{X}_1$ als eine diskrete Zufallsvariable definiert. In diesem Fall ist $\tilde{X}_1$ durch eine Wahrscheinlichkeitsfunktion gekennzeichnet. Der Free Cash Flow wird nach seiner Realisierung am Ende der Periode – gegebenenfalls zuzüglich des Steuervorteils aus der Verschuldung – vollständig an die Kapitalgeber ausgeschüttet. Nach der Ausschüttung wird das Unternehmen liquidiert. Der Liquidationswert des Unternehmens beträgt Null. Annahmegemäß umfasst der Free Cash Flow $\tilde{X}_1$ nur Free Cash Flows, die hinreichend hoch sind, die in $t=1$ fälligen Zins- und Tilgungsverpflichtungen vollständig zu bedienen. Eine Insolvenz des Unternehmens ist somit ausgeschlossen.

Das Unternehmen ist mit Eigenkapital und einer Wandelanleihe finanziert. Von einem Agio bzw. Disagio bei der Emission der Wandelanleihe wird abstrahiert. Der Nominalbetrag R_{WA}^{nom} und der Nominalzinssatz der Wandelanleihe r_{WA}^{nom} sind exogen gegeben und deterministisch. Die Zinszahlungen $r_{WA}^{nom} \cdot R_{WA}^{nom}$ aus der Wandelanleihe sind von der Steuerbemessungsgrundlage abzugsfähig. Die Wandelanleihe ist im Zeitpunkt $t = 1$ fällig. In diesem Zeitpunkt kann der Inhaber der Anleihe – nach Realisation und Beobachtung des Free Cash Flow, aber vor dessen Ausschüttung an die Kapitalgeber – zwischen der Verzinsung und Tilgung seiner Anleihe und deren Wandlung wählen. Erfolgt die Wandlung, erwirbt der Inhaber der Wandelanleihe im Austausch gegen seinen Zins- und Tilgungsanspruch einen Anteil a am ursprünglichen Eigenkapital des Unternehmens, das ihm einen ebenso hohen anteiligen Anspruch a auf den Free Cash Flow $\tilde{X}_1$ der Periode gewährt.[387] Dieser Anteil a wird im Wandlungsfall vom Unternehmen neu emittiert und – vor der Ausschüttung des Free Cash Flow an die Eigenkapitalgeber[388] – vom Inhaber der Wandelanleihe im Austausch gegen den Anspruch auf die Zins- und Tilgungszahlung erworben. Den ursprünglichen Eigenkapitalgeber werden keine Bezugsrechte gewährt.

Die Wandlungsentscheidung des Anleiheninhabers wird von einem Wandlungskriterium exakt beschrieben. Zahlungen finden im Rahmen der Wandlung annahmegemäß nicht statt. Das neu emittierte Eigenkapital tritt gleichberechtigt neben das ursprüngliche Eigenkapital. Es gilt folgende zeitliche Struktur:

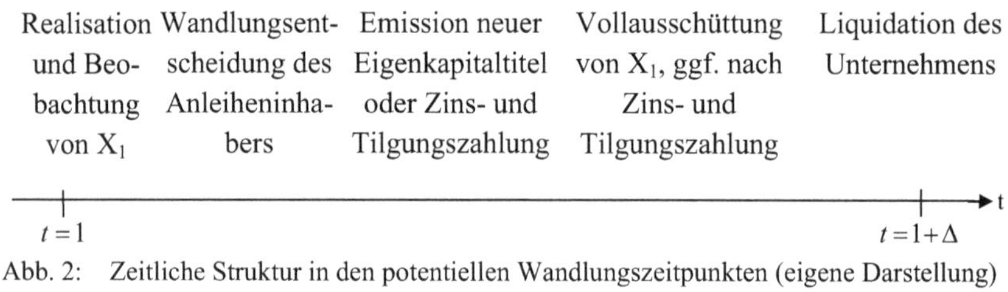

Abb. 2: Zeitliche Struktur in den potentiellen Wandlungszeitpunkten (eigene Darstellung)

387 Der im Zuge der Wandlung zum Eigenkapitalgeber gewordene Wandelanleiheninhaber besitzt unmittelbar mit der Wandlung einen seinem Eigenkapitalanteil entsprechenden Anspruch am Free Cash Flow der Wandlungsperiode. Vgl. Abschnitt 2.1.

388 Da im Wandlungsfalle keine Zinszahlungen anfallen, existiert auch kein ausschüttbarer Zahlungsstrom aus dem Steuervorteil. Vgl. hierzu die Diskussion in Abschnitt 3.2.3.

Zuerst wird der Free Cash Flow X_1 realisiert. Er wird vom Wandelanleiheinhaber beobachtet und in seinem Entscheidungskalkül über eine Wandlung verarbeitet. Die Entscheidung erfolgt auf Grundlage eines näher zu spezifizierenden Wandlungskriteriums. In Abhängigkeit von der Wandlungsentscheidung erfolgen entweder die Emission neuer Eigenkapitaltitel und deren Erwerb durch den Wandelanleiheinhaber oder die Zins- und Tilgungszahlung. Der realisierte Free Cash Flow wird dann im Wandlungsfall anteilig an die ursprünglichen und den neuen Eigenkapitalgeber vollständig ausgeschüttet oder im Nichtwandlungsfall – gekürzt um die Zins- und Tilgungszahlung und erweitert um den Steuervorteil aus der Verschuldung – auf die Alteigentümer verteilt. Abschließend erfolgt die Liquidation des Unternehmens. Die vier genannten Geschehnisse bzw. Aktionen laufen im Zeitpunkt $t = 1$ ab.

Aus diesen Annahmen wird in den folgenden Abschnitten ein einperiodiges Bewertungsmodell eines mit einer Wandelanleihe finanzierten Unternehmens aufgestellt. Im ersten Schritt wird dazu im nächsten Abschnitt ein Wandlungskriterium abgeleitet.

4.2 Wandlungskriterium

Um zu einer Bewertungsgleichung für den Wert des mit einer Wandelanleihe finanzierten Unternehmens zu gelangen, ist ein Wandlungskriterium zu definieren.[389] Das Wandlungskriterium wird als normative Entscheidungsregel für die Wandlungsentscheidung des Anleiheninhabers formuliert. Es hängt von der Ausgestaltung der Wandelanleihe und der zeitlichen Struktur des Realisations- und Verteilungszeitpunktes des Free Cash Flow sowie dem Zeitpunkt der Wandlungsentscheidung ab. Annahmegemäß erfolgt die Wandlungsentscheidung und -durchführung nach Bekanntwerden des Free Cash Flow, aber vor dessen Verteilung auf die Kapitalgeber. Folglich kennt der Wandelanleiheinhaber die Höhe des Free Cash Flow im Zeitpunkt seiner Wandlungsentscheidung.

---

389 Das im Folgenden verwandte Wandlungskriterium orientiert sich am Wandlungskriterium von *Brennan/Schwartz* (1977). Vgl. *Brennan/Schwartz* (1977), S. 1701. Ähnliche Wandlungskriterien finden sich u.a. bei *Ingersoll* (1977b), S. 293 f., *Swoboda/Kamschal* (1979), S. 297-302, und *McConnell/Schwartz* (1986), S. 564. Einen Überblick über in der Literatur verwandte Wandlungskriterien bietet *Sörensson* (1993), S. S129-S134.

Aus den Modellannahmen ergeben sich folgende Ansprüche der Eigenkapitalgeber und des Wandelanleiheinhabers in Abhängigkeit von der Wandlungsentscheidung: Verzichtet der Wandelanleiheinhaber auf die Wandlung, vereinnahmt er die sichere Zins- und Tilgungszahlung in Höhe von $R_{WA}^{nom} \cdot \left(1+r_{WA}^{nom}\right)$. Die Eigenkapitalgeber vereinnahmen den realisierten Free Cash Flow abzüglich der Zins- und Tilgungszahlung in Höhe von. Da die Zinszahlung $r_{WA}^{nom} \cdot R_{WA}^{nom}$ von der Steuerbemessungsgrundlage abzugsfähig ist, mindert sich die Steuerzahlung des Unternehmens um den Betrag $s \cdot r_{WA}^{nom} \cdot R_{WA}^{nom}$. Dieser Steuervorteil aus der Wandelanleihenfinanzierung ist sicher und wird vollständig von den Eigenkapitalgebern vereinnahmt. In Summe fließen den Eigenkapitalgebern im Nichtwandlungsfall Zahlungen in Höhe von $X_1 - R_{WA}^{nom} \cdot \left(1+r_{WA}^{nom}\right) + s \cdot r_{WA}^{nom} \cdot R_{WA}^{nom}$ zu.

Erfolgt die Wandlung, kommt es zu einer Emission neuer Eigenkapitaltitel in Höhe des Anteils a am ursprünglichen Eigenkapital des nach der Wandlung unverschuldeten Unternehmens EK_1^u. Da das Unternehmen annahmegemäß zu Beginn der zweiten Periode liquidiert wird und kein Liquidationserlös anfällt, besteht der Wert einer Eigenkapitalposition am Ende der ersten Periode ausschließlich im anteiligen Anspruch auf den realisierten Free Cash Flow X_1 der ersten Periode. Das neu emittierte Eigenkapital in Höhe von $a \cdot X_1$ erhält der Wandelanleiheinhaber im Austausch für den Verzicht auf die Zins- und Tilgungszahlung der ersten Periode. Zahlungen finden im Rahmen der Wandlung annahmegemäß nicht statt.[390] Der Inhaber der Wandelanleihe wird damit zum Eigenkapitalgeber. Sein Anteil am gesamten Eigenkapital nach der Wandlung und der Kapitalerhöhung beträgt $a \cdot \left(1+a\right)^{-1} \cdot X_1$. Den restlichen Anteil am Eigenkapital $\left(1+a\right)^{-1} \cdot X_1$ halten die ursprünglichen Eigenkapitalgeber.

Die „Kosten" der Wandlung tragen die ursprünglichen Eigenkapitalgeber in Form eines infolge der Kapitalerhöhung verwässerten Anspruchs auf den Free Cash Flow X_1 und den Verlust des Steuervorteils aus der Verschuldung $s \cdot r_{WA}^{nom} \cdot R_{WA}^{nom}$ in Folge der fehlenden Zinszahlungen im Wandlungsfall. Dies ver-

390 Diese Annahmen sind in der Literatur üblich. Vgl. im Überblick *Sörensson* (1993), S. S130.

deutlicht folgende Übersicht, die die Ansprüche der ursprünglichen Eigenkapitalgeber FTE_1 und des Wandelanleiheinhabers FTC_1 sowie den Wert des Gesamtkapitals GK_1 im Zeitpunkt t=1 in Abhängigkeit von der Wandlungsentscheidung zusammenfasst:

	FTE_1	FTC_1	GK_1
Wand-lung	$(1+a)^{-1} \cdot X_1$	$a \cdot (1+a)^{-1} \cdot X_1$	X_1
Nicht-wandlung	$X_1 - R^{nom} \cdot (1+r_{WA}^{nom}) + s \cdot r_{WA}^{nom} \cdot R^{nom}$	$R^{nom} \cdot (1+r_{WA}^{nom})$	$X_1 + s \cdot r_{WA}^{nom} \cdot R^{nom}$

Abb. 3: Konsequenzen der Wandlungsentscheidung (eigene Darstellung)

In der ersten Spalte steht der Zahlungsstrom FTE_1, der den Eigenkapitalgebern im Wandlungs- respektive im Nichtwandlungsfall zufließt. In der zweiten Spalte sind die entsprechenden Zahlungsströme FTC_1 des Wandelanleiheninhabers abgebildet. Die Summe der Zahlungsströme ergibt den Wert des Gesamtkapitals GK_1 in der dritten Spalte der Abbildung. Es zeigt sich, dass der Wert des Gesamtkapitals des Unternehmens im Nichtwandlungsfall höher ist als im Wandlungsfall. Der Grund hierfür ist die steuerliche Abzugsfähigkeit der Zinszahlungen. Da im Wandlungsfall annahmegemäß der Zinsanspruch des Wandelanleiheinhabers untergeht, existiert in diesem Fall auch kein Steuervorteil aus der Verschuldung. Vergleicht man FTC_1 im Wandlungs- und Nichtwandlungsfall, zeigt sich, dass der Wandelanleiheinhaber die Anleihe wandelt, wenn der Wert des erwerbbaren Anteils am Eigenkapital $a \cdot (1+a)^{-1} \cdot X_1$ größer ist als die Summe aus Zins- und Tilgungszahlung $R_{WA}^{nom} \cdot (1+r_{WA}^{nom})$. Folgende Ungleichung formalisiert das Wandlungskriterium im Zeitpunkt der Wandlungsentscheidung:

(4.1) $$R_{WA}^{nom} \cdot (1+r_{WA}^{nom}) < \frac{a}{1+a} \cdot X_1.$$

Der Nominalbetrag R_{WA}^{nom} und der nominale Zinssatz r_{WA}^{nom} der Wandelanleihe sind deterministisch und exogen im Modell gegeben. Dies gilt ebenso für den Anteil a am ursprünglichen Eigenkapital, den der Wandelanleiheinhaber im

Zuge der Wandlung erwirbt. Der Free Cash Flow X_1 ist aus Sicht der Wandlungsentscheidung sicher. Aus Sicht des Bewertungszeitpunkts im Zeitpunkt $t=0$ ist der Free Cash Flow X_1 jedoch unsicher. Somit ist die optimale Entscheidung über die Wandlung aus Sicht des Bewertungszeitpunkts unsicher.

Aus Gleichung (4.1) ist ersichtlich, dass die aktuelle Finanzierungsstruktur für die Wandlungsentscheidung keine Rolle spielt. Der im Wandlungsfall erwerbbare Anspruch hängt nur vom Free Cash Flow der Periode X_1 und nicht vom Steuervorteil der Periode $s \cdot r_{WA}^{nom} \cdot R_{WA}^{nom}$ ab. Das liegt daran, dass der Inhaber der Wandelanleihe in keiner Konstellation am Steuervorteil partizipiert: Wählt er die Wandlung, verzichtet er auf die Zinszahlung, welche den Steuervorteil begründet. Fordert er die Tilgung, wird zwar ein Steuervorteil begründet, jedoch kann er in Ermangelung eines Eigenkapitalanspruches nicht an ihm partizipieren. Das voran stehend entwickelte normative Entscheidungskriterium dient im folgenden Abschnitt, in dem die Bewertungsgleichungen aus dem Modell abgeleitet werden, zur Beschreibung des Verhaltens des Wandelanleiheinhabers.

4.3 Bewertungsgleichungen

4.3.1 Wert der leistungswirtschaftlichen Komponente

Im Folgenden sollen Bewertungsgleichungen für den Unternehmenswert und den Wert der Wandelanleihe abgeleitet werden. Die Wandlungsentscheidung fällt der Anleiheninhaber gemäß dem im vorherigen Abschnitt entwickelten Wandlungskriterium. Der Bewertungszeitpunkt des Unternehmenswerts und aller Wertkomponenten liegt in $t=0$. Die Ermittlung des Werts eines ausschließlich mit Eigenkapital und einer Wandelanleihe finanzierten Unternehmens im Zeitpunkt $t=0$ erfolgt mittels des APV-Verfahrens. Die grundlegende Bewertungsgleichung für den Wert des mit einer Wandelanleihe finanzierten Unternehmens EK_0^{WA} ist die aus Abschnitt 3.1.3 bekannte Gleichung (3.1):

$$(3.1) \qquad EK_0^{WA} = EK_0^u + TS_0^{WA} - WA_0 .$$

Wie in Abschnitt 3.1.3 ausgeführt, ergibt sich der Wert des Eigenkapitals des unverschuldeten Unternehmens EK_0^u aus der Diskontierung des Erwartungswerts des Free Cash Flow $\overline{X}_1$ der Periode 1 mit den Eigenkapitalkosten des unverschuldeten Unternehmens $\overline{r}^u_{EK,1}$ der Periode 1:

$$(4.2) \qquad EK^u_0 = \frac{\overline{X}_1}{1+\overline{r}^u_{EK,1}}.$$

Zur Ermittlung der Eigenkapitalkosten des unverschuldeten Unternehmens $\overline{r}^u_{EK,1}$ der Periode 1 wird das CAPM herangezogen. Es ergibt sich folgende Gleichung:

$$(4.3) \qquad \overline{r}^u_{EK,1} = r_f + \frac{\operatorname{cov}\left(\tilde{r}^u_{EK,1};\tilde{r}_M\right)}{\operatorname{var}\left(\tilde{r}_M\right)} \cdot \left[\overline{r}_M - r_f\right].$$

Setzt man Formel (4.3) in Formel (4.2) ein, ergibt sich folgende Beziehung:

$$(4.4) \qquad EK^u_0 = \frac{\overline{X}_1}{1 + r_f + \frac{\operatorname{cov}\left(\tilde{r}^u_{EK,1};\tilde{r}_M\right)}{\operatorname{var}\left(\tilde{r}_M\right)} \cdot \left[\overline{r}_M - r_f\right]}.$$

Die vorliegende Beziehung ist zirkulär, da zur Bestimmung des Risikozuschlages $\operatorname{cov}\left(\tilde{r}^u_{EK,1};\tilde{r}_M\right) \cdot \left(\operatorname{var}\left(\tilde{r}_M\right)\right)^{-1} \cdot \left[\overline{r}_M - r_f\right]$ der Erwartungswert der Rendite des Eigenkapitals des unverschuldeten Unternehmens $\overline{r}^u_{EK,1}$ der Periode 1 bekannt sein muss. Die Ermittlung dieser erwarteten Rendite verlangt jedoch Kenntnis des Werts des Eigenkapitals EK^u_0 in $t=0$. Der Wert für EK^u_0 wird jedoch erst im Rahmen der Diskontierung bestimmt. Diese Zirkularität lässt sich analytisch auflösen. Dazu wird die stochastische Rendite des Eigenkapitals des unverschuldeten Unternehmens in Periode 1 folgendermaßen ausgedrückt:[391]

$$(4.5) \qquad \tilde{r}^u_{EK,1} = \frac{\tilde{X}_1}{EK^u_0} - 1.$$

---

391 Vgl. *Kruschwitz/Löffler* (2006), S. 23; *Timmreck* (2006), S. 58 f.

Setzt man Formel (4.5) in den Kovarianzterm aus Formel (4.4) ein, ergibt sich:

$$(4.6) \qquad \operatorname{cov}\left(\tilde{r}^{u}_{EK,1};\tilde{r}_M\right)=\operatorname{cov}\left(\frac{\tilde{X}_1}{EK^u_0}-1;\tilde{r}_M\right)=\frac{1}{EK^u_0}\cdot\operatorname{cov}\left(\tilde{X}_1;\tilde{r}_M\right).$$

Da die Kovarianz invariant gegenüber linearen Transormationen ist,[392] kann der Barwert der künftigen Free Cash Flows EK^u_0, der deterministisch und mit $\tilde{X}_1$ multiplikativ verknüpft ist, als Skalierungsfaktor vor die Kovarianz gezogen werden.[393] Der Summand „-1“ ist eine Konstante, die additiv mit der Zufallsvariable $\tilde{X}_t$ verknüpft ist und somit keine Rolle bei der Ermittlung des Wertes der Kovarianz spielt. Für den Eigenkapitalwert des unverschuldeten Unternehmens EK^u_0 im Bewertungszeitpunkt $t=0$ gilt:

$$(4.7) \qquad EK^u_0=\frac{\overline{X}_1}{1+r_f+\dfrac{\frac{1}{EK^u_0}\cdot\operatorname{cov}\left(\tilde{X}_1;\tilde{r}_M\right)}{\operatorname{var}\left(\tilde{r}_M\right)}\cdot\left[\overline{r}_M-r_f\right]}.$$

Mittels Umformung lässt sich die Zirkularität analytisch leicht auflösen:[394]

$$(4.8) \qquad EK^u_0=\frac{\overline{X}_1-\dfrac{\operatorname{cov}\left(\tilde{X}_1;\tilde{r}_M\right)}{\operatorname{var}\left(\tilde{r}_M\right)}\cdot\left[\overline{r}_M-r_f\right]}{1+r_f}.$$

Der risikolose Zinssatz r_f ist gegeben und deterministisch. Die restlichen Modellgrößen ergeben sich endogen aus den Annahmen über die Verteilungen des Free Cash Flow und die Rendite des Marktportfolios sowie aus der Annahme über deren statistische Abhängigkeit. Die verwendete Rechentechnik hängt davon ab, ob die Verteilungen stetig oder diskret sind.

---

392 Vgl. *Embrechts* (2000), S. 75; *Alexander* (2008), S. 95.

393 Vgl. *Franke/Hax* (2009), S. 263; *Embrechts/McNeil/Straumann* (2002), S. 182 f.

394 Vgl. *Drukarczyk/Schüler* (2009), S. 58

Zunächst seien stetige Verteilungen von $\tilde{X}_1$ und $\tilde{r}_M$ unterstellt.[395] Da die Dichtefunktion Riemann-integrierbar ist, lässt sich der Erwartungswert des Free Cash Flow $\overline{X}_1$ der Periode 1 mittels folgender Beziehung aus der exogen gegebenen Dichtefunktion $\tilde{X}_1$ des Free Cash Flow ermitteln:

$$(4.9) \qquad \overline{X}_1 = \int_{X_1^{uG}}^{X_1^{oG}} X_1 \cdot f\left(\tilde{X}_1\right) dX_1 \, .$$

Dabei bezeichnen X_1^{uG} und X_1^{oG} die obere beziehungsweise untere Grenze der Dichtefunktion. Analog dazu lässt sich der Erwartungswert der Rendite des Marktportfolios $\overline{r}_m$ aus der exogen gegebenen Dichtefunktion $\tilde{r}_m$ der Rendite des Marktportfolios durch folgende Gleichung beschreiben:

$$(4.10) \qquad \overline{r}_M = \int_{-\infty}^{\infty} r_M \cdot f\left(\tilde{r}_M\right) dr_M \, .$$

Ebenfalls aus der Dichtefunktion $\tilde{r}_m$ der Rendite des Marktportfolios berechenbar ist die Varianz der Rendite des Marktportfolios $\operatorname{var}\left(\tilde{r}_M\right)$. Hierzu wird folgende Formel herangezogen:

$$(4.11) \qquad \operatorname{var}\left(\tilde{r}_M\right) = \left(\int_{-\infty}^{\infty} r_M^2 \cdot f\left(\tilde{r}_M\right) dr_M \right) - \overline{r}_M^2 \, .$$

Während der Erwartungswert des Free Cash Flow $\overline{X}_1$ und der Rendite des Marktportfolios $\overline{r}_m$ sowie die Varianz der Rendite des Marktportfolios $\operatorname{var}\left(\tilde{r}_M\right)$ aus der Dichtefunktion des Free Cash Flow respektive der Rendite des Marktportfolios gewonnen werden können, erfordert die Bestimmung der Kovarianz des Free Cash Flow und der Rendite des Marktportfolios eine zusätzliche Annahme hinsichtlich des Korrelationskoeefizienten ρ_{X_1, r_M} der beiden Variablen.

395 Es werden nur symmetrische Fälle beachtet: Der Free Cash Flow und die Rendite des Marktportfolios sind einheitlich als diskrete oder stetige Zufallsvariablen definiert.

Die Kovarianz des Free Cash Flow und der Rendite des Marktportfolios ergibt sich aus folgender Formel:

$$(4.12) \qquad \operatorname{cov}\left(\tilde{X}_1;\tilde{r}_M\right) = std\left(\tilde{X}_1\right)\cdot std\left(\tilde{r}_M\right)\cdot \rho_{X_1,r_M}\,.$$

Der Ausdruck ρ_{X_1,r_M} beschreibt den Korrelationskoeffizienten zwischen dem Free Cash Flow $\tilde{X}_1$ der Periode 1 und der Rendite des Marktportfolios $\tilde{r}_m$. Dieser ist im vorliegenden Modell annahmegemäß exogen gegeben. Die Faktoren $std\left(\tilde{X}_1\right)$ und $std\left(\tilde{r}_M\right)$ bezeichnen die Standardabweichung des Free Cash Flow beziehungsweise der Rendite des Marktportfolios. Die Standardabweichungen ergeben sich aus der Quadratwurzel der Varianz der jeweiligen Variablen:

$$(4.13) \qquad std\left(\tilde{X}_1\right) = \sqrt{\operatorname{var}\left(\tilde{X}_1\right)} = \sqrt{\left(\int_{X_1^{uG}}^{X_1^{oG}} X_1^2 \cdot f\left(\tilde{X}_1\right)\, dX_1\right) - \overline{X}_1^2}\;;$$

$$(4.14) \qquad std\left(\tilde{r}_M\right) = \sqrt{\operatorname{var}\left(\tilde{r}_M\right)} = \sqrt{\left(\int_{-\infty}^{\infty} r_M^2 \cdot f\left(\tilde{r}_M\right) \mathrm{d}r_M\right) - \overline{r}_M^{\,2}}\;.$$

Werden der Free Cash Flow $\tilde{X}_1$ und die Rendite des Marktportfolios $\tilde{r}_m$ als diskrete Zufallsvariablen definiert, sind andere Formeln zu Berechnung der notwendigen Parameter in Gleichung (4.8) anzuwenden.

Analog zum obigen Fall stetiger Verteilungen, bedarf die Bestimmung der Kovarianz des Free Cash Flow und der Rendite des Marktportfolios auch im Fall diskret verteilter Zufallsvariablen einer Annahme hinsichtlich des linearen statistischen Zusammenhanges beider Zufallsvariablen. Hierzu wird eine endliche Menge von Umweltzuständen $s_{1,j}$ mit $j = 1, 2, ..., q$ definiert, die sich am Ende von Periode 1 einstellen können. Diesen Umweltzuständen werden jeweils ein Free Cash Flow und eine Renditeausprägung des Marktportfolios zugeordnet.[396]

---

396 Vgl. ähnlich *Drukarczyk/Schüler* (2009), S. 393, für die Bewertung zustandsabhängiger Gläubigeransprüche. Dieses Bewertungskonzept orientiert sich an der Zustandspreistheorie. Vgl. grundlegend *Debreu* (1959), S. 99 f.; *Arrow* (1964), S. 91-94. Vgl. im

Die Zuordnung ist eindeutig und vollständig, das heißt jedem definierten Umweltzustand wird genau ein Free Cash Flow $X_{1,j}$ und eine Renditeausprägung des Marktportfolios $r_{M,j}$ zugewiesen. Es existiert keine Free-Cash-Flow- oder Renditeausprägung, die nicht einem bestimmten Umweltzustand eindeutig zugeordnet ist. Die Eintrittswahrscheinlichkeit des Umweltzustandes j ist mit $w_{1,j}$ beschrieben. Es gilt: $\sum_{j=1}^{q} w_{1,j} = 1$. Unter diesen Annahmen lässt sich die Kovarianz zwischen dem Free Cash Flow $\tilde{X}_1$ und der Rendite des Marktportfolios $\tilde{r}_M$ mittels folgender Beziehung errechnen:[397]

(4.15) $$\text{cov}\left(\tilde{X}_1;\tilde{r}_M\right)=\sum_{j=1}^{q}\left(X_{1,j}\cdot r_{M,j}\cdot w_{1,j}\right)-\sum_{j=1}^{q}\left(X_{1,j}\cdot w_{1,j}\right)\cdot\sum_{j=1}^{q}\left(r_{M,j}\cdot w_{1,j}\right).$$

Der Erwartungswert des Free Cash Flow $\overline{X}_1$ der Periode 1 ergibt sich als:

(4.16) $$\overline{X}_1 = \sum_{j=1}^{q} X_{1,j}\cdot w_{1,j}.$$

Die erwartete Rendite des Marktportfolios ergibt sich als:

(4.17) $$\overline{r}_M = \sum_{j=1}^{q} r_{M,j}\cdot w_{1,j}.$$

Die Varianz der Rendite des Marktportfolios $\text{var}\left(\tilde{r}_M\right)$ ergibt sich als:

(4.18) $$\text{var}\left(\tilde{r}_M\right)=\sum_{j=1}^{q}\left(r_{M,j}-\overline{r}_M\right)^2\cdot w_{1,j}.$$

Überblick *Copeland/Weston/Shastri* (2008), S. 119-137. Hinsichtlich der Bedingungen, unter denen die Zustandspreistheorie und das Konzept des gleichgewichtigen Kapitalmarktes im Rahmen des CAPM vereinbar sind, vgl. *Ross* (1978a), S. 271 f., und *Dybvig/Ingersoll* (1982), S. 234-241.

397 Die nachfolgende Formel stellt nur eine mögliche Berechnungsart der Kovarianz dar. Daneben existieren noch weitere Berechnungsformeln. Vgl. *von Auer* (2005), S. 31-34.

Unter Rückgriff auf die in Formel (4.12) beziehungsweise in Formel (4.15) ermittelte Kovarianz zwischen dem Free Cash Flow $\tilde{X}_1$ ist der Eigenkapitalwert des unverschuldeten Unternehmens EK_0^u mittels Formel (4.8) ermittelbar. Damit lässt sich $\overline{r}_{EK,1}^u$ folgendermaßen bestimmen:

$$(4.19) \qquad \overline{r}_{EK,1}^u = \frac{\overline{X}_1}{EK_0^u} - 1 .$$

Der Betafaktor des Eigenkapitals des unverschuldeten Unternehmens $\beta_{EK,1}^u$ der Periode 1 ergibt sich wegen Formel (3.3) und (4.6) folgendermaßen:

$$(4.20) \qquad \beta_{EK,1}^u = \frac{\frac{1}{EK_0^u} \cdot \operatorname{cov}\left(\tilde{X}_1; \tilde{r}_M\right)}{\operatorname{var}\left(\tilde{r}_M\right)} .$$

4.3.2 Wert der Steuervorteile

Der Wert der Steuervorteile TS_0^{WA} ergibt sich im Bewertungszeitpunkt aus der Diskontierung des Erwartungswerts des Steuervorteils aus der Wandelanleihenfinanzierung $s \cdot r_{WA}^{nom} \cdot \overline{R}_1^{WA}$ mit den Kapitalkosten des Steuervorteils $\overline{r}_{TS,1}^{WA}$:

$$(4.21) \qquad TS_0^{WA} = \frac{s \cdot r_{WA}^{nom} \cdot \overline{R}_1^{WA}}{1 + \overline{r}_{TS,1}^{WA}} .$$

Der Erwartungswert des Fremdkapitalbestands $\overline{R}_1^{WA}$ in Abhängigkeit von der Wandlungswahrscheinlichkeit p_1 zu bestimmen. Dieser nimmt bei Nichtwandlung den Betrag des Nominalbetrags der Wandelanleihe R_{WA}^{nom} und im Fall einer Wandlung einen Wert von Null an:[398]

$$(4.22) \qquad \overline{R}_1^{WA} = p_1 \cdot 0 + \left(1 - p_1\right) \cdot R_{WA}^{nom} .$$

---

398 Vgl. *Wrightsman* (1978), S. 654.

Hierbei ist die Ermittlung von p_1 das zentrale Problem. Da die Wandlungswahrscheinlichkeit nicht exogen gegeben ist, muss sie endogen im Modell bestimmt werden. Ausgangspunkt der Ermittlung der Wandlungswahrscheinlichkeit ist das in Abschnitt 4.2 entwickelte Wandlungskriterium:

$$(4.1) \qquad R_{WA}^{nom} \cdot \left(1 + r_{WA}^{nom}\right) < \frac{a}{1+a} \cdot X_1 .$$

Ist die Bewertungsfunktion der Wandelanleihe $WA_0\left(\tilde{X}_1\right)$ eine monoton steigende Funktion in $\tilde{X}_1$ ist,[399] lässt sich aus diesem Wandlungskriterium ein kritischer Free Cash Flow X_1^* ableiten, bei dem der Inhaber der Wandelanleihe indifferent zwischen Nichtwandlung und Wandlung ist. Folglich ist der kritische Free Cash Flow als derjenige Free Cash Flow X_1^* definiert, der folgende Gleichung erfüllt:

$$(4.23) \qquad \frac{a}{1+a} \cdot X_1^* \stackrel{!}{=} R_{WA}^{nom} \cdot \left(1 + r_{WA}^{nom}\right).$$

Der kritische Free Cash Flow X_1^* ergibt sich als:

$$(4.24) \qquad X_1^* = \frac{1+a}{a} \cdot R_{WA}^{nom} \cdot \left(1 + r_{WA}^{nom}\right).$$

Der kritische Free Cash Flow X_1^* dient als Schwellenwert bei der Wandlungsentscheidung. Liegt der am Periodenende realisierte Free Cash Flow unter X_1^*, wird der Wandelanleiheinhaber auf die Wandlung seiner Anleihe verzichten. Übersteigt der am Periodenende realisierte Free Cash Flow den kritischen Free Cash Flow X_1^*, erfolgt die Wandlung. Da die Wandlung genau dann erfolgt, wenn der realisierte Free Cash Flow zwischen dem kritischen Free Cash Flow X_1^* und dem höchsten möglichen Free Cash Flow X_1^{oG} der vorliegenden Verteilung liegt, entspricht die Wandlungswahrscheinlichkeit der Wahrscheinlichkeit, dass der realisierte Free Cash Flow in diesem Bereich liegt. Die Berechnung von

p_1 hängt davon ab, ob es sich beim Free Cash Flow um eine stetige oder eine diskrete Zufallsvariable handelt. Im ersten Fall ergibt sich die Wandlungswahrscheinlichkeit als Fläche unter der Dichtefunktion zwischen dem kritischen Free Cash Flow X_1^* und der oberen Grenze X_1^{oG} der Dichtefunktion $f(\tilde{X}_1)$. Folglich ist zur Berechnung der Wandlungswahrscheinlichkeit p_1 das Integral im Bereich von X_1^* bis X_1^{oG} der Dichtefunktion des Free Cash Flow $f(\tilde{X}_1)$ zu bilden:

(4.25) $$p_1 = \int_{X_1^*}^{X_1^{oG}} f(\tilde{X}_1)\,\mathrm{d}X_1 .$$

Grafisch lässt sich die Ermittlung der Wandlungswahrscheinlichkeit anhand einer stilisierten Dichtefunktion der Free Cash Flows der Periode t darstellen:

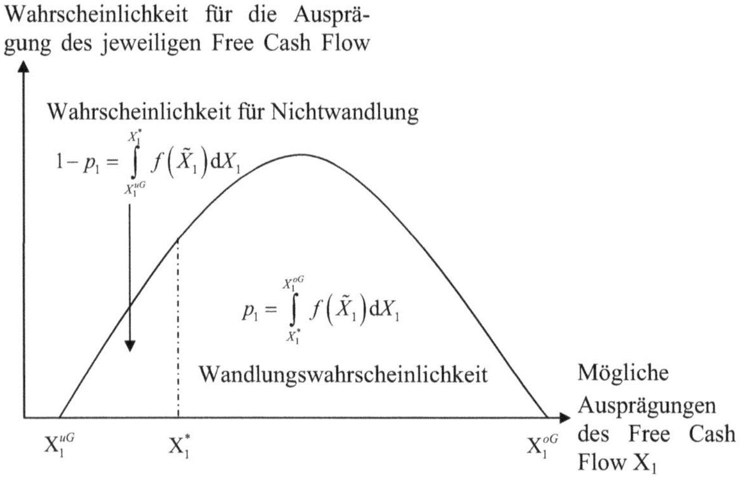

Abb. 4: Stilisierte Ermittlung der Wandlungswahrscheinlichkeit (eigene Darstellung)

Die Wahrscheinlichkeit für eine Nichtwandlung ergibt sich als die Gegenwahrscheinlichkeit der Wandlungswahrscheinlichkeit respektive als das Integral der Dichtefunktion des Free Cash Flow im Bereich zwischen der unteren Grenze der

399 Vgl. *Bühler/Koziol* (2002), S. 322.

Dichtefunktion X_1^{uG} und dem kritischen Free Cash Flow X_1^*. Ist der Free Cash Flow als diskrete Zufallsvariable definiert, ergibt sich die Wandlungswahrscheinlichkeit aus der Summe der Eintrittswahrscheinlichkeiten der Free Cash Flows, die über dem kritischen Free Cash Flow X_t^* liegen:

$$p_1 = \sum_{j=k^*}^{q} w_{1,j} . \tag{4.26}$$

Dabei bezeichnet k^* den gegenüber X_1^* nächst größeren realisierbaren Free Cash Flow. Der Ausdruck $w_{1,j}$ bezeichnet die Wahrscheinlichkeit für den Eintritt des Umweltzustands j. Die Wandlungswahrscheinlichkeit p_1 lässt sich in Formel (4.22) einsetzen, um zum Erwartungswert des Fremdkapitalbestands $(1-p_1)\cdot R_{WA}^{nom}$ zu gelangen. Dieser Erwartungswert ist – um den Wert der Steuervorteile im Bewertungszeitpunkt zu berechnen – mit den risikoadjustierten Kapitalkosten $\overline{r}_1^{TS}$ des Steuervorteils zu diskontieren. Die Ermittlung der Kapitalkosten des Steuervorteils erfolgt wiederum mit dem CAPM. Es gilt:

$$\overline{r}_1^{TS} = r_f + \frac{\operatorname{cov}\left(\tilde{r}_1^{TS};\tilde{r}_M\right)}{\operatorname{var}\left(\tilde{r}_M\right)}\cdot\left[\overline{r}_M - r_f\right]. \tag{4.27}$$

Setzt man Formel (4.27) in die Bewertungsgleichung des Steuervorteils (4.21) ein, ergibt sich folgende Beziehung:

$$TS_0^{WA} = \frac{s\cdot r_{WA}^{nom}\cdot\left(1-p_1\right)\cdot R_{WA}^{nom}}{1+r_f+\dfrac{\operatorname{cov}\left(\tilde{r}_1^{TS};\tilde{r}_M\right)}{\operatorname{var}\left(\tilde{r}_M\right)}\cdot\left[\overline{r}_M - r_f\right]}. \tag{4.28}$$

Die vorliegende Beziehung ist wiederum zirkulär, da zur Bestimmung des Risikozuschlages der Erwartungswert der Rendite des Steuervorteils $\tilde{r}_{TS,1}^{WA}$ der Periode 1 bekannt sein muss. Diese ergibt sich jedoch erst im Ergebnis des Bewertungskalküls. Die Auflösung der Zirkularität erfolgt analog zu Abschnitt 4.3.1.

Die Wahrscheinlichkeitsverteilung der Rendite des Steuervorteils in Periode 1 lässt sich folgendermaßen ausdrücken:

(4.29) $$\tilde{r}_1^{TS} = \frac{s \cdot r_{WA}^{nom} \cdot \tilde{R}_1^{WA}}{TS_0^{WA}} - 1 .$$

Setzt man Formel (4.29) in (4.28) ein, ergibt sich:

(4.30) $$\text{cov}\left(\tilde{r}_1^{TS}; \tilde{r}_M\right) = \text{cov}\left(\frac{s \cdot r_{WA}^{nom} \cdot \tilde{R}_1^{WA}}{TS_0^{WA}} - 1; \tilde{r}_M\right) = \frac{s \cdot r_{WA}^{nom}}{TS_0^{WA}} \cdot \text{cov}\left(\tilde{R}_1^{WA}; \tilde{r}_M\right).$$

Wird der Kovarianzterms aus Gleichung (4.30) in Gleichung (4.28) eingesetzt, erhält man für den Wert des Steuervorteils TS_0^{WA} im Bewertungszeitpunkt $t = 0$:

(4.31) $$TS_0^{WA} = \frac{s \cdot r_{WA}^{nom} \cdot (1 - p_1) \cdot R^{nom}}{1 + r_f + \dfrac{\dfrac{s \cdot r_{WA}^{nom}}{TS_0^{WA}} \cdot \text{cov}\left(\tilde{R}_1^{WA}; \tilde{r}_M\right)}{\text{var}\left(\tilde{r}_M\right)} \cdot \left[\overline{r}_M - r_f\right]} .$$

Die Zirkularität lässt sich nun mittels Umformung auflösen:

(4.32) $$TS_0^{WA} = \frac{s \cdot r_{WA}^{nom} \cdot (1 - p_1) \cdot R_{WA}^{nom} - \dfrac{s \cdot r_{WA}^{nom} \cdot \text{cov}\left(\tilde{R}_1^{WA}; \tilde{r}_M\right)}{\text{var}\left(\tilde{r}_M\right)} \cdot \left[\overline{r}_M - r_f\right]}{\left(1 + r_f\right)}$$
$$= \frac{s \cdot r_{WA}^{nom} \cdot \left[(1 - p_1) \cdot R_{WA}^{nom} - \dfrac{\text{cov}\left(\tilde{R}_1^{WA}; \tilde{r}_M\right)}{\text{var}\left(\tilde{r}_M\right)} \cdot \left[\overline{r}_M - r_f\right]\right]}{\left(1 + r_f\right)}.$$

Der Steuersatz s, der Nominalzinssatz r_{WA}^{nom} und der Nominalbetrag R_{WA}^{nom} der Wandelanleihe sowie der risikolose Zinssatz r_f sind deterministisch und exogen gegeben. Die Wandlungswahrscheinlichkeit p_1 lässt sich – wie in Formel (4.25) für den Fall einer stetigen und in Formel (4.26) für den Fall einer diskreten Free-

Cash-Flow-Verteilung dargestellt – endogen im Modell bestimmen. Ebenfalls endogen im Modell bestimmbar ist der Erwartungswert $\overline{r}_m$ und die Varianz der Rendite des Marktportfolios $\text{var}(\tilde{r}_M)$. Zu diesem Zweck sind die im vorhergehenden Abschnitt entwickelten Formeln (4.10) und (4.11) für den Fall einer stetig definierten Wahrscheinlichkeitsverteilung der Marktportfoliorendite respektive die Formeln (4.17) und (4.18) für den Fall einer diskret definierten Wahrscheinlichkeitsverteilung der Marktportfoliorendite heranzuziehen. Die Ermittlung von $\text{cov}(\tilde{R}_1^{WA};\tilde{r}_M)$ ist problematisch, da die Verteilung des Fremdkapitalbestands nicht gegeben ist. Diese ist endogen zu bestimmen, was mittels eines Rückgriffs auf X_1^* gelingt:

$$(4.33) \qquad \tilde{R}_1^{WA}(\tilde{X}_1) = \begin{cases} 0, & \text{falls gilt: } X_1 > X_1^* \\ R_{WA}^{nom}, & \text{falls gilt: } X_1 \leq X_1^*. \end{cases}$$

Der Fremdkapitalbestand beträgt im Wandlungsfall Null und im Nichtwandlungsfall R^{nom}. Werden der Free Cash Flow und die Rendite des Marktportfolios als stetige Zufallsvariablen definiert, ergibt sich eine halbstetige Funktion des Fremdkapitalbestands $\tilde{R}_1^{WA}(\tilde{X}_1)$ in Abhängigkeit vom Free Cash Flow:

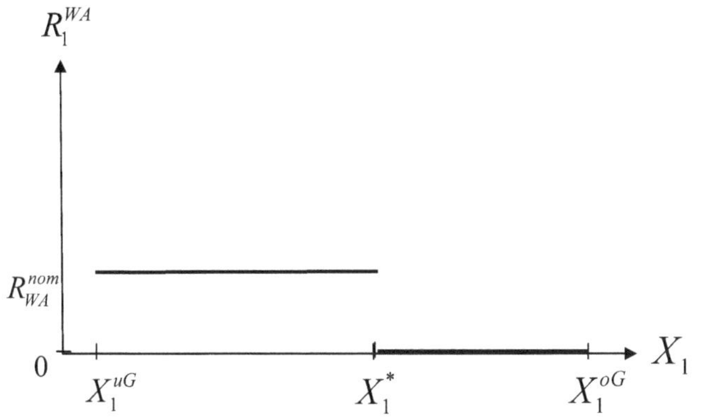

Abb. 5: Fremdkapitalbestand in Abhängigkeit vom stetigen Free Cash Flow (eigene Darstellung)

Der Funktionsbereich zwischen der unteren Grenze X_1^{uG} der Dichtefunktion des Free Cash Flow und dem kritischen Free Cash Flow X_1^* entspricht einer Strecke, die parallel zur Abszisse verläuft. Dieser Bereich umfasst die Free Cash Flows, die zu einer Nichtwandlung der Anleihe führen. In diesem Fall weist der Fremdkapitalbestand R_1^{WA} am Periodenende einen Betrag von R_{WA}^{nom} auf. Dieser Betrag spiegelt sich im Ordinatenwert dieses Funktionsbereiches wider.

Der Funktionsbereich zwischen dem kritischen Free Cash Flow X_1^* und der oberen Grenze X_1^{oG} der Dichtefunktion des Free Cash Flow ergibt sich als eine Strecke, die auf der Abszisse verläuft. Dieser Bereich umfasst die Free Cash Flows, die zu einer Wandlung führen. In diesem Fall weist der Fremdkapitalbestand R_1^{WA} am Periodenende einen Betrag von 0 auf. Zwischen diesen Bereichen – an der Stelle der kritischen Free-Cash-Ausprägung X_1^* – befindet sich eine Sprungstelle.

Alternativ zur Darstellung in Formel (4.33) lässt sich der Zusammenhang folgendermaßen ausdrücken:

$$(4.34) \qquad R_1^{WA}\left(\tilde{X}_1\right) = R_{WA}^{nom} \cdot \frac{\min\left(\mathrm{X}_1 - X_1^*; 0\right)}{\mathrm{X}_1 - X_1^*}.$$

Die Funktion des Fremdkapitalbestands in Abhängigkeit vom Free Cash Flow ist nicht linear. Folglich sind zwar die Kovarianz zwischen dem Free Cash Flow und der Rendite des Marktportfolios sowie die Funktion des Fremdkapitalbestands in Abhängigkeit vom Free Cash Flow bekannt, jedoch ist die Kovarianz zwischen dem Free Cash Flow und der Rendite des Marktportfolios nicht zur Kovarianz zwischen dem Fremdkapitalbestand und der Rendite des Marktportfolios transformierbar. Der Grund dafür ist, dass Kovarianzen nur im Fall einer strikt positiv linearen Transformation invariant sind.[400] Gleichung (4.34) stellt jedoch eine nichtlineare Funktion dar. Nichtlineare Transformationen von Kovarianzen bedingen zusätzliche Annahmen und bringen eine beachtliche mathema-

---

400 Vgl. *Embrechts/McNeil/Straumann* (2002), S. 182 f.; *Alexander* (2008), S. 95.

tische Komplexität mit sich.[401] In der Literatur werden vergleichbare Probleme regelmäßig mittels des Einsatzes eines Simulationsverfahrens gelöst. Dadurch lässt sich der Wert der Kovarianz unter Rückgriff auf den Korrelationskoeffizienten $\rho_{R_1^{WA};r_m}$ numerisch bestimmen.[402]

Im Kontext der Bewertung der Steuervorteile abzulehnen ist die Annahme eines exogen gegebenen Korrelationskoeffizienten $\rho_{R_1^{WA};r_m}$ zwischen dem Fremdkapitalbestand und der Rendite des Marktportfolios. Da sich die Verteilung des Fremdkapitalbestands endogen im Modell ergibt, widerspräche eine solche Annahme der Modellstruktur. Werden der Free Cash Flow und die Rendite des Marktportfolios als diskrete Zufallsvariablen definiert, ergibt sich eine diskrete Funktion des Fremdkapitalbestands $R_1^{WA}\left(\tilde{X}_1\right)$ in Abhängigkeit vom Free Cash Flow. Dies verdeutlicht folgende Abbildung in stilisierter Form:

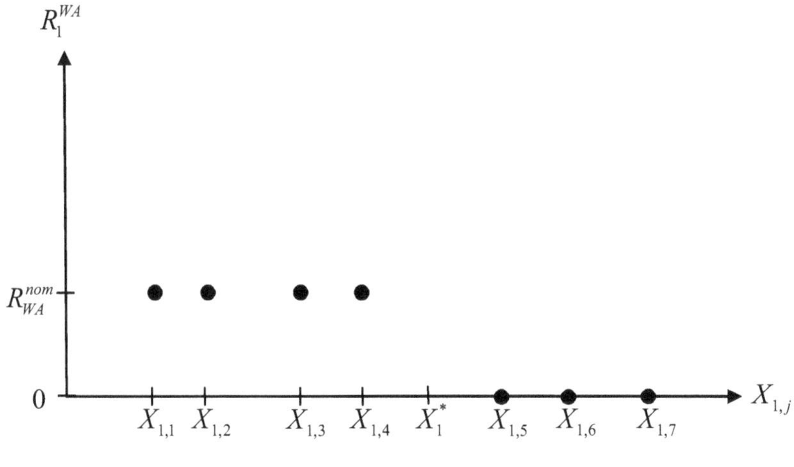

Abb. 6: Fremdkapitalbestand in Abhängigkeit vom diskreten Free Cash Flow (eigene Darstellung)

401 Vgl. *Zhang* (2008), S. 1009-1019; *Chen/Joslin* (2011), S. 7-15.
402 Auf diese Verfahren wird im Folgenden nicht weiter eingegangen. Vgl. im Überblick *Rubinstein/Kroese* (2008), S. 119-164.

Die Free Cash Flows $X_{1,1}$, $X_{1,2}$, $X_{1,3}$ und $X_{1,4}$ liegen unter X_1^*. Dementsprechend unterbleibt die Wandlung der Anleihe, wenn einer dieser Free Cash Flows realisiert wird. Der Fremdkapitalbestand R_1^{WA} entspricht in den Umweltzuständen $j = 1,2,...,4$ dem Nominalbetrag R_{WA}^{nom} der Anleihe. Die Free Cash Flows $X_{1,5}$, $X_{1,6}$ und $X_{1,7}$ liegen über X_1^*. Dementsprechend erfolgt in den Umweltzuständen, in denen einer dieser Free Cash Flows realisiert wird, die Wandlung der Anleihe. Der Fremdkapitalbestand R_1^{WA} weist daher in den Umweltzuständen $j = 1,2,...,4$ einen Betrag von Null auf. Betrachtet man diskrete Free Cash Flows, ist ein Rückgriff auf die im vorangegangenen Abschnitt definierten Umweltzustände möglich. Die Kovarianz $\text{cov}\left(\tilde{R}_1^{WA};\tilde{r}_m\right)$ zwischen dem Fremdkapitalbestand und der Rendite des Marktportfolios errechnet sich folgendermaßen:

$$(4.35) \qquad \text{cov}\left(\tilde{R}_1^{WA};\tilde{r}_M\right) = \sum_{j=1}^{q}\left(R_{1,j}^{WA}\cdot r_{M,j}\cdot w_{1,j}\right) - \sum_{j=1}^{q}\left(R_{1,j}^{WA}\cdot w_{1,j}\right)\cdot\sum_{j=1}^{q}\left(r_{M,j}\cdot w_{1,j}\right).$$

Wie bereits im vorhergehenden Abschnitt beschrieben, wird die Eintrittswahrscheinlichkeit des Umweltzustandes j mit $w_{1,j}$ und die zustandsabhängige Realisierung der Rendite des Marktportfolios mit $r_{M,j}$ beschrieben. Der zustandsabhängige Fremdkapitalbestand $R_{1,j}^{WA}$ hängt vom Free Cash Flow, der im jeweiligen Umweltzustand j realisiert wird, gemäß der in Formel (4.33) dargestellten Beziehung ab. Nachdem der Wert des Steuervorteils TS_0^{WA} ermittelt wurde, lassen sich die Kapitalkosten des Steuervorteils $\overline{r}_1^{TS}$ folgendermaßen bestimmen:

$$(4.36) \qquad \overline{r}_1^{TS} = \frac{s\cdot r_{WA}^{nom}\cdot\left(1-p_1\right)\cdot R^{nom}}{TS_0^{WA}} - 1.$$

Der Betafaktor des Steuervorteils β_1^{TS} ergibt sich wegen (4.30) als:

$$(4.37) \qquad \beta_1^{TS} = \frac{\frac{s\cdot r_{WA}^{nom}}{TS_0^{WA}}\cdot\text{cov}\left(\tilde{R}_1^{WA};\tilde{r}_M\right)}{\text{var}\left(\tilde{r}_M\right)}.$$

4.3.3 Wert der Wandelanleihe

Die Summe aus leistungswirtschaftlicher Komponente EK_0^u und Barwert des Steuervorteils TS_0^{WA} ergibt den Wert des Gesamtkapitals im Zeitpunkt $t=0$. Von diesem ist der Wert der Wandelanleihe WA_0 abzuziehen, um zum Eigenkapitalwert des wandelanleihenfinanzierten Unternehmens EK_0^{WA} zu gelangen. Der Wert der Wandelanleihe WA_0 im Bewertungszeitpunkt ergibt sich als Barwert des Anspruchs WA_1 des Wandelanleiheninhabers im Zeitpunkt $t=1$. Unter den getroffenen Annahmen entspricht der Anspruch des Wandelanleiheninhabers WA_1 im einperiodigen Bewertungsfall dem Erwartungswert des Zahlungsstroms $\overline{FTC_1}$, der dem Wandelanleiheninhaber im Zeitpunkt $t=1$ zufließt. Dieser Erwartungswert ergibt sich aus der Summe der mit der jeweiligen Eintrittswahrscheinlichkeit gewichteten erwarteten Zahlung im Wandlungs- und im Nichtwandlungsfall:

$$(4.38) \qquad \overline{FTC_1} = p_1 \cdot \frac{a}{1+a} \cdot SÄ\left(\tilde{X}_1^W\right) + \left(1-p_1\right) \cdot R_{WA}^{nom} \cdot \left(1+r_{WA}^{nom}\right).$$

Die Wandlungswahrscheinlichkeit p_1 in Abhängigkeit vom kritischen Free Cash Flow wurde in Abschnitt 4.3.2 berechnet. Im Nichtwandlungsfall vereinnahmt der Wandelanleiheinhaber mit Sicherheit die Summe aus Zins- und Tilgungszahlung $R_{WA}^{nom} \cdot \left(1+r_{WA}^{nom}\right)$. Im Wandlungsfall erwirbt der Wandelanleiheinhaber den Anteil $a \cdot (1+a)^{-1}$ am realisierten Free Cash Flow der Periode 1 X_1. Die Höhe des realisierten Free Cash Flow X_1 ist aus Sicht des Bewertungszeitpunkts unsicher. Daher sind die Free Cash Flows $\tilde{X}_1^W$, die sich im Wandlungsfall ergeben, auf ihr Sicherheitsäquivalent zu verdichten.

Die Unsicherheit ist folglich auf zwei Ebenen zu berücksichtigen. Erstens, es herrscht Unsicherheit hinsichtlich der Wandlungsentscheidung. Diese hängt von der Realisation des stochastischen Free Cash Flow $\tilde{X}_1$ ab. Die genaue Ausprägung von X_1 ist auf dieser Unsicherheitsstufe unerheblich. Es kommt nur auf die Konsequenz des realisierten Free Cash Flow an: Gilt $X_1 > X_1^*$, erfolgt die Wandlung. Gilt $X_1 \leq X_1^*$, kommt es zur Zins- und Tilgungszahlung. Während im Nichtwandlungsfall die Tilgungs- und Zinszahlung sicher sind, ist im Wandlungsfall eine weitere Unsicherheitsdimension zu berücksichtigen. Diese ergibt sich daraus, dass im Zuge der Wandlung ein Anteil $a \cdot (1+a)^{-1}$ am realisierten Free Cash Flow der Periode 1 X_1 erworben wird. Der Free Cash Flow ist aus Sicht des Bewertungszeitpunkts unsicher. Folgende Abbildung verdeutlicht die Unsicherheitssituation:

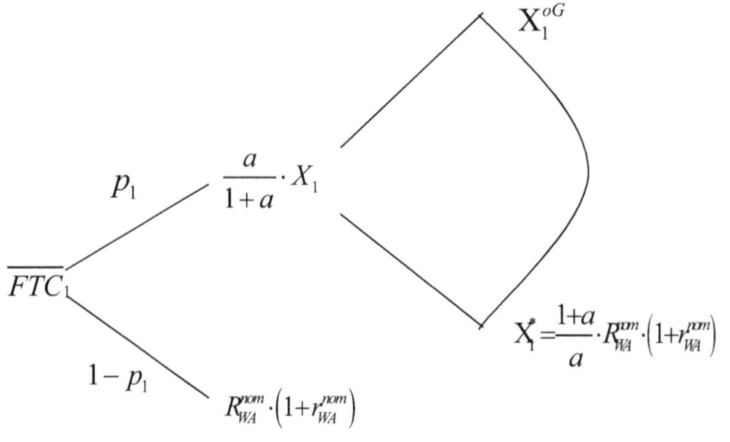

Abb. 7: Unsicherheitsstruktur des Cash Flow an die Wandelanleiheinhaber (eigene Darstellung)

Daraus folgt, dass der unsichere Free Cash Flow, der zu einer Wandlung führt, auf sein Sicherheitsäquivalent verdichtet werden kann.[403] Das Sicherheitsäquivalent kann anschließend als einwertige Größe bei der Ermittlung des Erwartungswerts des Anspruchs des Wandelanleiheinhabers berücksichtigt werden. Auf diese Weise gelingt es, obige zweistufige Unsicherheitsstruktur in eine einstufige Struktur zu transformieren. Ökonomisch entspricht dieses Vorgehen einer Trennung von operativen Risiko und Wandlungsrisiko. Ersteres spiegelt sich

403 Vgl. *Friedman/Savage* (1952), S. 468 f.; *Schneeweiß* (1967), S. 25; *Sieben/Schildbach* (1994), S. 67-69; *Bamberg/Coenenberg/Krapp* (2008), S. 92.

in dem Sicherheitsäquivalent der unsicheren Free Cash Flows im Wandlungsfall wider. Das Wandlungsrisiko wird hingegen in den risikoadäquaten Kapitalkosten, die zur Diskontierung des Erwartungswerts aus dem Sicherheitsäquivalent und der Summe aus Zins- und Tilgungszahlung herangezogen werden, erfasst.[404]

Da eine Wandlung nur erfolgt, wenn der am Periodenende realisierte Free Cash Flow den kritischen Free Cash Flow übersteigt, ist bei der Ermittlung des Sicherheitsäquivalentes nur die partielle Wahrscheinlichkeitsverteilung des Free Cash Flow $\tilde{X}_1^W$ zu berücksichtigen. Diese partielle Wahrscheinlichkeitsverteilung $\tilde{X}_1^W$ ist als diejenige Partition der gesamten Wahrscheinlichkeitsverteilung $\tilde{X}_1$ der Free Cash Flows definiert, die vollständig und ausschließlich die Free Cash Flows umfasst, die das Wandlungskriterium erfüllen. Im Falle einer stetigen Wahrscheinlichkeitsverteilung, das heißt einer Dichtefunktion, lässt sich die Partitionierung folgendermaßen verdeutlichen:

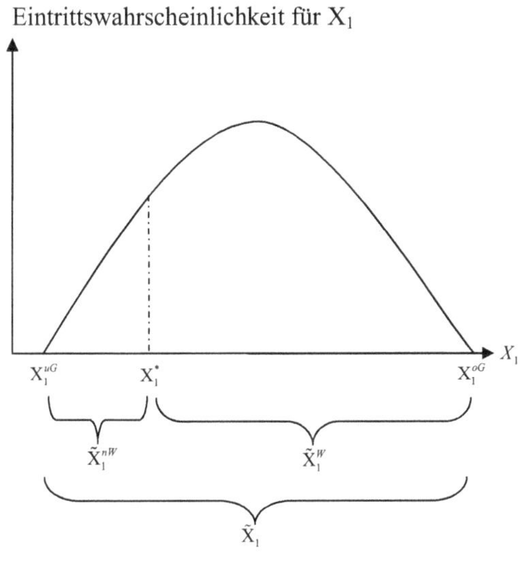

Abb. 8: Stilisierte Free-Cash-Flow-Dichtefunktion mit Partitionen (eigene Darstellung)

404 Vgl. Formel (4.38).

Der kritische Free Cash Flow X_1^* teilt die gesamte Dichtefunktion des Free Cash Flow $\tilde{X}_1$ in zwei partielle Dichtefunktionen. Der Definitionsbereich der Nichtwandlungspartition $\tilde{X}_1^{nW}$ gemäß Formel (4.1) liegt zwischen dem geringsten möglichen Free Cash Flow X_1^{uG} der vorliegenden Verteilung und dem kritischen Free Cash Flow X_1^*. Der Definitionsbereich der Wandlungspartition $\tilde{X}_1^W$ liegt zwischen dem kritischen Free Cash Flow X_1^* und dem höchsten möglichen Free Cash Flow X_1^{oG} der vorliegenden Verteilung.

Analog dazu ergibt sich im Falle einer diskreten Wahrscheinlichkeitsfunktion folgende Partitionierung:

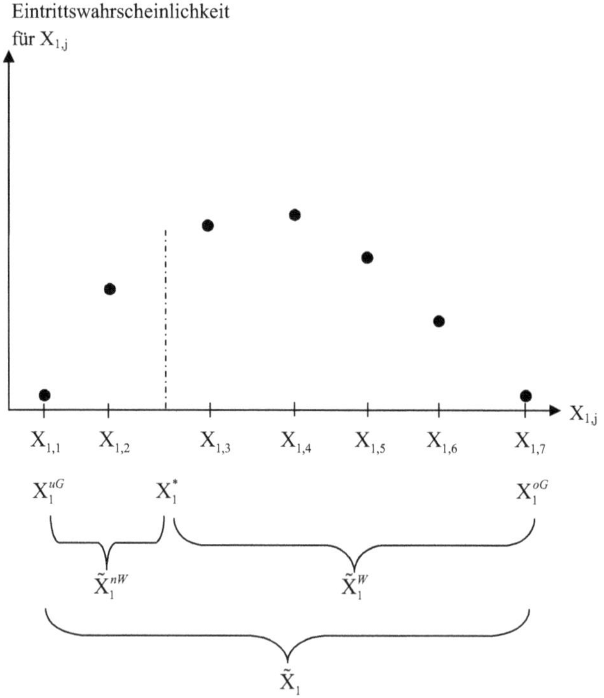

Abb. 9: Stilisierte Free-Cash-Flow-Wahrscheinlichkeitsfunktion mit Partitionen (eigene Darstellung)

Obige stilisierte Wahrscheinlichkeitsfunktion wird durch die möglichen Free Cash Flows der Periode 1 $X_{1,j}$ mit $j=1,2,...,7$ und den dazugehörigen Eintrittswahrscheinlichkeiten beschrieben.[405] Ebenso wie im stetigen Fall teilt der kritische Free Cash Flow X_1^* die gesamte Wahrscheinlichkeitsfunktion des Free Cash Flow $\tilde{X}_1$ in zwei partielle Wahrscheinlichkeitsfunktionen. Die Nichtwandlungspartition $\tilde{X}_1^{nW}$ umfasst die Free Cash Flows $X_{1,1}$ und $X_{1,2}$. Die Wandlungspartition $\tilde{X}_1^W$ beinhaltet die Free Cash Flows $X_{1,3}$, $X_{1,4}$, $X_{1,5}$, $X_{1,6}$ und $X_{1,7}$.

Das Sicherheitsäquivalent $SÄ\left(\tilde{X}_1^W\right)$ der Free Cash Flows, die zu einer Wandlung führen, bestimmt sich unter Verwendung des CAPM als:[406]

(4.39) $$SÄ\left(\tilde{X}_1^W\right)=\overline{X}_1^W-\frac{\operatorname{cov}\left(\tilde{X}_1^W;\tilde{r}_{M,1}^W\right)}{\operatorname{var}\left(\tilde{r}_{M,1}^W\right)}\cdot\left[\overline{r}_{M,1}^W-r_f\right].$$

$\overline{X}_1^W$ bezeichnet den Erwartungswert der Wandlungspartition $\overline{X}_1^W$. Der Minuend kennzeichnet den Risikoabschlag, der das operative Free-Cash-Flow-Risiko erfasst. Das Wandlungsrisiko wird an dieser Stelle nicht berücksichtigt. Die Kovarianz zwischen dem Free Cash Flow, der zu einer Wandlung führt, und der mit diesem Fee Cash Flow korrelierten Rendite des Marktportfolios, wird durch den Ausdruck $\operatorname{cov}\left(\tilde{X}_1^W;\tilde{r}_M\right)$ bezeichnet. Die Ausdrücke $\operatorname{var}\left(\tilde{r}_{M,1}^W\right)$ und $\overline{r}_{M,1}^W$ beschreiben die Varianz respektive den Erwartungswert der Rendite des Marktportfolios im Wandlungsfall. Zu deren Ermittlung sind nur diejenigen Realisationen der Rendite des Marktportfolios heranzuziehen, die gemäß dem in Abschnitt 4.3.1 beschriebenen Vorgehen den Free Cash Flows der Wandlungspartition zugeordnet sind.

Obgleich das CAPM auf Wertpapierrenditen aufbaut, die sich aus der Änderung der Marktpreise der Wertpapiere zwischen zwei Zeitpunkten ergeben, ist obiger

---

405 Aus Gründen der Übersichtlichkeit wurde auf eine Einzeichnung der entsprechenden Eintrittswahrscheinlichkeiten auf der Ordinate verzichtet.

406 Vgl. *Bogue/Roll* (1974), S. 605 f.

Zusammenhang, der auf den ersten Blick nur einen Zeitpunkt berücksichtigt, korrekt. Hinter diesem Zusammenhang steht nämlich die Ermittlung des Barwerts des Free Cash Flow $\tilde{X}_1^W$ aus Sicht des Zeitpunkts $t=0$ gemäß Formel (4.8). Dieser Barwert kann im Zeitpunkt $t=0$ auf dem vorliegenden vollkommenen Kapitalmarkt risikolos zum Zinssatz r_f angelegt werden. Sein sicherer Wert in $t=0$ entspricht somit dem Sicherheitsäquivalent $S\ddot{A}\left(\tilde{X}_1^W\right)$, das in Gleichung (4.39) ermittelt wird. Da Partitionen einer Riemann-integrierbaren Dichtefunktion ebenfalls Riemann-integrierbar sind, lässt sich der Erwartungswert der Wandlungspartition $\overline{X}_1^W$ im Fall eines als stetige Zufallsvariable definierten Free Cash Flow mittels folgender Formel errechnen:

$$(4.40) \qquad \overline{X}_1^W = \int_{X_1^*}^{X_1^{oG}} X_1 \cdot f\left(\tilde{X}_1\right) dX_1 .$$

Wird $\tilde{X}_1$ als diskrete Zufallsvariable definiert, ergibt sich der Erwartungswert des Free Cash Flow $\overline{X}_1^W$ für den Fall, dass ein Free Cash Flow aus der Wandlungspartition $\tilde{X}_1^W$ realisiert wird, mittels folgender Gleichung:

$$(4.41) \qquad \overline{X}_1^W = \sum_{j=k_1^*}^{q} X_{1,j} \cdot w_{1,j}^W \quad \text{mit} \quad X_1^* < X_{1,k_1^*} < X_{1,k_1^*+1} < \ldots < X_{1,l} .$$

X_{1,k_1^*} bezeichnet den Free Cash Flow mit dem geringsten Betrag, der den kritischen Free Cash Flow übersteigt. Der Ausdruck $w_{1,j}^W$ bezeichnet die a-posteriori-Wahrscheinlichkeit für die Free-Cash Flow-Ausprägung $X_{1,j}$ für den Fall, dass eine Wandlung erfolgt. Es gilt: $j = k_1^*, k_1^*+1,..,k$. Die a-posteriori-Wahrscheinlichkeiten $w_{1,j}^W$ errechnen sich mittels des Bayes-Theorems. Hierzu wird folgende Formel verwandt:

$$(4.42) \qquad w_{1,j}^W = \frac{l\left(Wandlung \middle| X_{1,j}\right) \cdot w_{1,j}}{p_1} .$$

Der Term p_1 bezeichnet die a-priori-Wandlungswahrscheinlichkeit, während $w_{1,j}$ die a-priori-Wahrscheinlichkeit beschreibt, dass der Free Cash Flow $X_{1,j}$ eintritt. Der Ausdruck $l\left(Wandlung \middle| X_{1,j}\right)$ beinhaltet die Likelihood-Funktion, dass eine Wandlung erfolgt, wenn der Free Cash Flow $X_{1,j}$ eintritt. Die Likelihood-Funktion kann nur zwei Ausprägungen annehmen: Tritt ein Free Cash Flow $X_{1,j}$ ein, der den kritischen Free Cash Flow X_1^* übersteigt, nimmt die Likelihood-Funktion den Wert 1 an. Tritt hingegen ein $X_{1,j}$ ein, der unter X_1^* liegt, beträgt der Funktionswert der Likelihood-Funktion 0.

Der Erwartungswert $\overline{r}_{M,1}^W$ der Partition der Wahrscheinlichkeitsverteilung der Rendite des Marktportfolios, deren Ausprägungen mit Free Cash Flows $\tilde{X}_1^W$ korrelieren, die zu einer Wandlung führen, ist im Fall stetig verteilter Zufallsvariablen $\tilde{X}_1$ und $\tilde{r}_M$ mittels folgenden Zusammenhangs zu bestimmen:

(4.43) $$\overline{r}_{M,1}^W = \int_{r_M^*}^{\infty} r_{M,1}^W \cdot f\left(\tilde{r}_{M,1}^W\right) dr_{M,1}.$$

Dabei bezeichnet $f\left(\tilde{r}_{M,1}^W\right)$ die Partition der Dichtefunktion der Rendite des Marktportfolios, deren Ausprägungen mit den Free Cash Flows, die zu einer Wandlung führen, korrelieren. Die Begrenzung des Integrals $\tilde{r}_{M,1}^*$ zum Ursprung hin entspricht der Renditeausprägung, die mit dem kritischen Free Cash Flow X_1^* korrespondiert. Dieser Zusammenhang ist analytisch ohne zusätzliche restriktive Annahmen nicht konstruierbar. Daher ist $\overline{r}_{M,1}^W$ numerisch in einem Simulationsverfahren zu bestimmen.[407] Dies gilt gleichsam für die Varianz der Rendite des Marktportfolios $\operatorname{var}\left(\tilde{r}_{M,1}^W\right)$, die sich aus folgender Gleichung ergibt:

(4.44) $$\operatorname{var}\left(\tilde{r}_{M,1}^W\right) = \left(\int_{r_M^*}^{\infty} \left(r_{M,1}^W\right)^2 \cdot f\left(\tilde{r}_{M,1}^W\right) dr_{M,1}^W \right) - \left(\overline{r}_{M,1}^W\right)^2.$$

407 Vgl. allgemein zu Simulationsverfahren *Rubinstein/Kroese* (2008), S. 119-164.

Im Fall diskret verteilter Zufallsvariablen $\tilde{X}_1$ und $\tilde{r}_M$ lässt sich der Erwartungswert $\overline{r}_{M,1}^W$ der Renditeausprägungen des Marktportfolios, die mit den Free Cash Flows korrespondieren, die zu einer Wandlung führen, mit dem nachstehenden Zusammenhang ermitteln:

(4.45) $$\overline{r}_{M,1}^W = \sum_{j=k_1^*}^{q} r_{M,j} \cdot w_{1,i}^W .$$

Dabei sind wiederum nur Umweltzustände $j = k_1^*, k_1^* + 1, ..., q$ zu berücksichtigen, deren Free Cash Flows zu einer Wandlung führen. Die Eintrittswahrscheinlichkeiten der Umweltzustände $w_{1,j}^W$ sind wiederum als bedingte Wahrscheinlichkeiten mittels Formel (4.42) zu ermitteln. Analog dazu ergibt sich die Varianz $\text{var}\left(\tilde{r}_{M,1}^W\right)$ der Partition der Wahrscheinlichkeitsverteilung der Rendite des Marktportfolios, deren Ausprägungen mit Free Cash Flows $\tilde{X}_1^W$ korrelieren, die zu einer Wandlung führen, mittels folgender Gleichung:

(4.46) $$\text{var}\left(\tilde{r}_{M,1}^W\right) = \sum_{j=k_1^*}^{q} \left(r_{M,j} - \overline{r}_{M,1}^W\right)^2 \cdot w_{1,j}^W .$$

Die Kovarianz $\text{cov}\left(\tilde{X}_1^W ; \tilde{r}_M^W\right)$ ist analytisch nur im Fall diskret verteilter Zufallsvariablen $\tilde{X}_1$ und $\tilde{r}_M$ lösbar. Dies geschieht analog zum Abschnitt (4.3.1). Der Unterschied zu Formel (4.15) besteht jedoch darin, dass nur diejenigen Umweltzustände berücksichtigt werden, deren Free Cash Flows über dem kritischen Free Cash Flow X_1^* liegen. Die in Formel (4.15) verwandten Eintrittswahrscheinlichkeiten sind folglich unter Verwendung des Satzes von Bayes mittels Formel (4.42) als bedingte Wahrscheinlichkeiten – für den Fall, dass eine Wandlung erfolgt – zu errechnen. Für den Fall stetig verteilter Zufallsvariablen $\tilde{X}_1^W$ und $\tilde{r}_M^W$ ist die Kovarianz $\text{cov}\left(\tilde{X}_1^W ; \tilde{r}_M^W\right)$ mittels eines Simulationsverfahrens numerisch zu bestimmen.

Nachdem voranstehende Parameter berechnet wurden, lässt sich der Erwartungswert des Zahlungsstroms $\overline{FTC}_1$, der dem Wandelanleiheinhaber im Zeitpunkt $t=1$ zufließt, mittels bereits oben dargestellter Formel (4.38) berechnen:

$$\overline{FTC}_1 = p_1 \cdot \frac{a}{1+a} \cdot S\ddot{A}\left(\tilde{X}_1^W\right) + \left(1-p_1\right) \cdot R_{WA}^{nom} \cdot \left(1+r_{WA}^{nom}\right). \tag{4.38}$$

Die Ermittlung der Kapitalkosten der Wandelanleihe $\overline{r}_1^{WA}$ erfolgt mittels des CAPM. Analog zum Vorgehen in den beiden vorangegangenen Abschnitten lässt sich der Erwartungswert der Rendite der Wandelanleihe folgendermaßen ersetzen:

$$\operatorname{cov}\left(\tilde{r}_1^{WA};\tilde{r}_M\right) = \operatorname{cov}\left(\frac{\widetilde{FTC}_1}{WA_0}-1;\tilde{r}_M\right) = \frac{1}{WA_0} \cdot \operatorname{cov}\left(\widetilde{FTC}_1;\tilde{r}_M\right). \tag{4.47}$$

Demnach ergeben sich die Kapitalkosten der Wandelanleihe $\overline{r}_{EK}^{WA}$ als:

$$\begin{aligned} \overline{r}_1^{WA} &= r_f + \frac{\operatorname{cov}\left(\tilde{r}_1^{WA};\tilde{r}_M\right)}{\operatorname{var}\left(\tilde{r}_M\right)} \cdot \left[\overline{r}_M - r_f\right] \\ &= r_f + \frac{1}{WA_0} \cdot \frac{\operatorname{cov}\left(\widetilde{FTC}_1;\tilde{r}_M\right)}{\operatorname{var}\left(\tilde{r}_M\right)} \cdot \left[\overline{r}_M - r_f\right] \end{aligned}. \tag{4.48}$$

Diese Kapitalkosten spiegeln das vom operativen Risiko getrennte Wandlungsrisiko wider. Für den Wert der Wandelanleihe WA_0 in $t=0$ ergibt sich aus der Diskontierung des erwarteten Zahlungsstromes $\overline{WA}_1$ an den Wandelanleiheinhaber:

$$WA_0 = \frac{\overline{FTC}_1}{1 + r_f + \frac{1}{WA_0} \cdot \frac{\operatorname{cov}\left(\widetilde{FTC}_1;\tilde{r}_M\right)}{\operatorname{var}\left(\tilde{r}_M\right)} \cdot \left[\overline{r}_M - r_f\right]}. \tag{4.49}$$

Die Zirkularität lässt sich wiederum mittels Umformung auflösen:

$$(4.50) \qquad WA_0 = \frac{\overline{FTC}_1 - \dfrac{\operatorname{cov}\left(\widetilde{FTC}_1;\tilde{r}_M\right)}{\operatorname{var}\left(\tilde{r}_M\right)} \cdot \left[\overline{r}_M - r_f\right]}{\left(1+r_f\right)}.$$

mit

$$(4.38) \qquad \overline{FTC}_1 = p_1 \cdot \frac{a}{1+a} \cdot S\ddot{A}\left(\tilde{X}_1^W\right) + \left(1-p_1\right) \cdot R_{WA}^{nom} \cdot \left(1+r_{WA}^{nom}\right).$$

Der Nominalzinssatz r_{WA}^{nom} und der Nominalbetrag R_{WA}^{nom} der Wandelanleihe sowie der risikolose Zinssatz r_f und der im Zuge der Wandlung erwerbbare Anspruch a am Free Cash Flow der Periode sind deterministisch und exogen gegeben. Der Erwartungswert der Rendite des Marktportfolios $\overline{r}_M$ ergibt sich endogen gemäß Formel (4.10) beziehungsweise Formel (4.17).

Die Varianz der Rendite des Marktportfolios $\operatorname{var}\left(\tilde{r}_M\right)$ wird im stetigen Fall nach Gleichung (4.11) und im diskreten Fall nach Gleichung (4.18) errechnet. Ebenfalls endogen im Modell ergibt sich die Wandlungswahrscheinlichkeit p_1. Hierzu ist Formel (4.25) für den Fall einer stetigen Free-Cash-Flow-Verteilung beziehungsweise Formel (4.26) für den Fall einer diskreten Free-Cash-Flow-Verteilung heranzuziehen.

Die Ermittlung der Kovarianz zwischen dem Erwartungswert des Anspruchs des Wandelanleiheinhabers und der Rendite des Marktportfolios $\operatorname{cov}\left(\widetilde{FTC}_1;\tilde{r}_M\right)$ ist problematisch. Der Grund hierfür ist, dass die Verteilung des Anspruchs des Wandelanleiheinhabers $\overline{FTC}_1$ in Periode 1 und deren Zusammenhang mit der Rendite des Marktportfolios modellendogen ermittelt werden muss.

Unter Rückgriff auf den kritischen Free Cash Flow X_1^* ergibt sich die Funktion des Zahlungsanspruchs des Wandelanleiheinhabers $\widetilde{FTC}_1\left(\tilde{X}_1\right)$ in Abhängigkeit vom Free Cash Flow $\tilde{X}_1$ im Zeitpunkt $t=1$ als:

$$(4.51)\qquad \widetilde{FTC}_1\left(\tilde{X}_1\right)=\begin{cases} R_{WA}^{nom}\cdot\left(1+r_{WA}^{nom}\right), & \text{falls gilt: } X_1\leq X_1^* \\ \dfrac{a}{1+a}\cdot X_1, & \text{falls gilt: } X_1 > X_1^*. \end{cases}$$

Im oberen beziehungsweise unteren Ast der Fallunterscheidung wird der Nichtwandlungsfall beziehungsweise Wandlungsfall beschrieben. Die sich daraus ergebenden Zahlungsströme zu dem Wandelanleiheinhaber $\widetilde{FTC}_1$ sind mit den Eintrittswahrscheinlichkeiten der den Ausprägungen des $\widetilde{FTC}_1$ zugrunde liegenden Free Cash Flows zu gewichten.

Ist der Free Cash Flow als stetige Zufallsvariable definiert, ergibt sich analog zu dem Fall der Bewertung der Steuervorteile das Problem, dass die Funktion des Anspruchs des Wandelanleiheinhabers in Abhängigkeit von der Free-Cash-Flow-Verteilung $\widetilde{FTC}_1\left(\tilde{X}_1\right)$ nicht invertierbar ist. Folglich ist auch in diesem Fall keine analytische Bestimmung der Kovarianz $\operatorname{cov}\left(\widetilde{FTC}_1;\tilde{r}_M\right)$, die zur Lösung der Gleichung (4.50) benötigt wird, möglich. Es bedarf eines Rückgriffs auf einen numerischen Lösungsalgorithmus.

Ist der Free Cash Flow als diskrete Zufallsvariable definiert, lässt sich die Kovarianz $\operatorname{cov}\left(\widetilde{FTC}_1;\tilde{r}_M\right)$ mittels folgender Gleichung berechnen:

$$(4.52)\qquad \operatorname{cov}\left(\widetilde{FTC}_1;\tilde{r}_M\right)=\sum_{j=1}^{q}\left(FTC_{1,j}\cdot r_{M,j}\cdot w_{1,j}\right)-\sum_{j=1}^{q}\left(FTC_{1,j}\cdot w_{1,j}\right)\cdot\sum_{j=1}^{q}\left(r_{M,j}\cdot w_{1,j}\right).$$

Unter Rückgriff auf (4.52) ist die Bewertungsgleichung (4.50) lösbar. Ist der Wert der Wandelanleihe bekannt, lassen sich die Kapitalkosten der Wandelanleihe $\bar{r}_1^{WA}$ bestimmen als:

$$(4.53)\qquad \overline{r}_1^{WA}=\frac{\overline{FTC_1}}{WA_0}-1=\frac{\left(1-p_1\right)\cdot R_{WA}^{nom}\cdot\left(1+r_{WA}^{nom}\right)+p_1\cdot\frac{a}{1+a}\cdot S\ddot{A}\left(\tilde{X}_1^W\right)}{WA_0}-1\,.$$

Der Betafaktor der Wandelanleihe β_1^{WA} der Periode 1 ergibt sich gemäß Formel (4.48) aus folgendem Zusammenhang:

$$(4.54)\qquad \beta_1^{WA}=\frac{\frac{1}{WA_0}\cdot\operatorname{cov}\left(\widetilde{FTC}_1;\tilde{r}_M\right)}{\operatorname{var}\left(\tilde{r}_M\right)}\,.$$

4.3.4 Unternehmenswert

Fasst man die Ergebnisse der Abschnitte 4.3.1 bis 4.3.3 zusammen, ergibt sich folgende Bewertungsgleichung für den Wert des mit einer Wandelanleihe finanzierten Unternehmens EK_0^{WA} im Einperiodenmodell:

$$(4.55)\qquad \begin{aligned} EK_0^{WA}&=\frac{\overline{X}_1-\frac{\operatorname{cov}\left(\tilde{X}_1;\tilde{r}_M\right)}{\operatorname{var}\left(\tilde{r}_M\right)}\cdot\left[\overline{r}_M-r_f\right]}{\left(1+r_f\right)}\\ &+\frac{s\cdot r_{WA}^{nom}\cdot\left[\left(1-p_1\right)\cdot R_{WA}^{nom}-\frac{\operatorname{cov}\left(\tilde{R}_1^{WA};\tilde{r}_M\right)}{\operatorname{var}\left(\tilde{r}_M\right)}\cdot\left[\overline{r}_M-r_f\right]\right]}{\left(1+r_f\right)}\\ &-\frac{\left(\begin{aligned}&p_1\cdot\frac{a}{1+a}\cdot S\ddot{A}\left(\tilde{X}_1^W\right)+\left(1-p_1\right)\cdot R_{WA}^{nom}\cdot\left(1+r_{WA}^{nom}\right)\\&-\frac{\operatorname{cov}\left(\widetilde{FTC}_1;\tilde{r}_M\right)}{\operatorname{var}\left(\tilde{r}_M\right)}\cdot\left[\overline{r}_M-r_f\right]\end{aligned}\right)}{\left(1+r_f\right)}.\end{aligned}$$

Der erste Term auf der rechten Seite der Gleichung beschreibt den Beitrag der operativen Wertkomponente.[408] Im Zähler dieses Ausdrucks steht das nach CAPM gewonnene Sicherheitsäquivalent des unsicheren Free Cash Flow der Periode 1.[409] Dieses ergibt sich aus dem Erwartungswert des Free Cash Flow $\overline{X}_1$ der Periode 1 abzüglich eines Risikoabschlags. Der Risikozuschlag ergibt sich aus der Multiplikation des Marktpreises einer Einheit systematischen Risikos $\left(\overline{r}_M - r_f\right)/\operatorname{var}\left(\tilde{r}_M\right)$ mit der Kovarianz des Free Cash Flow und der Rendite des Marktportfolios $\operatorname{cov}\left(\tilde{X}_1;\tilde{r}_M\right)$.[410] Die Kovarianz des Free Cash Flow und der Rendite des Marktportfolios lässt sich als die Anzahl der Einheiten des systematischen Risikos des Free Cash Flow interpretieren.[411] Die Diskontierung des Sicherheitsäquivalents auf den Bewertungszeitpunkt $t = 0$ erfolgt mittels des risikolosen Zinssatzes r_f.[412]

Der zweite Term auf der rechten Seite der Gleichung kennzeichnet den Barwert des Steuervorteils der Periode 1 aus der Wandelanleihenfinanzierung.[413] Im Zähler des Terms steht in der eckigen Klammer das nach CAPM gewonnene Sicherheitsäquivalent des unsicheren Fremdkapitalbestands der Periode 1. Dieses Sicherheitsäquivalent setzt sich aus dem Erwartungswert des Fremdkapitalbestands $\left(1 - p_1\right) \cdot R_{WA}^{nom}$ und einem Risikoabschlag zusammen. Der Risikoabschlag ergibt sich analog zum ersten Term durch eine Multiplikation des Marktpreises einer Einheit systematischen Risikos $\left(\overline{r}_M - r_f\right)/\operatorname{var}\left(\tilde{r}_M\right)$ gewichtet mit der Anzahl der Einheiten systematischen Risikos, die sich in der Kovarianz zwischen dem Fremdkapitalbestand und der Rendite des Marktportfolios $\operatorname{cov}\left(\tilde{R}_1^{WA};\tilde{r}_M\right)$ widerspiegeln. Das Sicherheitsäquivalent wird mit dem sicheren Steuersatz s und dem sicheren Nominalzinssatz der Wandelanleihe r_{WA}^{nom} multipliziert, um zu dem Sicherheitsäquivalent des Steuervorteils der Periode 1 zu gelangen.

---

408 Vgl. Formel (4.8) auf Seite 84.

409 Vgl. *Timmreck* (2006), S. 57-60; *Bogue/Roll* (1974), S. 606; *Turnbull* (1977a), S. 222.

410 Vgl. *Mossin* (1966), S. 781-783; *Fama* (1977), S. 14 f.; *Timmreck* (2006), S. 58.

411 Vgl. *Bierman/Smidt* (1975), S. 327; *Fama* (1977), S. 7.; *Kruschwitz/Husmann* (2010), S. 246 f.

412 Vgl. *Drukarczyk/Schüler* (2009), S. 58; *Ballwieser* (2011), S. 77.

413 Vgl. Formel (4.32) auf Seite 84.

Der dritte Term auf der rechten Seite der Gleichung beschreibt den Wert der Wandelanleihe im Bewertungszeitpunkt $t=0$.[414] Im Zähler des Terms findet sich das gemäß CAPM gewonnene Sicherheitsäquivalent der Zahlung, die dem Wandelanleiheinhaber im Zeitpunkt $t=1$ zufließt. Es setzt sich aus dem Erwartungswert der Zahlung an den Wandelanleiheinhaber und einem Risikoabschlag in Höhe von $\operatorname{cov}\left(\widetilde{FTC}_1;\tilde{r}_M\right)\Big/\operatorname{var}\left(\tilde{r}_M\right)\cdot\left[\bar{r}_M-r_f\right]$ zusammen. Der Erwartungswert der Zahlung an den Wandelanleiheinhaber ergibt sich aus dem mit der Wandlungswahrscheinlichkeit p_1 gewichteten Anspruch des Anleiheninhabers im Wandlungsfall in Höhe von $a\cdot(1+a)^{-1}$ am Erwartungswert des Free Cash Flow $\bar{X}_1^W$ und der mit der Wahrscheinlichkeit für eine Nichtwandlung $1-p_1$ gewichteten Zins- und Tilgungszahlung $R_{WA}^{nom}\cdot\left(1+r_{WA}^{nom}\right)$.

Obige Bewertungsgleichung setzt sich folglich additiv aus den Sicherheitsäquivalenten des Free Cash Flow, des Steuervorteils und des Anspruchs des Wandelanleiheinhabers – jeweils mit dem risikolosen Zinssatz r_f auf den Bewertungszeitpunkt $t=0$ diskontiert – zusammen.

Zur Verdeutlichung dieses Sachverhalts lässt sich die Bewertungsgleichung folgendermaßen umformulieren:

(4.56)

$$EK_0^{WA}=\frac{\left[\begin{array}{l}\bar{X}_1+s\cdot r_{WA}^{nom}\cdot\left(1-p_1\right)\cdot R_{WA}^{nom}-\left(1-p_1\right)\cdot R_{WA}^{nom}\cdot\left(1+r_{WA}^{nom}\right)-p_1\cdot\dfrac{a}{1+a}\cdot SÄ\left(\tilde{X}_1^W\right)\\-\left[\operatorname{cov}\left(\tilde{X}_1;\tilde{r}_M\right)+s\cdot r_{WA}^{nom}\cdot\operatorname{cov}\left(\tilde{R}_1^{WA};\tilde{r}_M\right)-\operatorname{cov}\left(\widetilde{FTC}_1;\tilde{r}_M\right)\right]\cdot\dfrac{\left[\bar{r}_M-r_f\right]}{\operatorname{var}\left(\tilde{r}_M\right)}\end{array}\right]}{\left(1+r_f\right)}.$$

Die rechte Seite der Bewertungsgleichung (4.56) lässt sich als ein – mit dem risikolosen Zinssatz auf den Bewertungszeitpunkt $t=0$ diskontiertes – nach CAPM bestimmtes Sicherheitsäquivalent des Zahlungsstromes zu den Eigenka-

414 Vgl. Formeln (4.50) und (4.38) auf Seite 106.

pitalgebern des mit einer Wandelanleihe verschuldeten Unternehmens interpretieren. Die erste Zeile in der eckigen Klammer auf der rechten Seite der Gleichung ist als Erwartungswert des Zahlungsstromes zu den Eigenkapitalgebern des mit einer Wandelanleihe verschuldeten Unternehmens interpretierbar. Dieser Ausdruck entspricht somit dem Erwartungswert des Flow to Equity. Der Ausdruck in der zweiten Zeile in der eckigen Klammer ist als der Risikoabschlag des Flow to Equity interpretierbar.

Wird der Erwartungswert des Flow to Equity als $\overline{FTE}_1^{WA}$ und der Risikoabschlag auf den Flow to Equity als RA_1^{FTE} bezeichnet, gelten nachstehende Beziehungen:

$$(4.57)\qquad \begin{aligned}\overline{FTE}_1^{WA} &= \overline{X}_1 + s \cdot r_{WA}^{nom} \cdot (1-p_1) \cdot R_{WA}^{nom} - (1-p_1) \cdot R_{WA}^{nom} \cdot (1+r_{WA}^{nom}) \\ &\quad - p_1 \cdot \frac{a}{1+a} \cdot \overline{X}_1^W;\end{aligned}$$

$$(4.58)\qquad RA_1^{FTE} = \begin{bmatrix} \text{cov}\left(\tilde{X}_1;\tilde{r}_M\right) + s \cdot r_{WA}^{nom} \cdot \text{cov}\left(\tilde{R}_1^{WA};\tilde{r}_M\right) \\ -\text{cov}\left(\widetilde{FTC}_1;\tilde{r}_M\right) \end{bmatrix} \cdot \frac{\left[\overline{r}_M - r_f\right]}{\text{var}\left(\tilde{r}_M\right)}.$$

Unter Verwendung von $\overline{FTE}_1^{WA}$ und RA_1^{FTE} lässt sich Formel (4.56) umformen:

$$(4.59)\qquad EK_0^{WA} = \frac{\overline{FTE}_1^{WA} - RA_1^{FTE}}{1+r_f}.$$

Alternativ lässt sich der Unternehmenswert mittels Diskontierung des Flow to Equity $\overline{FTE}_1^{WA}$ mit den Eigenkapitalkosten $r_{EK,1}^{WA}$ des verschuldeten – im vorliegenden Fall mit einer Wandelanleihe finanzierten – Unternehmens errechnen:[415]

$$(4.60)\qquad EK_0^{WA} = \frac{\overline{FTE}_1^{WA}}{1+\overline{r}_{EK,1}^{WA}}.$$

---

415 Vgl. *Casey* (2006), S. 183 f.; *Ballwieser* (2011), S. 187 f.

Setzt man Formel (4.60) in Formel (4.59) ein, ergibt sich:

$$(4.61)\qquad \frac{\overline{FTE}_1^{WA}}{1+\overline{r}_{EK,1}^{WA}} = \frac{\overline{FTE}_1^{WA} - RA_1^{FTE}}{1+r_f}.$$

Löst man Gleichung (4.61) nach $r_{EK,1}^{WA}$ auf, lassen sich die Eigenkapitalkosten des wandelanleihenfinanzierten Unternehmens folgendermaßen errechnen:

$$(4.62)\qquad \overline{r}_{EK,1}^{WA} = \frac{\overline{FTE}_1^{WA} \cdot (1+r_f)}{\overline{FTE}_1^{WA} - RA_1^{FTE}} - 1.$$

Analog zur Umformung von (3.3), ergibt sich der Betafaktor $\beta_{EK,1}^{WA}$ als:

$$(4.63)\qquad \beta_{EK,1}^{WA} = \frac{\overline{r}_{EK,1}^{WA} - r_f}{\overline{r}_M - r_f}.$$

4.4 Zahlenbeispiel

Zur Veranschaulichung des in Abschnitt 4.3 entwickelten Bewertungsverfahrens wird im Folgenden ein Zahlenbeispiel dargestellt. Das Zahlenbeispiel unterstellt diskrete Wahrscheinlichkeitsfunktionen für den Free Cash Flow $\tilde{X}_1$ und die Rendite des Marktportfolios $\tilde{r}_M$. Annahmegemäß tritt am Ende der Periode 1 einer der fünf Umweltzustände $s_{1,j}$ mit $j = 1,2,...,5$ ein. Die Eintrittswahrscheinlichkeiten der Umweltzustände $w_{1,j}$ betragen $w_{1,1} = 10\%$, $w_{1,2} = 20\%$, $w_{1,3} = 40\%$, $w_{1,4} = 20\%$ und $w_{1,5} = 10\%$. Die Rendite des Marktportfolios $r_{M,j}$ des Umweltzustandes j hat die zustandsabhängigen Ausprägungen $r_{M,1} = 2\%$, $r_{M,2} = 6\%$, $r_{M,3} = 12\%$, $r_{M,4} = 18\%$ und $r_{M,5} = 24\%$. Der Free Cash Flow $X_{1,j}$ ergibt sich als $X_{1,1} = 150$, $X_{1,2} = 160$, $X_{1,3} = 175$, $X_{1,4} = 190$ und $X_{1,5} = 195$. Folgende Tabelle fasst die Umweltzustände $s_{1,j}$, deren Eintrittswahrscheinlichkeiten $w_{1,j}$ sowie die dazugehörigen Marktportfoliorenditen $r_{M,j}$ und Free-Cash Flows $X_{1,j}$ zusammen:

$s_{1,j}$	1	2	3	4	5
$w_{1,j}$	0,1	0,2	0,4	0,2	0,1
$r_{M,j}$	0,02	0,06	0,12	0,18	0,24
$X_{1,j}$	150	160	175	190	195

Tab. 1: Mögliche Umweltzustände im einperiodigen Zahlenbeispiel (eigene Darstellung)

Der risikolose Zinssatz beträgt 6% und der Unternehmenssteuersatz 30%. Der Nominalbetrag der Wandelanleihe R_{WA}^{nom} ist 30 und deren Nominalzinssatz r_{WA}^{nom} beträgt 5%.[416] Der Anteil a, den der Wandelanleiheinhaber bei Wandlung am ursprünglichen Marktwert des Eigenkapitals des Unternehmens erwirbt, ist 20%:

Variable	Wert
r_f	0,06
s	0,3
R_{WA}^{nom}	30
r_{WA}^{nom}	0,05
a	0,2

Tab. 2: Annahmen des einperiodigen Zahlenbeispiels (eigene Darstellung)

Gemäß (4.17) ergibt sich daraus ein Erwartungswert der Rendite des Marktportfolios $\overline{r}_m$ in Höhe von 0,122. Die Varianz der Rendite des Marktportfolios $\operatorname{var}(\tilde{r}_M)$ errechnet sich mittels Gleichung (4.18) in einer Höhe von 0,0039.[417]

416 Dass der Nominalzinssatz unter dem risikolosen Zinssatz liegt, ist aufgrund des stets nicht-negativen Werts des Wandlungsrechts plausibel. Vgl. *Ingersoll* (1977), S. 295-297; *Brennan/Schwartz* (1988), S. 55.

417 Alle Ergebnisse sind auf maximal vier Nachkommastellen gerundet. Nachstehende Nullen werden weggelassen.

Soll EK_0^u mittels Gleichung (4.8) bestimmt werden, ist zuerst $\overline{X}_1$ zu bestimmen. Dieser ergibt sich aus Gleichung (4.16) in einer Höhe von 174,5. Die Kovarianz $\operatorname{cov}(\tilde{X}_1;\tilde{r}_M)$ beträgt gemäß Gleichung (4.15) 0,851. Setzt man die Zahlenwerte für $\overline{X}_1$, $\operatorname{cov}(\tilde{X}_1;\tilde{r}_M)$, $\overline{r}_M$ und $\operatorname{var}(\tilde{r}_M)$ zusammen mit dem Wert für r_f in Gleichung (4.8) ein, ergibt sich für den Wert des unverschuldeten Unternehmens EK_0^u ein Betrag von 151,7807. Die Eigenkapitalkosten des unverschuldeten Unternehmens $\overline{r}_{EK,1}^u$ bestimmen sich mittels Formel (4.19) als 0,1497. Der Betafaktor resultiert nach Gleichung (4.20) als 1,4465.

Zur Ermittlung des Barwerts des Steuervorteils aus der Wandelanleihenfinanzierung TS_0^{WA} ist zunächst der kritische Free Cash Flow X_1^* zu bestimmen. Dieser ergibt sich laut Formel (4.24) in einer Höhe von 189. Da nur die Free Cash Flows des vierten und fünften Umweltzustandes eine Wandlung vorteilhaft sein lassen, ergibt sich für k_1^* ein Wert von 4 und somit gemäß Formel (4.26) eine Wandlungswahrscheinlichkeit p_1 in Höhe von 0,3. Der Erwartungswert des Fremdkapitalbestands beträgt gemäß (4.22) 21.

Soll der Barwert des Steuervorteils TS_0^{WA} mittels Gleichung (4.21) bestimmt werden, bedarf es der Kenntnis der Kovarianz $\operatorname{cov}(\tilde{R}_1^{WA};\tilde{r}_M)$. Diese ergibt sich aus Gleichung (4.35) als -0,702. Daraus resultiert ein Barwert des Steuervorteils TS_0^{WA} gemäß Formel (4.21) in Höhe von 0,4561. Werden der Erwartungswert des Fremdkapitalbestands am Ende der Periode 1 und der Barwert des Steuervorteils TS_0^{WA} in Formel (4.36) eingesetzt, ergeben sich die Kapitalkosten des Steuervorteils $\overline{r}_1^{TS}$ in einer Höhe von -0,3093. Der Betafaktor gemäß Formel (4.37) beträgt -5,9568.
Die Bestimmung des Werts der Wandelanleihe mittels Formel (4.50) bedarf der Kenntnis des Erwartungswerts des Anspruchs des Wandelanleiheinhabers $\overline{FTC}_1$. Dieser wird gemäß Formel (4.38) unter Rückgriff auf das Sicherheitsäquivalent $S\ddot{A}(X_1^W)$ der Free Cash Flows der Periode 1, die zu einer Wandlung der Anleihe führen, ermittelt. Das Sicherheitsäquivalent $S\ddot{A}(X_1^W)$ setzt sich aus

dem Erwartungswert $\overline{X}_1^W$ und einem entsprechenden Risikoabschlag zusammen. Da im vorliegenden Fall k_1^* den Wert von 4 annimmt und sich die bedingten Wahrscheinlichkeiten $w_{1,4}^w$ und $w_{1,5}^w$ gemäß Formel (4.42) in einer Höhe von 0,6667 respektive 0,3333 ergeben, errechnet sich der Erwartungswert $\overline{X}_1^W$ in Gleichung (4.41) in einer Höhe von 191,6667.

Da eine Wandlung nur im vierten und fünften Umweltzustand erfolgt, gilt in den Formeln (4.45) und (4.46) jeweils $r_M^* = 4$. Der Erwartungswert $\overline{r}_{M,1}^W$ und die Varianz $\text{var}\left(\tilde{r}_{M,1}^W\right)$ der Rendite des Marktportfolios errechnen sich somit in Formel (4.45) beziehungsweise in Formel (4.46) in einer Höhe von 0,2 respektive 0,0008. Für die Berechnung des Erwartungswerts ist wiederum auf die Formel (4.41) zur Ermittlung der bedingten Wahrscheinlichkeiten $w_{1,j}$ zurückzugreifen.

Werden die voranstehend ermittelten Größen $\overline{X}_1^W$, $\text{cov}\left(\tilde{X}_1^W;\tilde{r}_{M,1}^W\right)$, $\text{var}\left(\tilde{r}_{M,1}^W\right)$ und $\overline{r}_{M,1}^W$ zusammen mit dem gegebenen risikolosen Zinssatz r_f in Gleichung (4.39) eingesetzt, ergibt sich der Betrag des Sicherheitsäquivalents $SÄ\left(\tilde{X}_1^W\right)$ der Free Cash Flows, die zu einer Wandlung führen, in Höhe von 180.

Ist $SÄ\left(\tilde{X}_1^W\right)$ bekannt, lässt sich der Erwartungswert $\overline{FTC}_1$ des Anspruchs des Wandelanleiheinhabers gemäß Formel (4.38) bestimmen. Dieser nimmt im vorliegenden Beispiel einen Betrag in Höhe von 31,05 an. Für die Kovarianz $\text{cov}\left(\widetilde{FTC}_1;\tilde{r}_M\right)$ ergibt sich gemäß Gleichung (4.52) ein Wert in Höhe von 0,0137. Unter Verwendung dieser Größe lässt sich der Wert der Wandelanleihe WA_0 im Bewertungszeitpunkt $t = 0$ errechnen. Unter Verwendung von Formel (4.50) ergibt sich für WA_0 ein Wert von 29,0852.

Die Kapitalkosten der Wandelanleihe bestimmen sich unter Kenntnis der Werte von $\overline{FTC}_1$ und WA_0 mittels des Zusammenhangs (4.53) in einer Höhe von 0,0676. Als Betafaktor der Wandelanleihe ergibt sich aus Gleichung (4.54) 0,1674.

Addiert man die aus den Formeln (4.8) und (4.21) bekannten Werte für EK_0^u und TS_0^{WA} und bringt man davon den aus Formel (4.50) bekannten Wert der Wandelanleihe WA_0 in Abzug, erhält man den Wert für das Eigenkapital des mit einer Wandelanleihe finanzierten Unternehmens EK_0^{WA}. Gemäß Formel (4.55) ergibt sich ein Wert von 123,1515.

Aus den berechneten Größen lässt sich mittels den Formeln (4.57) und (4.58) der Erwartungswert des Flow to Equity $\overline{FTE}_1^{WA}$ beziehungsweise der Risikoabschlag des Flow to Equity RA_1^{FTE} bestimmen. Der Erwartungswert des Flow to Equity $\overline{FTE}_1^{WA}$ beträgt 143,765 und der Risikoabschlag des Flow to Equity RA_1^{FTE} beläuft sich auf 12,2244. Setzt man diese Beträge und den risikolosen Zinssatz r_f in Gleichung (4.62) ein, gelangt man zu den Kapitalkosten des mit einer Wandelanleihe finanzierten Unternehmens in Höhe von 0,1674. Der Betafaktor ist nach Gleichung (4.63) 1,732.

Folgende Tabelle fasst die Ergebnisse des Zahlenbeispiels zusammen:

Variable	Wert
EK_0^u	151,7807
$+TS_0^{WA}$	0,4561
$-WA_0$	29,0852
$=EK_0^{WA}$	123,1515
$\overline{r}_{EK,1}^u$	0,1497
$\overline{r}_1^{TS}$	-0,3093
$\overline{r}_1^{WA}$	0,0676
$\overline{r}_{EK,1}^{WA}$	0,1674

Tab. 3: Ergebnisse des einperiodigen Zahlenbeispiels (eigene Darstellung)

4.5 Würdigung

Anhand der aus dem einperiodigen Modell abgeleiteten Bewertungsgleichung lassen sich die wertrelevanten Effekte einer Finanzierung mit einer Wandelanleihe aufzeigen. Zum einen zeigt sich, dass die Wandlungsentscheidung unabhängig von dem Steuervorteil aus der Wandelanleihenfinanzierung ist. Wie in Ungleichung (4.1) ersichtlich, hängt die Wandlungsentscheidung nur von der Höhe der Zins- und Tilgungszahlung sowie von dem Anteil ab, den der Wandelanleiheinhaber im Zuge der Wandlung erwirbt. Der Wandelanleihe partizipiert in keinem Fall an dem Steuervorteil. Erfolgt die Wandlung, fallen keine Zinszahlungen und somit auch kein Steuervorteil an. Erfolgt die Wandlung nicht, ergeben sich zwar Zinszahlungen und ein Steuervorteil, jedoch wird dieser ausschließlich von den Eigenkapitalgebern vereinnahmt.

Diese Eigenschaft der Wandlungsentscheidung hat Konsequenzen für den Wert des Gesamtkapitals. Da der Wandelanleiheinhaber den Steuervorteil nicht in sein Wandlungskalkül mit einbezieht, kommt es an der Stelle des kritischen Free Cash Flow zu einer Sprungstelle in der stetigen Funktion des Gesamtkapitalwerts in Abhängigkeit von dem Free Cash Flow. Liegt der realisierte Free Cash Flow eine marginale Einheit unter dem kritischen Free Cash Flow, geht der Steuervorteil in den Gesamtkapitalwert ein.[418]

Liegt der realisierte Free Cash Flow hingegen eine marginale Einheit über dem kritischen Free Cash Flow, geht der Steuervorteil nicht in den Gesamtkapitalwert ein. Aus Sicht der Eigenkapitalgeber stellt dieses Phänomen eine Ineffizienz dar, die daraus resultiert, dass der Wandelanleiheinhaber den Effekt seiner Wandlungsentscheidung auf den Gesamtkapitalwert nicht internalisiert. Seine Wandlungsentscheidung ist somit nicht mit dem Ziel einer Maximierung des Gesamtkapitalwerts vereinbar. Der Marktwertverlust, der sich infolge der – aus Sicht des Gesamtkapitals – suboptimalen Wandlungsentscheidung ergibt, geht zu Lasten der Alteigentümer. Dieser Effekt findet sich nicht bei einer Finanzierung mit nicht wandelbarem Fremdkapital.

Diesem negativen Werteffekt einer Wandelanleihenfinanzierung steht der Diversifikationseffekt des Steuervorteils entgegen. Dieser ergibt sich unter den

418 Vgl. für einen ähnlichen Effekt *Bühler/Koziol* (2002), S. 323.

Annahmen, dass das CAPM gilt und der Free Cash Flow des Unternehmens positiv mit der Rendite des Marktportfolios korreliert, daraus, dass ein hoher Steuervorteil aus der Wandelanleihenfinanzierung mit einem geringen Free Cash Flow korrespondiert, et vice versa. Analytisch zeigt sich dieser Effekt durch die Ableitung der Formel (4.33) beziehungsweise der Formel (4.34) an der Stelle des kritischen Free Cash Flow nach dem Free Cash Flow. In Abbildung 5 beziehungsweise Abbildung 6 wird der Diversifikationseffekt verdeutlicht. Folglich korreliert der Steuervorteil negativ mit der Rendite des Marktportfolios. Infolge der negativen Korrelation ist die Kovarianz in der CAPM-Gleichung (4.27) und somit der Betafaktor des Steuervorteils gemäß Gleichung (4.37) negativ.[419]

Dies spiegelt sich auch im Zahlenbeispiel wider, in dem der Betafaktor des Steuervorteils einen Wert von -5,9568 annimmt. Ist der Betrag der negativen Korrelation des Steuervorteils mit der Rendite des Marktportfolios hoch genug, können sich Kapitalkosten des Steuervorteils ergeben, die unter dem risikolosen Zinssatz liegen und sogar negativ sind. Letzteres ist im Zahlenbeispiel der Fall, in dem die Kapitalkosten einen Wert von -0,3093 annehmen. Die Diskontierung eines Zahlungsstromes mit einem negativen Zinsfuß führt dazu, dass der Wert des Zahlungsstromes im Bewertungszeitpunkt über dem Betrag seiner Realisation liegt. Ökonomisch lässt sich ein solches Phänomen dadurch begründen, dass die Aufnahme eines stark negativ mit dem Marktportfolio korrelierten Vermögenswerts in das Portfolio das Portfoliorisiko so stark verringert, dass der Portfolioinhaber bereit ist, eine negative Rendite des Vermögenswerts zu akzeptieren.[420] Welcher der beiden voranstehend umrissenen Werteffekte überwiegt, hängt von den Modellparametern ab.

Voranstehendes Modell weist jedoch auch Schwächen auf. So stellen die Werte des Steuervorteils und der Wandelanleihe streng genommen keine eigenständigen Zufallsvariablen dar. Sie ergeben sich derivativ, als Ergebnis von Bewertungsfunktionen in Abhängigkeit vom Free Cash Flow. Einzig der Free Cash Flow und die Rendite des Marktportfolios sind originäre statistische Variablen. Da die Zuordnung der Free Cash Flows auf die Ausprägungen des Steuervorteils beziehungsweise der Wandelanleihe vollständig ist, können die Werte des Steu-

419 Die Kovarianz kann jede reelle Zahl annehmen. Vgl. *Alexander* (2008), S. 94.

420 Vgl. *Bodie/Kane/Marcus* (2009), S. 200; *Franke/Hax* (2009), S. 357.

ervorteils und der Wandelanleihe mathematisch jedoch genauso wie Zufallsvariablen behandelt werden.

Zudem weist das Bewertungsmodell einige restriktive Prämissen auf, deren Lockerung Gegenstand künftiger Forschungsleistungen sein sollte. Zum einen wird von der Möglichkeit einer Insolvenz abstrahiert. Diese Annahme erlaubt die Verwendung des risikolosen Zinssatzes zur Diskontierung der Zins- und Tilgungszahlung. Wird diese Annahme aufgehoben, ist das Ausfallrisiko in den Fremdkapitalkosten zu erfassen. Des Weiteren wird von dem Fall abstrahiert, dass das zu bewertende Unternehmen nicht nur mit Eigenkapital und einer Wandelanleihe finanziert ist, sondern zusätzlich noch mit nicht wandelbarem Fremdkapital.

Im Falle der Annahme eines fehlenden Insolvenzrisikos ist diese Restriktion leicht aufzuheben. In der Bewertungsgleichung (3.1) sind in diesem Fall zusätzlich ein Term für den Wert des nicht wandelbaren Fremdkapitals und ein Term für dessen Steuervorteil aufzunehmen. An der Bewertung der Wandelanleihe und dessen Steuervorteil ändert sich nur, dass im Wandlungsfall der Anteil am Steuervorteil aus der konventionellen Fremdfinanzierung bei der Ermittlung des Anspruches des Wandelanleiheninhabers zu berücksichtigen ist. Bei Insolvenzrisiko ergeben sich darüber hinaus noch Änderungen in der Risikostruktur der Wandelanleihe, da konventionelles Fremdkapital üblicherweise vor Mischfinanzierungsformen wie Wandelanleihen im Insolvenzfall bedient wird.

5 Mehrperiodiges Bewertungsmodell

5.1 Wandelanleihe europäischen Typs

5.1.1 Prämissen

Die Prämissen des einperiodigen Modells gelten auch für das mehrperiodige Bewertungsmodell. Einziger Unterschied ist, dass die Liquidation des Unternehmens im mehrperiodigen Modell nicht mehr im Zeitpunkt $t=1$, sondern im Zeitpunkt $t=n$ erfolgt. Für n gilt, dass es jede positive natürliche Zahl annehmen kann. Darüber hinaus erfordert die Erweiterung des einperiodigen Modells auf ein mehrperiodiges Modell zusätzliche Annahmen zur intertemporalen Entwicklung der Eingangsgrößen des Modells. Diese zusätzlichen Annahmen werden im Folgenden vorgestellt.

Am Ende jeder der n Perioden fließt dem Unternehmen ein stochastisch unabhängiger Free Cash Flow $\tilde{X}_t$ zu. Annahmegemäß ist der Free Cash Flow $\tilde{X}_t$ hinreichend hoch, dass die Zins- und gegebenenfalls Tilgungsverpflichtungen in jedem Umweltzustand in voller Höhe bedient werden können. Eine Insolvenz des Unternehmens ist somit ausgeschlossen. Die Wahrscheinlichkeitsverteilung der Rendite des Marktportfolios $\tilde{r}_m$ und der deterministisch gegebene risikolose Zinssatz r_f sind intertemporal konstant. Dies gilt ebenfalls für die Parameter der Wandelanleihe. Dazu zählen der Nominalbetrag R_{WA}^{nom}, der Nominalzinssatz der Wandelanleihe r_{WA}^{nom} sowie der Anteil a am Eigenkapital des Unternehmens, den der Wandelanleiheinhaber bei Wandlung erwirbt. Die Annahmen erfüllen die von Fama (1977) erarbeiteten Bedingungen für eine sequentielle Anwendung des einperiodigen CAPM auf mehrperiodige Bewertungsprobleme.[421]

Die Wandelanleihe ist im Zeitpunkt $t=m<n$ fällig. Im Fälligkeitszeitpunkt m kann der Wandelanleiheinhaber die Wandlung wählen. Unterbleibt sie, erhält der Anleiheninhaber die Zinszahlung der Periode m und die Tilgungszahlung. Unabhängig von der Wandlungsentscheidung erfolgt keine Anschlussfinanzierung. Daher ist das Unternehmen ab der Periode $m+1$ bis zu seiner Liquidation am Ende von Periode n rein eigenfinanziert. Eine Wandlung vor dem Zeitpunkt

421 Vgl. Abschnitt 3.3.2.1.

$t = m$ sei annahmegemäß nicht möglich. Bei der in diesem Abschnitt betrachteten Wandelanleihe handelt es sich somit um eine Wandelanleihe europäischen Typs.

5.1.2 Wandlungskriterium

Die Konzeption des Wandlungskriteriums des einperiodigen Bewertungsmodells gilt auch im mehrperiodigen Fall. Der Grund hierfür liegt darin, dass bei einer europäischen Wandelanleihe der einzig mögliche Zeitpunkt für eine Wandlung mit dem Fälligkeitszeitpunkt der Anleihe identisch ist. Dies entspricht dem einperiodigen Fall, mit dem Unterschied, dass die Wandlungsentscheidung nicht im Zeitpunkt $t = 1$, sondern im Zeitpunkt $t = m$ getroffen wird. Die Struktur der Wandlungsentscheidung bleibt – als Konsequenz der Annahme intertemporal konstanter Marktgrößen und Wandelanleihenausprägungen sowie der Annahme einer stochastischen Unabhängigkeit der periodischen Free Cash Flows – davon unberührt. Eine Änderung ergibt sich hinsichtlich des Anspruchs, den der Wandelanleiheinhaber im Fall einer Wandlung erwirbt. Dieser hängt im mehrperiodigen Bewertungsfall nicht mehr ausschließlich vom realisierten Free Cash Flow der Periode ab. Stattdessen ergibt sich sein Anspruch in Höhe des Anteils $a \cdot (1+a)^{-1}$ an der Summe des in der Wandlungsperiode realisierten Free Cash Flow X_m und des Barwerts EK_m^u aller künftigen Free Cash Flows der Perioden $m+1$ bis n.

Der Wandelanleiheinhaber wird die Wandlung in Periode m wählen, wenn die Summe aus dem anteiligen Free Cash Flow $a \cdot (1+a)^{-1} \cdot X_m$ der Periode m und der Wert des durch Wandlung erwerbbaren Eigenkapitalanteils $a \cdot (1+a)^{-1} \cdot EK_m^u$ größer ist als die Summe aus Zins- und Tilgungszahlung $R_{WA}^{nom} \cdot (1+r_{WA}^{nom})$. Folgende Ungleichung formalisiert das Wandlungskriterium für eine europäische Wandelanleihe im Zeitpunkt $t = m$ der Wandlungsentscheidung:

$$(5.1) \qquad R_{WA}^{nom} \cdot \left(1 + r_{WA}^{nom}\right) < \frac{a}{1+a} \cdot \left(X_m + EK_m^u\right).$$

Die Parameter R_{WA}^{nom}, r_{WA}^{nom} und a obiger Ungleichung sind exogen gegeben und deterministisch. Der am Ende der Periode m realisierte Free Cash Flow X_m ist im Zeitpunkt der Wandlungsentscheidung bekannt und sicher. Der Wert des Eigenkapitals des unverschuldeten Unternehmens EK_m^u der Periode m ergibt sich als Barwert der Erwartungswerte der Free Cash Flows in den Perioden $m+1$ bis n. Die Ermittlung des Eigenkapitalwerts des unverschuldeten Unternehmens EK_t^u in einer beliebigen Periode t wird im folgenden Abschnitt detailliert dargestellt.

5.1.3 Bewertungsgleichungen

5.1.3.1 Wert der leistungswirtschaftlichen Komponente

Die Bewertungsgleichung für den Wert des mit einer Wandelanleihe europäischen Typs finanzierten Unternehmens EK_0^{WA} im mehrperiodigen Bewertungsfall entspricht der Gleichung der einperioden Bewertung:

(3.1) $$EK_0^{WA} = EK_0^u + TS_0^{WA} - WA_0 .$$

Der Ausdruck EK_0^u bezeichnet den Eigenkapitalwert des unverschuldeten Unternehmens, TS_0^{WA} den Barwert der Steuervorteile aus der Wandelanleihe und WA_0 den Wert der Wandelanleihe.

Der Wert des Eigenkapitals des unverschuldeten Unternehmens EK_0^u ergibt sich aus der Diskontierung der Erwartungswerte der Free Cash Flows $\overline{X}_t$ der Perioden 1 bis n. Da die periodischen Free Cash Flows $\tilde{X}_t$ annahmegemäß voneinander stochastisch unabhängig sind, sind – wie in Abschnitt 3.1.3 gezeigt – die Erwartungswerte der Free Cash Flows nur in der jeweils letzten Periode t', in der der jeweilige periodische Free Cash Flow realisiert wird, mit den Eigenkapitalkosten des unverschuldeten Unternehmens $\overline{r}_{EK,t'}^u$ zu diskontieren. Der aus Sicht der Vorperiode t^*-1 sichere Barwert ist in allen anderen Perioden 1 bis

$t'-1$ mit dem risikolosen Zinssatz r_f zu diskontieren. Dementsprechend ergibt sich für den Wert des Eigenkapitals des unverschuldeten Unternehmens:

$$(5.2) \qquad EK_0^u = \sum_{t=1}^{n} \frac{\overline{X}_t}{\left(1+r_f\right)^{t-1} \cdot \left(1+\overline{r}_{EK,t}^u\right)}.$$

Die periodenspezifischen Erwartungswerte des Free Cash Flow $\overline{X}_t$ ergeben sich aus Formel (4.16) beziehungsweise Formel (4.9). Da die Modellstruktur in den einzelnen Perioden beim Übergang von dem einperiodigen auf ein mehrperiodiges Bewertungsmodell erhalten bleibt, können beide Formeln durch Ersetzen des Zeitindexes 1 durch den Zeitindex t in den mehrperiodigen Bewertungskontext übertragen werden. Es gilt:

$$(5.3) \qquad \overline{r}_{EK,t}^u = r_f + \frac{\operatorname{cov}\left(\tilde{r}_{EK,t}^u;\tilde{r}_M\right)}{\operatorname{var}\left(\tilde{r}_M\right)} \cdot \left[\overline{r}_M - r_f\right].$$

Wird Formel (5.3) in die Bewertungsgleichung (5.2) eingesetzt, ergibt sich:

$$(5.4) \qquad EK_0^u = \sum_{t=1}^{n} \frac{\overline{X}_t}{\left(1+r_f\right)^{t-1} \cdot \left(1+r_f + \frac{\operatorname{cov}\left(\tilde{r}_{EK,t}^u;\tilde{r}_M\right)}{\operatorname{var}\left(\tilde{r}_M\right)} \cdot \left[\overline{r}_M - r_f\right]\right)}.$$

Des Weiteren gilt:[422]

$$(5.5) \qquad EK_{t-1}^u = \frac{\overline{X}_t}{1+\overline{r}_{EK,t}^u} + \frac{EK_t^u}{1+r_f}.$$

Der Wert des Eigenkapitals eines unverschuldeten Unternehmens EK_{t-1}^u ergibt sich im Zeitpunkt $t-1$ aus dem Erwartungswert des Free Cash Flow $\overline{X}_t$ der Periode t, der mit den Eigenkapitalkosten eines unverschuldeten Unternehmens

422 Vgl. ähnlich *Schwetzler* (2000), S. 474 f.

$\overline{r}_{EK,t}^{u}$ der Periode t diskontiert wird, zuzüglich des Barwerts EK_t^u aller anderen Free Cash Flows der Perioden $t+1$ bis n, der mittels des risikolosen Zinssatzes r_f diskontiert wird. Diese Beziehung berücksichtigt die stochastische Unabhängigkeit der Free Cash Flows, da die periodenspezifischen, risikoadjustierten Kapitalkosten $\overline{r}_{EK,t}^{u}$ ausschließlich zur Diskontierung des Erwartungswerts $\overline{X}_t$ des Free Cash Flow der Periode t herangezogen werden und künftige Free Cash Flows unberührt lassen.[423]

Die Auflösung von (5.5) nach $\overline{r}_{EK,t}^{u}$ ergibt:

$$(5.6) \qquad \overline{r}_{EK,t}^{u} = \frac{\overline{X}_t - EK_{t-1}^u + \dfrac{EK_t^u}{1+r_f}}{EK_{t-1}^u - \dfrac{EK_t^u}{1+r_f}} = \frac{\overline{X}_t}{EK_{t-1}^u - \dfrac{EK_t^u}{1+r_f}} - 1 .$$

Gleichung (5.6) beschreibt den Erwartungswert der Rendite eines unverschuldeten Unternehmens in Periode t $\overline{r}_{EK,t}^{u}$. Er resultiert aus dem Erwartungswert des Free Cash Flow der Periode t $\overline{X}_t$, der auf die Änderung des Unternehmenswert aus Sicht von $t-1$ bezogen wird. Da in obiger Gleichung das Risiko ausschließlich im stochastischen Free Cash Flow $\tilde{X}_t$ der Periode t gründet, der Zusammenhang zwischen $\overline{r}_{EK,t}^{u}$ und $\overline{X}_t$ linear und der Erwartungswert $\overline{X}_t$ invariant gegenüber linearen Transformationen ist, lässt sich obige Gleichung vom Erwartungswert $\overline{X}_t$ auf den gesamten Definitionsbereich des Free Cash Flow $\tilde{X}_t$ erweitern. Es gilt folgender Zusammenhang:

$$(5.7) \qquad \tilde{r}_{EK,t}^{u} = \frac{\tilde{X}_t}{EK_{t-1}^u - \dfrac{EK_t^u}{1+r_f}} - 1 .$$

423 Vgl. *Ballwieser* (1993), S. 158; *Hachmeister* (1998), S. 26; *Schwetzler* (2000), S. 474 f. Vgl. ebenso die Diskussion in Abschnitt 3.1.3.

Die Interpretation der Gleichung (5.7) ist analog zur Interpretation der Gleichung (4.5). Dementsprechend folgt analog zu (4.6):

$$\text{(5.8)} \quad \begin{aligned} \operatorname{cov}\left(\tilde{r}_{EK,t}^{u};\tilde{r}_{M}\right) &= \operatorname{cov}\left(\frac{\tilde{X}_t}{EK_{t-1}^{u} - \frac{EK_t^u}{1+r_f}} - 1;\tilde{r}_M\right) \\ &= \frac{1}{EK_{t-1}^{u} - \frac{EK_t^u}{1+r_f}} \cdot \operatorname{cov}\left(\tilde{X}_t;\tilde{r}_M\right) \end{aligned}.$$

Setzt man Gleichung (5.8) in (5.3) und diese in Gleichung (5.2) ein, ergibt sich:

$$\text{(5.9)} \quad EK_0^u = \sum_{t=1}^{n} \frac{\overline{X}_t}{\left(1+r_f\right)^{t-1} \cdot \left(1+r_f + \frac{\left(EK_{t-1}^{u} - \frac{EK_t^u}{1+r_f}\right)^{-1} \cdot \operatorname{cov}\left(\tilde{X}_t;\tilde{r}_M\right)}{\operatorname{var}\left(\tilde{r}_M\right)} \cdot \left[\overline{r}_M - r_f\right]\right)}.$$

Demnach hängt EK_0^u im Bewertungszeitpunkt $t = 0$ von dessen Wert in späteren Perioden ab. Das macht eine rekursive Wertermittlung notwendig. Periode n ist die letzte bewertungsrelevante Periode. Der Liquidationswert in $t = n$ ist annahmegemäß Null. Folglich gilt: $EK_n^u = 0$.

Betrachtet man nun Formel (5.7) für den Fall $t = n$, ergibt sich $\tilde{r}_{EK,n}^{u}$ aus folgender Beziehung:

$$\text{(5.10)} \quad \tilde{r}_{EK,n}^{u} = \frac{\tilde{X}_n}{EK_{n-1}^{u}} - 1.$$

Somit gilt im Zeitpunkt $t = n-1$ für den Wert des Eigenkapitals EK_{n-1}^{u}:

$$(5.11)\qquad EK_{n-1}^{u}=\frac{\overline{X}_{n}}{1+r_{f}+\frac{\frac{1}{EK_{n-1}^{u}}\cdot\operatorname{cov}\left(\tilde{X}_{n};\tilde{r}_{M}\right)}{\operatorname{var}\left(\tilde{r}_{M}\right)}\cdot\left[\overline{r}_{M}-r_{f}\right]}.$$

Umformen ergibt:

$$(5.12)\qquad EK_{n-1}^{u}=\frac{\overline{X}_{n}-\frac{\operatorname{cov}\left(\tilde{X}_{n};\tilde{r}_{M}\right)}{\operatorname{var}\left(\tilde{r}_{M}\right)}\cdot\left[\overline{r}_{M}-r_{f}\right]}{\left(1+r_{f}\right)}.$$

Im nächsten Schritt wird die Periode $n-1$ betrachtet. EK_{n-2}^{u} ergibt sich im Zeitpunkt $t=n-2$ – unter Beachtung der stochastischen Unabhängigkeit der Free Cash Flows – gemäß folgendem Zusammenhang:

$$(5.13)\qquad EK_{n-2}^{u}=\frac{\overline{X}_{n-1}}{1+\overline{r}_{EK,n-1}^{u}}+\frac{EK_{n-1}^{u}}{1+r_{f}}.$$

Der Erwartungswert der Rendite des Eigenkapitals des unverschuldeten Unternehmens $\overline{r}_{EK,n-1}^{u}$ der Periode $n-1$ ergibt sich analog zu Gleichung (5.6) als:

$$(5.14)\qquad \overline{r}_{EK,n-1}^{u}=\frac{\overline{X}_{n-1}}{EK_{n-2}^{u}-\frac{EK_{n-1}^{u}}{1+r_{f}}}-1.$$

Setzt man Formel (5.14) in Formel (5.13) ein, folgt:

$$(5.15)\qquad EK_{n-2}^{u}=\frac{\overline{X}_{n-1}}{1+r_{f}+\frac{\left(EK_{n-2}^{u}-\frac{EK_{n-1}^{u}}{1+r_{f}}\right)^{-1}\cdot\operatorname{cov}\left(\tilde{X}_{n-1};\tilde{r}_{M}\right)}{\operatorname{var}\left(\tilde{r}_{M}\right)}\cdot\left[\overline{r}_{M}-r_{f}\right]}+\frac{EK_{n-1}^{u}}{1+r_{f}}.$$

Subtrahiert man auf beiden Seiten der Gleichung den Ausdruck $EK_{n-1}^{u} / (1+r_f)$ und multipliziert man die beiden Seiten der Gleichung mit dem Nenner des verbliebenen Terms auf der rechten Seite der Gleichung, erhält man folgende Gleichung:

$$\begin{aligned} & EK_{n-2}^{u} \cdot (1+r_f) + EK_{n-2}^{u} \cdot \frac{\left(EK_{n-2}^{u} - \frac{EK_{n-1}^{u}}{1+r_f} \right)^{-1} \cdot \operatorname{cov}(\tilde{X}_{n-1}; \tilde{r}_M)}{\operatorname{var}(\tilde{r}_M)} \cdot [\overline{r}_M - r_f] \\ (5.16) \quad & - \frac{EK_{n-1}^{u}}{1+r_f} \cdot (1+r_f) - \frac{EK_{n-1}^{u}}{1+r_f} \cdot \frac{\left(EK_{n-2}^{u} - \frac{EK_{n-1}^{u}}{1+r_f} \right)^{-1} \cdot \operatorname{cov}(\tilde{X}_{n-1}; \tilde{r}_M)}{\operatorname{var}(\tilde{r}_M)} \cdot [\overline{r}_M - r_f] \\ & = \overline{X}_{n-1}. \end{aligned}$$

Fasst man den ersten Term der ersten Zeile mit dem ersten Term der zweiten Zeile sowie den zweiten Term der ersten Zeile mit dem zweiten Term der zweiten Zeile zusammen, ergibt sich folgender Zusammenhang:

$$(5.17) \quad \left(EK_{n-2}^{u} - \frac{EK_{n-1}^{u}}{1+r_f} \right) \cdot (1+r_f) + \frac{\operatorname{cov}(\tilde{X}_{n-1}; \tilde{r}_M)}{\operatorname{var}(\tilde{r}_M)} \cdot [\overline{r}_M - r_f] = \overline{X}_{n-1}.$$

Ausmultiplizieren des zweiten Summanden auf der linken Seite der Gleichung und Umformen ergibt folgende – zirkularitätsfreie – Bewertungsgleichung für den Wert des Eigenkapitals des unverschuldeten Unternehmens im Zeitpunkt $t = n-2$:

$$(5.18) \quad EK_{n-2}^{u} = \frac{\overline{X}_{n-1} - \frac{\operatorname{cov}(\tilde{X}_{n-1}; \tilde{r}_M)}{\operatorname{var}(\tilde{r}_M)} \cdot [\overline{r}_M - r_f]}{1+r_f} + \frac{EK_{n-1}^{u}}{1+r_f}.$$

Für die Periode $n-2$ ergibt sich analog zur Periode $n-1$ die Rendite des Eigenkapitals des unverschuldeten Unternehmens $\tilde{r}^u_{EK,n-2}$ in Periode $n-2$ als:

$$\tilde{r}^u_{EK,n-2} = \frac{\tilde{X}_{n-2}}{EK^u_{n-3} - \dfrac{EK^u_{n-2}}{1+r_f}} - 1 \,. \tag{5.19}$$

Für den Wert des Eigenkapitals EK^u_{n-3} zum Zeitpunkt $t = n-3$ gilt dementsprechend:

$$EK^u_{n-3} = \frac{\overline{X}_{n-2}}{1 + r_f + \dfrac{\left(EK^u_{n-3} - \dfrac{EK^u_{n-2}}{1+r_f}\right)^{-1} \cdot \operatorname{cov}\left(\tilde{X}_{n-2}; \tilde{r}_M\right)}{\operatorname{var}\left(\tilde{r}_M\right)} \cdot \left[\overline{r}_M - r_f\right]} + \frac{EK^u_{n-2}}{1+r_f} . \tag{5.20}$$

Auflösen von (5.20) nach EK^u_{n-3} ergibt:

$$EK^u_{n-3} = \frac{\overline{X}_{n-2} - \dfrac{\operatorname{cov}\left(\tilde{X}_{n-2}; \tilde{r}_M\right)}{\operatorname{var}\left(\tilde{r}_M\right)} \cdot \left[\overline{r}_M - r_f\right]}{1+r_f} + \frac{EK^u_{n-2}}{1+r_f} . \tag{5.21}$$

Wird in Formel (5.21) der Ausdruck EK^u_{n-2} durch die rechte Seite der Gleichung (5.18) ersetzt, folgt daraus:

$$\begin{aligned} EK^u_{n-3} = & \frac{\overline{X}_{n-2} - \dfrac{\operatorname{cov}\left(\tilde{X}_{n-2}; \tilde{r}_M\right)}{\operatorname{var}\left(\tilde{r}_M\right)} \cdot \left[\overline{r}_M - r_f\right]}{\left(1+r_f\right)} \\ & + \frac{\overline{X}_{n-1} - \dfrac{\operatorname{cov}\left(\tilde{X}_{n-1}; \tilde{r}_M\right)}{\operatorname{var}\left(\tilde{r}_M\right)} \cdot \left[\overline{r}_M - r_f\right]}{\left(1+r_f\right)^2} + \frac{EK^u_{n-1}}{\left(1+r_f\right)^2} . \end{aligned} \tag{5.22}$$

Ersetzt man auch den Ausdruck EK^u_{n-1} in Formel (5.22) durch die rechte Seite der Gleichung (5.12), erhält man:

$$EK^u_{n-3} = \frac{\bar{X}_{n-2} - \frac{\operatorname{cov}\left(\tilde{X}_{n-2};\tilde{r}_M\right)}{\operatorname{var}\left(\tilde{r}_M\right)} \cdot \left[\bar{r}_M - r_f\right]}{\left(1+r_f\right)} + \frac{\bar{X}_{n-1} - \frac{\operatorname{cov}\left(\tilde{X}_{n-1};\tilde{r}_M\right)}{\operatorname{var}\left(\tilde{r}_M\right)} \cdot \left[\bar{r}_M - r_f\right]}{\left(1+r_f\right)^2}$$

(5.23)

$$+ \frac{\bar{X}_{n} - \frac{\operatorname{cov}\left(\tilde{X}_{n};\tilde{r}_M\right)}{\operatorname{var}\left(\tilde{r}_M\right)} \cdot \left[\bar{r}_M - r_f\right]}{\left(1+r_f\right)^3}.$$

Das rekursive Vorgehen lässt sich beliebig fortsetzen. Daher ergibt sich für den Wert des Eigenkapitals EK^u_t zu einem beliebigen Zeitpunkt t:

$$\text{(5.24)} \qquad EK^u_t = \sum_{t'=t+1}^{n} \frac{\bar{X}_{t'} - \frac{\operatorname{cov}\left(\tilde{X}_{t'};\tilde{r}_M\right)}{\operatorname{var}\left(\tilde{r}_M\right)} \cdot \left[\bar{r}_M - r_f\right]}{\left(1+r_f\right)^{t'-t}}.$$

Analog zu den Ausführungen in Abschnitt 4.3 unterscheiden sich die Verfahren und Formeln zur Ermittlung dieser endogenen Größen in Abhängigkeit davon, ob die Wahrscheinlichkeitsverteilungen diskret oder stetig sind. Da unter den getroffenen Annahmen das einperiodige CAPM wiederholt in den verschiedenen Perioden angewandt werden darf, ergibt sich im mehrperiodigen Bewertungskontext kein Unterschied zu der Ermittlung der modellendogenen Größen im einperiodigen Bewertungskontext. Folglich sind die in Abschnitt 4.3 entwickelten Formeln zur Ermittlung der endogenen Größen verwendbar.

Unterstellt man Dichtefunktionen über den Free Cash Flow $\tilde{X}_1$ und die Rendite des Marktportfolios $\tilde{r}_m$, lässt sich der Erwartungswert des Free Cash Flow $\bar{X}_1$ der Periode 1 mit Formel (4.9) berechnen. Der Erwartungswert der Rendite des Marktportfolios $\bar{r}_m$ wird mit Formel (4.10) und deren Varianz durch Formel (4.11) ermittelt. Unter Rückgriff auf die Formeln (4.13) und (4.14) zur Bestimmung der Standardabweichungen des Free Cash Flow und der Marktportfoliorendite ergibt sich – unter Annahme eines Korrelationskoeffizienten zwischen den beiden Größen – die Kovarianz des Free Cash Flow und der Rendite des Marktportfolios aus Formel (4.12).

Werden der Free Cash Flow $\tilde{X}_1$ und die Rendite des Marktportfolios $\tilde{r}_m$ als diskret verteilte Zufallsvariablen definiert, lässt sich der Erwartungswert des Free Cash Flow $\overline{X}_1$ der Periode 1 mit Gleichung (4.16) bestimmen. Die erwartete Rendite des Marktportfolios ergibt sich durch Formel (4.17), während deren Varianz durch die Beziehung (4.18) gekennzeichnet ist. Mit Formel (4.15) ist die Kovarianz des Free Cash Flow und der Rendite des Marktportfolios berechenbar.

Da der Free Cash Flow im vorliegenden Modell periodenspezifische Wahrscheinlichkeitsverteilungen besitzt, sind obige Formeln für alle Perioden zwischen 1 und n anzuwenden. Wurden auf diese Weise alle Eingangsgrößen der Bewertungsformel (5.2) für alle Perioden ermittelt, lässt sich der Wert des Eigenkapitals des unverschuldeten Unternehmens EK_t^u aus Sicht der Periode t bestimmen. Ist der Wert des Eigenkapitals des unverschuldeten Unternehmens EK_t^u bekannt, lassen sich die Eigenkapitalkosten des unverschuldeten Unternehmens $\overline{r}_{EK,t}^u$ der Periode t durch Gleichung (5.6) berechnen.

Der Betafaktor des Eigenkapitals des unverschuldeten Unternehmens $\beta_{EK,t}^u$ der Periode t ergibt sich aus folgendem Zusammenhang:

$$(5.25) \qquad \beta_{EK,t}^u = \frac{\left(EK_{t-1}^u - \dfrac{EK_t^u}{1+r_f}\right)^{-1} \cdot \operatorname{cov}\left(\tilde{X}_t; \tilde{r}_M\right)}{\operatorname{var}\left(\tilde{r}_M\right)}.$$

Alternativ lässt sich der Betafaktor $\beta_{EK,t}^u$ folgendermaßen bestimmen:

$$(5.26) \qquad \beta_{EK,t}^u = \frac{\overline{r}_{EK,t}^u - r_f}{\overline{r}_M - r_f}.$$

5.1.3.2 Wert der Steuervorteile

Steuervorteile aus der Wandelanleihenfinanzierung in der Periode t setzen einen positiven Fremdkapitalbestand R_t^{WA} voraus. Der Fremdkapitalbestand R_t^{WA} ist nur in solchen Perioden positiv, in denen die Wandelanleihe nicht gewandelt wird. Da bei einer Wandelanleihe europäischen Typs die Wandlung ausschließlich in Periode m möglich ist, ist der Fremdkapitalbestand in Höhe des Nominalbetrages der Anleihe R_{WA}^{nom} in den Perioden 1 bis $m-1$ sicher. Unter der Annahme eines deterministischen und intertemporal konstanten Steuersatzes s und Nominalzinssatzes der Wandelanleihe r_{WA}^{nom} ergibt sich in allen Perioden ein konstanter Steuervorteil aus der Wandelanleihenfinanzierung in Höhe von $s \cdot r_{WA}^{nom} \cdot R_{WA}^{nom}$. Diese Steuervorteile sind über alle Perioden hinweg mit dem risikolosen Zinssatz r_f auf den Bewertungszeitpunkt $t=0$ zu diskontieren.

Lediglich in Periode m ist die Höhe des Fremdkapitalbestands R_t^{WA} unsicher. Diese Unsicherheit folgt aus der Wandlungsunsicherheit, die aus dem aus Sicht des Bewertungszeitpunkts unsicheren Free Cash Flow der Periode m resultiert. Die periodenspezifischen Free Cash Flows sind voneinander stochastisch unabhängig. Daher gründet die Unsicherheit über die Höhe des Fremdkapitalbestands vollständig im Free Cash Flow der Periode m. Free Cash Flows vorgelagerter Perioden, in denen eine Wandlung der Anleihe nicht möglich ist, haben keinen Einfluss auf das Risiko des Fremdkapitalbestands R_m^{WA} der Periode m. Folglich wird der Erwartungswert des unsicheren Steuervorteils $\overline{R}_m^{WA}$ nur in der Periode m mit den risikoadjustierten Kapitalkosten des Steuervorteils r_m^{TS} diskontiert. In allen anderen Perioden 1 bis $m-1$ wird der Erwartungswert des unsicheren Steuervorteils $\overline{R}_m^{WA}$ mit dem risikolosen Zinssatz r_f diskontiert.

Der Wert der Steuervorteile TS_0^{WA} im Bewertungszeitpunkt $t=0$ lässt sich mittels folgender Formel berechnen:

$$(5.27) \qquad TS_0^{WA} = s \cdot r_{WA}^{nom} \cdot R_{WA}^{nom} \cdot \frac{\left(1+r_f\right)^{m-1}-1}{r_f \cdot \left(1+r_f\right)^{m-1}} + \frac{s \cdot r_{WA}^{nom} \cdot \overline{R}_m^{WA}}{\left(1+r_f\right)^{m-1} \cdot \left(1+\overline{r}_m^{TS}\right)}.$$

Der erste Summand beschreibt den Rentenbarwert des sicheren Steuervorteils $s \cdot r_{WA}^{nom} \cdot R_{WA}^{nom}$ der Perioden 1 bis $m-1$. Dessen Bestimmung ist unproblematisch. Problematischer ist der zweite Summand, der den Barwert des unsicheren Steuervorteils aus Sicht der Periode $m-1$ kennzeichnet. Da in den Perioden 1 bis $m-1$ keine Wandlung möglich ist, sind die periodischen Steuervorteile voneinander stochastisch unabhängig. Folglich ist der Erwartungswert des Fremdkapitalbestands $\overline{R}_m^{WA}$ der Periode m – multipliziert mit dem Steuersatz s und dem Nominalzinssatz der Wandelanleihe r_{WA}^{nom} – zu ermitteln. Der Fremdkapitalbestand $\tilde{R}_m^{WA}$ beträgt im Wandlungsfall Null und im Nichtwandlungsfall R_{WA}^{nom} Folglich ergibt sich in Periode m der Erwartungswert des Fremdkapitalbestands $\overline{R}_m^{WA}$ in Abhängigkeit von der Wandlungswahrscheinlichkeit p_m mittels folgender Gleichung:

$$\text{(5.28)} \qquad \overline{R}_m^{WA} = p_m \cdot 0 + (1-p_m) \cdot R_{WA}^{nom} = (1-p_m) \cdot R_{WA}^{nom}.$$

Die Ermittlung von p_m der Periode m entspricht grundsätzlich der Ermittlung der Wandlungswahrscheinlichkeit p_1 im einperiodigen Modell.[424] Ein Unterschied besteht jedoch darin, dass im mehrperiodigen Modell bei der Bestim mung des kritischen Free Cash Flow X_m^* im Wandlungsfall zusätzlich zum An= teil $a \cdot (1+a)^{-1}$ am realisierten Free Cash Flow X_m der Anteil $a \cdot (1+a)^{-1}$ am Anspruch des Eigenkapitals EK_m^u zu berücksichtigen ist. Eine Wandlung in Periode m verlangt nach Abschnitt 5.1.2:

$$\text{(5.1)} \qquad R_{WA}^{nom} \cdot \left(1 + r_{WA}^{nom}\right) < \frac{a}{1+a} \cdot \left(X_m + EK_m^u\right).$$

Daraus folgt:

$$\text{(5.29)} \qquad X_m > \frac{1+a}{a} \cdot R_{WA}^{nom} \cdot \left(1 + r_{WA}^{nom}\right) - EK_m^u.$$

---

424 Vgl. Abschnitt 4.3.2.

Der kritische Free Cash Flow X_m^* der Periode m ergibt sich folglich als:

(5.30) $$X_m^* = \frac{1+a}{a} \cdot R_{WA}^{nom} \cdot \left(1 + r_{WA}^{nom}\right) - EK_m^u .$$

Analog zu Abschnitt 4.3.2 ergibt sich die Wandlungswahrscheinlichkeit p_m im Fall eines stetig definierten Free Cash Flow als Fläche unter der Dichtefunktion zwischen dem kritischen Free Cash Flow X_m^* und der oberen Grenze der Dichtefunktion:

(5.31) $$p_m = \int_{X_m^*}^{X_m^{oG}} f\left(\tilde{X}_m\right) \mathrm{d}X_m .$$

Im Fall eines diskreten Free Cash Flow ergibt sich die Wandlungswahrscheinlichkeit aus der Summe der Eintrittswahrscheinlichkeiten der Free Cash Flows $w_{m,j}$ der Periode m, die über dem kritischen Free Cash Flow X_m^* liegen:

(5.32) $$p_m = \sum_{j=k_m^*}^{k} w_{m,j} .$$

Dabei bezeichnet k_m^* den gegenüber dem kritischen Free Cash Flow X_m^* nächstgrößeren, in Periode m realisierbaren Free Cash Flow X_{m,k^*}. Wird die Wandlungswahrscheinlichkeit p_m in die Formel (5.28) eingesetzt, gelangt man zum Erwartungswert der Höhe des Fremdkapitalbestands $\left(1-p_m\right) \cdot R_{WA}^{nom}$ in Periode m. Dieser ist in Periode m mit den Kapitalkosten $\overline{r}_m^{TS}$ des Steuervorteils zu diskontieren, um den sicherheitsäquivalenten Barwert der Steuervorteile im Zeitpunkt $t = m-1$ zu erhalten. Die Kapitalkosten des Steuervorteils des Steuervorteils $\overline{r}_m^{TS}$ der Periode m ergeben sich nach dem CAPM als:

(5.33) $$\overline{r}_m^{TS} = r_f + \frac{\operatorname{cov}\left(\tilde{r}_m^{TS}; \tilde{r}_M\right)}{\operatorname{var}\left(\tilde{r}_M\right)} \cdot \left[\overline{r}_M - r_f\right].$$

Setzt man Formel (5.33) in die Bewertungsgleichung des Steuervorteils (5.27) ein, ergibt sich – unter Berücksichtigung von (5.28) – folgende Beziehung:

(5.34)
$$TS_0^{WA} = s \cdot r_{WA}^{nom} \cdot R_{WA}^{nom} \cdot \frac{\left(1+r_f\right)^{m-1}-1}{r_f \cdot \left(1+r_f\right)^{m-1}} + \frac{s \cdot r_{WA}^{nom} \cdot \left(1-p_m\right) \cdot R_{WA}^{nom}}{\left(1+r_f\right)^{m-1} \cdot \left(1+r_f+\frac{\operatorname{cov}\left(\tilde{r}_m^{TS};\tilde{r}_M\right)}{\operatorname{var}\left(\tilde{r}_M\right)} \cdot \left[\overline{r}_M - r_f\right]\right)}.$$

Da die Wahrscheinlichkeitsverteilung der Rendite des Steuervorteils $\tilde{r}_m^{TS}$ der Periode m nicht bekannt ist, wird diese Rendite durch das Verhältnis des Steuervorteils $s \cdot r_{WA}^{nom} \cdot \tilde{R}_1^{WA}$ in Periode m und dessen Barwert aus Sicht der Vorperiode $m-1$ abzüglich des Betrags 1 substituiert:

(5.35)
$$\tilde{r}_m^{TS} = \frac{s \cdot r_{WA}^{nom} \cdot \tilde{R}_m^{WA}}{TS_{m-1}^{WA}} - 1.$$

Setzt man (5.35) in (5.34) ein, ergibt sich folgender Ausdruck:

(5.36)
$$\operatorname{cov}\left(\tilde{r}_m^{TS};\tilde{r}_M\right) = \operatorname{cov}\left(\frac{s \cdot r_{WA}^{nom} \cdot \tilde{R}_m^{WA}}{TS_{m-1}^{WA}} - 1; \tilde{r}_M\right) = \frac{s \cdot r_{WA}^{nom}}{TS_{m-1}^{WA}} \cdot \operatorname{cov}\left(\tilde{R}_m^{WA};\tilde{r}_M\right).$$

Der Barwert der künftigen Steuervorteile TS_0^{WA} ergibt sich als:

(5.37)
$$TS_0^{WA} = s \cdot r_{WA}^{nom} \cdot R_{WA}^{nom} \cdot \frac{\left(1+r_f\right)^{m-1}-1}{r_f \cdot \left(1+r_f\right)^{m-1}} + \frac{s \cdot r_{WA}^{nom} \cdot \left(1-p_m\right) \cdot R_{WA}^{nom}}{\left(1+r_f\right)^{m-1} \cdot \left(1+r_f+\frac{\frac{s \cdot r_{WA}^{nom}}{TS_{m-1}^{WA}} \cdot \operatorname{cov}\left(\tilde{R}_m^{WA};\tilde{r}_M\right)}{\operatorname{var}\left(\tilde{r}_M\right)} \cdot \left[\overline{r}_M - r_f\right]\right)}.$$

Da Formel (5.37) Kenntnis des Barwerts der Steuervorteile TS_{m-1}^{WA} aus Sicht des Zeitpunkts $t = m-1$ verlangt, hat die Ermittlung einer zirkularitätsfreien Bewertungsgleichung rekursiv zu erfolgen. Da nur der Steuervorteil der Periode $m-1$ unsicher ist, kann Gleichung (5.37) folgendermaßen dargestellt werden:

$$(5.38) \qquad TS_0^{WA} = s \cdot r_{WA}^{nom} \cdot R_{WA}^{nom} \cdot \frac{\left(1+r_f\right)^{m-1} - 1}{r_f \cdot \left(1+r_f\right)^{m-1}} + TS_{m-1}^{WA}.$$

Im Zeitpunkt $t = m-1$ errechnet sich der Barwert des Steuervorteils TS_{m-1}^{WA} aus folgender Beziehung:

$$(5.39) \qquad TS_{m-1}^{WA} = \frac{s \cdot r_{WA}^{nom} \cdot \left(1-p_m\right) \cdot R_{WA}^{nom}}{\left(1+r_f\right)^{m-1} \cdot \left(1 + r_f + \dfrac{\dfrac{s \cdot r_{WA}^{nom}}{TS_{m-1}^{WA}} \cdot \operatorname{cov}\left(\tilde{R}_m^{WA}; \tilde{r}_M\right)}{\operatorname{var}\left(\tilde{r}_M\right)} \cdot \left[\overline{r}_M - r_f\right]\right)}.$$

Löst man diese Beziehung nach TS_{m-1}^{WA} auf, erhält man:

$$(5.40) \qquad TS_{m-1}^{WA} = \frac{s \cdot r_{WA}^{nom} \cdot \left(1-p_m\right) \cdot R_{WA}^{nom} - \dfrac{s \cdot r_{WA}^{nom} \cdot \operatorname{cov}\left(\tilde{R}_m^{WA}; \tilde{r}_M\right)}{\operatorname{var}\left(\tilde{r}_M\right)} \cdot \left[\overline{r}_M - r_f\right]}{1+r_f}.$$

Setzt man dies in (5.38) ein, ergibt sich folgende Bewertungsformel für den Barwert der Steuervorteile im Bewertungszeitpunkt $t = 0$:

$$(5.41) \qquad \begin{aligned} TS_0^{WA} = {} & s \cdot r_{WA}^{nom} \cdot R_{WA}^{nom} \cdot \frac{\left(1+r_f\right)^{m-1} - 1}{r_f \cdot \left(1+r_f\right)^{m-1}} \\ & + \frac{s \cdot r_{WA}^{nom} \cdot \left(1-p_m\right) \cdot R_{WA}^{nom} - \dfrac{s \cdot r_{WA}^{nom} \cdot \operatorname{cov}\left(\tilde{R}_m^{WA}; \tilde{r}_M\right)}{\operatorname{var}\left(\tilde{r}_M\right)} \cdot \left[\overline{r}_M - r_f\right]}{\left(1+r_f\right)^m}. \end{aligned}$$

In obiger Bewertungsgleichung sind der risikolose Zinssatz r_f, der Steuersatz s, der Nominalzinssatz r_{WA}^{nom} sowie der Nominalbetrag R_{WA}^{nom} der Wandelanleihe exogen gegeben und deterministisch. Die Wandlungswahrscheinlichkeit p_m wurde in Formel (5.31) und (5.32) ermittelt.

Mithilfe des Barwerts der Steuervorteile TS_{m-1}^{WA} im Zeitpunkt $t=m-1$ sind die Kapitalkosten des Steuervorteils $\overline{r}_m^{TS}$ der Periode m berechenbar als:

(5.42) $$\overline{r}_m^{TS} = \frac{s \cdot r_{WA}^{nom} \cdot (1-p_m) \cdot R_{WA}^{nom}}{TS_{m-1}^{WA}} - 1.$$

Der Betafaktor der Kapitalkosten des Steuervorteils β_m^{TS} der Periode m ergibt sich gemäß (5.36) aus folgendem Zusammenhang:

(5.43) $$\beta_m^{TS} = \frac{\frac{s \cdot r_{WA}^{nom}}{TS_{m-1}^{WA}} \cdot \operatorname{cov}\left(\tilde{R}_m^{WA}; \tilde{r}_M\right)}{\operatorname{var}\left(\tilde{r}_M\right)}.$$

5.1.3.3 Wert der Wandelanleihe

Der Wert der Wandelanleihe WA_0 ergibt sich aus dem Barwert aller künftigen Zahlungen für den Inhaber der Wandelanleihe.[425] Da bei einer Wandelanleihe europäischen Typs die Wandlung nur in Periode m möglich ist, fließen dem Wandelanleiheinhaber in den Perioden 1 bis m mit Sicherheit die periodischen Zinszahlungen in Höhe von $r_{WA}^{nom} \cdot R_{WA}^{nom}$ zu. Diese sind mit dem risikolosen Zinssatz auf den Bewertungszeitpunkt $t=0$ zu diskontieren. Der Anspruch des Wandelanleiheinhaber $\widetilde{FTC}_m$ in Periode m ist infolge der Wandlungsunsicherheit stochastisch. Die Funktion des Anspruchs des Wandelanleiheinhabers in

425 Vgl. *Jennings* (1974), S. 38.

Abhängigkeit von der Free-Cash-Flow-Verteilung $\widetilde{FTC}_m\left(\tilde{X}_m\right)$ ergibt sich unter Rückgriff auf den kritischen Free Cash Flow X_1^* in Periode m als:

$$(5.44)\qquad \widetilde{FTC}_m\left(\tilde{X}_m\right)=\widetilde{FTC}_m=\begin{cases} R_{WA}^{nom}\cdot\left(1+r_{WA}^{nom}\right), & \text{falls gilt: } X_m \leq X_m^* \\ \dfrac{a}{1+a}\cdot\left(X_m+EK_m^u\right), & \text{falls gilt: } X_m > X_m^*. \end{cases}$$

Im oberen beziehungsweise unteren Ast der Fallunterscheidung wird der Nichtwandlungsfall beziehungsweise Wandlungsfall beschrieben. In Abgrenzung zum einperiodigen Fall partizipiert der Anleiheninhaber im Wandlungsfall nicht nur am in Periode m realisierten Free Cash Flow X_m, sondern auch an den Free Cash Flows der künftigen Periode $m+1$ bis n. Dieser Anspruch spiegelt sich in obiger Formel (5.44) im Term $a\cdot(1+a)^{-1}\cdot EK_m^u$ wider. Für den Eigenkapitalwert des unverschuldeten Unternehmens der Periode m EK_m^u gilt Formel (5.24).

Infolge der Unsicherheit ist in dieser Periode der Erwartungswert des Anspruchs des Wandelanleiheinhabers $\overline{FTC}_m$ zu bilden. Er ergibt sich aus der Summe des mit der Eintrittswahrscheinlichkeit gewichteten Anspruchs im Wandlungs- und im Nichtwandlungsfall:

$$(5.45)\qquad \overline{FTC}_m=p_m\cdot\frac{a}{1+a}\cdot\left(S\ddot{A}\left(\tilde{X}_m^W\right)+EK_m^u\right)+\left(1-p_m\right)\cdot R_{WA}^{nom}\cdot\left(1+r_{WA}^{nom}\right).$$

Die Wandlungswahrscheinlichkeit p_m bestimmt sich mittels Formel (5.31) beziehungsweise Formel (5.32). Der Ausdruck $S\ddot{A}\left(\tilde{X}_m^W\right)$ bezeichnet das Sicherheitsäquivalent der partiellen Wahrscheinlichkeitsfunktion des Free Cash Flow, die nur Free Cash Flows X_m enthält, deren Betrag höher ist als der Betrag des kritischen Free Cash Flow X_m^* der Periode m. Die zur Ermittlung des Sicherheitsäquivalents im einperiodigen Bewertungskontext formulierte Formel (4.39) lässt sich durch Ersetzen des Zeitindex 1 durch den Zeitindex t auf eine beliebige Periode t überführen.

Der Erwartungswert des Anspruchs des Wandelanleiheinhabers $\overline{FTC}_m$ ist mit den risikoadjustierten Kapitalkosten auf seinen Barwert WA_{m-1} zu diskontieren. Das Risiko des Anspruchs des Wandelanleiheinhabers $\widetilde{FTC}_m$ wird von der Wandlungsunsicherheit bestimmt. Die Wandlungsunsicherheit hängt – wie in Abschnitt 5.1.2 gezeigt – vom Free Cash Flow X_m der Periode m ab. Da dieser von den Free Cash Flows der Perioden 1 bis $m-1$ annahmegemäß stochastisch unabhängig ist, ist der sich im Zeitpunkt $t=m-1$ ergebende Barwert WA_{m-1} des Anspruchs des Wandelanleiheinhabers $\widetilde{FTC}_m$ aus Periode m in den Perioden 1 bis $m-1$ mit dem risikolosen Zinssatz auf den Bewertungszeitpunkt $t=0$ zu diskontieren. Zur Ermittlung der risikoadjustierten Kapitalkosten der Wandelanleihe $\overline{r}_m^{WA}$ wird das CAPM herangezogen. Analog zum Vorgehen in den vorangegangenen Abschnitten lässt sich die Kovarianz der Rendite der Wandelanleihe mit der Rendite des Marktportfolios bestimmen:

$$\text{(5.46)} \qquad \operatorname{cov}\left(\tilde{r}_m^{WA};r_M\right)=\operatorname{cov}\left(\frac{\widetilde{FTC}_m}{WA_{m-1}}-1;\tilde{r}_M\right)=\frac{1}{WA_{m-1}}\cdot\operatorname{cov}\left(\widetilde{FTC}_m;\tilde{r}_M\right).$$

Demnach ergeben sich die Kapitalkosten der Wandelanleihe $\overline{r}_m^{WA}$ als:

$$\text{(5.47)} \qquad \begin{aligned}\overline{r}_m^{WA}&=r_f+\frac{\operatorname{cov}\left(\tilde{r}_m^{WA};\tilde{r}_M\right)}{\operatorname{var}\left(\tilde{r}_M\right)}\cdot\left[\overline{r}_M-r_f\right]\\&=r_f+\frac{1}{WA_{m-1}}\cdot\frac{\operatorname{cov}\left(\widetilde{FTC}_m;\tilde{r}_M\right)}{\operatorname{var}\left(\tilde{r}_M\right)}\cdot\left[\overline{r}_M-r_f\right].\end{aligned}$$

Die Ableitung der Bewertungsformel für die Wandelanleihe erfordert wiederum ein rekursives Vorgehen. Der Wert der Wandelanleihe WA_{m-1} in $t=m-1$ ist:

$$\text{(5.48)} \qquad WA_{m-1}=\frac{\overline{F}TC_m}{1+r_f+\dfrac{1}{WA_{m-1}}\cdot\dfrac{\operatorname{cov}\left(\tilde{F}TC_m;\tilde{r}_M\right)}{\operatorname{var}\left(\tilde{r}_M\right)}\cdot\left[\overline{r}_M-r_f\right]}.$$

Auflösen der Gleichung nach dem Wert der Wandelanleihe WA_{m-1} im Zeitpunkt $t = m-1$ ergibt:

$$(5.49)\qquad WA_{m-1} = \frac{\overline{FTC}_m - \dfrac{\operatorname{cov}\left(\widetilde{FTC}_m;\tilde{r}_M\right)}{\operatorname{var}\left(\tilde{r}_M\right)}\cdot\left[\overline{r}_M - r_f\right]}{\left(1+r_f\right)}$$

mit

$$(5.45)\qquad \overline{FTC}_m = p_m \cdot \frac{a}{1+a}\cdot\left(S\ddot{A}\left(\tilde{X}_m^W\right)+EK_m^u\right)+\left(1-p_m\right)\cdot R_{WA}^{nom}\cdot\left(1+r_{WA}^{nom}\right).$$

Wiederum ergibt sich im mehrperiodigen Bewertungskontext kein Unterschied im Vergleich zur Ermittlung der modellendogenen Größen im einperiodigen Bewertungskontext. Folglich können die im Einperiodenfall entwickelten Formeln zur Ermittlung der endogenen Größen durch Ersetzen des Zeitindexes 1 durch den Zeitindex t in die Mehrperiodigkeit überführt werden.

Dementsprechend ergibt sich der Erwartungswert der Rendite des Marktportfolios $\overline{r}_m$ mittels Formel (4.10) beziehungsweise (4.17). Die Varianz der Rendite des Marktportfolios $\operatorname{var}\left(\tilde{r}_M\right)$ errechnet sich im stetigen Fall aus Formel (4.11) und im diskreten Fall aus Formel (4.18). Die Kovarianz zwischen dem Anspruch des Wandelanleiheinhabers in Periode m und der Rendite des Marktportfolios $\operatorname{cov}\left(\widetilde{FTC}_m;\tilde{r}_M\right)$ lässt sich im Fall stetiger Verteilungsfunktionen – wie in Abschnitt 4.3.2 begründet – nur numerisch mittels bestimmter Simulationsverfahren berechnen. Im Fall diskreter Zufallsvariablen bestimmt sie sich mittels Formel (4.52).

Die Bewertungsformel für den Wert der Wandelanleihe in Bewertungszeitpunkt $t = 0$ ergibt sich aus der Summe der Barwerte der sicheren und konstanten Zinszahlungen $r_{WA}^{nom}\cdot R_{WA}^{nom}$ der Perioden 1 bis $m-1$ zuzüglich des in Gleichung (5.49) errechneten und mit dem risikolosen Zinssatz auf den Bewertungszeitpunkt diskontierten Barwerts WA_{m-1} der unsicheren Ansprüche aus der Wandelanleihe im Zeitpunkt $t = m$:

(5.50) $$WA_0 = r_{WA}^{nom} \cdot R_{WA}^{nom} \cdot \frac{\left(1+r_f\right)^{m-1} - 1}{r_f \cdot \left(1+r_f\right)^{m-1}} + \frac{\overline{FTC}_m - \frac{\operatorname{cov}\left(\widetilde{FTC}_m; \tilde{r}_M\right)}{\operatorname{var}\left(\tilde{r}_M\right)} \cdot \left[\overline{r}_M - r_f\right]}{\left(1+r_f\right)^m}$$

mit

(5.45) $$\overline{FTC}_m = p_m \cdot \frac{a}{1+a} \cdot \left(SÄ\left(\tilde{X}_m^W\right) + EK_m^u\right) + \left(1-p_m\right) \cdot R_{WA}^{nom} \cdot \left(1+r_{WA}^{nom}\right).$$

Ist der Wert der Wandelanleihe WA_{m-1} bekannt, lassen sich die Kapitalkosten der Wandelanleihe $\overline{r}_m^{WA}$ der Periode m aus dem Verhältnis des Erwartungswerts des Anspruchs des Wandelanleiheinhabers in Periode m und dem Wert der Wandelanleihe WA_{m-1} der Periode $m-1$ abzüglich des Betrags von 1 bestimmen:

(5.51) $$\begin{aligned}\overline{r}_m^{WA} &= \frac{\overline{FTC}_m}{WA_{m-1}} - 1 \\ &= \frac{p_m \cdot \frac{a}{1+a} \cdot \left(SÄ\left(\tilde{X}_m^W\right) + EK_m^u\right) + \left(1-p_m\right) \cdot R_{WA}^{nom} \cdot \left(1+r_{WA}^{nom}\right)}{WA_{m-1}} - 1\end{aligned}.$$

Der Betafaktor der Wandelanleihe β_m^{WA} der Periode m ergibt sich gemäß (5.47) als:

(5.52) $$\beta_m^{WA} = \frac{1}{WA_{m-1}} \cdot \frac{\operatorname{cov}\left(\widetilde{FTC}_m; \tilde{r}_M\right)}{\operatorname{var}\left(\tilde{r}_M\right)}.$$

Alternativ lässt sich β_m^{WA} folgendermaßen bestimmen:

(5.53) $$\beta_m^{WA} = \frac{\overline{r}_m^{WA} - r_f}{\overline{r}_M - r_f}.$$

5.1.3.4 Unternehmenswert

Fasst man die Bewertungsgleichungen (5.24), (5.41) und (5.50) der Wertkomponenten EK_0^u, TS_0^{WA} und WA_0 zusammen, ergibt sich folgende Bewertungsgleichung für den Eigenkapitalwert des mit einer Wandelanleihe finanzierten Unternehmens EK_0^{WA} im n-periodigen Modell:

$$EK_0^{WA} = \sum_{t=1}^{n} \frac{\overline{X}_t - \frac{\operatorname{cov}\left(\tilde{X}_t;\tilde{r}_M\right)}{\operatorname{var}\left(\tilde{r}_M\right)} \cdot \left[\overline{r}_M - r_f\right]}{\left(1+r_f\right)^t}$$

$$+ s \cdot r_{WA}^{nom} \cdot R_{WA}^{nom} \cdot \frac{\left(1+r_f\right)^{m-1} - 1}{r_f \cdot \left(1+r_f\right)^{m-1}}$$

$$(5.54) \qquad + \frac{s \cdot r_{WA}^{nom} \cdot \left(1-p_m\right) \cdot R_{WA}^{nom} - \frac{s \cdot r_{WA}^{nom} \cdot \operatorname{cov}\left(\tilde{R}_m^{WA};\tilde{r}_M\right)}{\operatorname{var}\left(\tilde{r}_M\right)} \cdot \left[\overline{r}_M - r_f\right]}{\left(1+r_f\right)^m}$$

$$- r_{WA}^{nom} \cdot R_{WA}^{nom} \cdot \frac{\left(1+r_f\right)^{m-1} - 1}{r_f \cdot \left(1+r_f\right)^{m-1}} - \frac{\overline{FTC}_m - \frac{\operatorname{cov}\left(\widetilde{FTC}_m;\tilde{r}_M\right)}{\operatorname{var}\left(\tilde{r}_M\right)} \cdot \left[\overline{r}_M - r_f\right]}{\left(1+r_f\right)^m}$$

mit

$$(5.45) \qquad \overline{FTC}_m = p_m \cdot \frac{a}{1+a} \cdot \left(S\ddot{A}\left(\tilde{X}_m^W\right) + EK_m^u\right) + \left(1-p_m\right) \cdot R_{WA}^{nom} \cdot \left(1 + r_{WA}^{nom}\right).$$

Der erste Term auf der rechten Seite der Gleichung beschreibt den Beitrag der operativen Wertkomponente. Dieser ergibt sich aus der Summe der mit dem risikolosen Zinssatz diskontierten periodenspezifischen Sicherheitsäquivalente der unsicheren Free Cash Flows der Perioden 1 bis n. Der zweite Term auf der rechten Seite der Gleichung kennzeichnet den Barwert der sicheren Steuervorteile der Perioden 1 bis $m-1$. Der dritte Term bildet den Barwert des unsicheren Steuervorteils der Periode m ab. Dieser ergibt sich aus der risikolosen Diskontierung des um einen Risikoabschlag verminderten Erwartungswerts des Steuervorteils $s \cdot r_{WA}^{nom} \cdot (1-p_m) \cdot R_{WA}^{nom}$.

Der vierte Term auf der rechten Seite der Gleichung beschreibt den Barwert der sicheren Zinszahlungen $r_{WA}^{nom} \cdot R_{WA}^{nom}$ der Perioden 1 bis $m-1$. Der fünfte Term kennzeichnet den Barwert des unsicheren Anspruchs des Wandelanleiheinhabers in Periode m. Dieser Barwert ergibt sich aus der risikolosen Diskontierung des Erwartungswerts des Anspruchs an den Wandelanleiheinhaber und einem Risikoabschlag. Das Sicherheitsäquivalent der Zahlung an den Wandelanleiheinhaber ergibt sich aus dem mit p_m gewichteten Anspruch des Anleiheninhabers im Wandlungsfall und der mit der Wahrscheinlichkeit für eine Nichtwandlung $1-p_m$ gewichteten Zins- und Tilgungszahlung.

Setzt man Formel (5.45) in (5.54) ein und formt die sich ergebende Gleichung so um, dass auf der rechten Seite der Gleichung die Wertkomponenten der Perioden 1 bis $m-1$, m und $m+1$ bis n voneinander getrennt stehen, ergibt sich:

(5.55)

$$EK_0^{WA} = \sum_{t=1}^{m-1} \frac{\bar{X}_t - (1-s) \cdot r_{WA}^{nom} \cdot R_{WA}^{nom} - \dfrac{\operatorname{cov}(\tilde{X}_t;\tilde{r}_M)}{\operatorname{var}(\tilde{r}_M)} \cdot \left[\bar{r}_M - r_f\right]}{(1+r_f)^t} +$$

$$+ \frac{\left\{ \begin{array}{l} \bar{X}_m + (1-p_m) \cdot s \cdot r_{WA}^{nom} \cdot R_{WA}^{nom} \\ -\left((1-p_m) \cdot \left[r_{WA}^{nom} \cdot R_{WA}^{nom} + R_{WA}^{nom} \right] + p_m \cdot \dfrac{a}{1+a} \cdot \left(S\ddot{A}\left(\tilde{X}_m^W\right) + EK_m^u \right) \right) \\ -\left(\operatorname{cov}(\tilde{X}_m;\tilde{r}_M) + s \cdot r_{WA}^{nom} \cdot \operatorname{cov}(\tilde{R}_m^{WA};\tilde{r}_M) - \operatorname{cov}(\widetilde{FTC}_m;\tilde{r}_M) \right) \cdot \dfrac{\bar{r}_M - r_f}{\operatorname{var}(\tilde{r}_M)} \end{array} \right\}}{(1+r_f)^m}$$

$$+ \sum_{t=m+1}^{n} \frac{\bar{X}_t - \dfrac{\operatorname{cov}(\tilde{X}_t;\tilde{r}_M)}{\operatorname{var}(\tilde{r}_M)} \cdot \left[\bar{r}_M - r_f\right]}{(1+r_f)^t}.$$

Der Term in der ersten Zeile der rechten Seite der Gleichung beschreibt den Barwert der unsicheren Zahlungsströme $\widetilde{FTE}_t^{WA}$ der Periode $t=1$ bis $t=m-1$ an die Eigenkapitalgeber des mit einer Wandelanleihe finanzierten Unternehmens. Im Zähler des Bruchs steht das nach dem CAPM ermittelte Sicherheitsäquivalent des Flow to Equity $\overline{FTE}_t^{WA}$ der Periode t. Dieses setzt sich aus dem Erwartungswert des Flow to Equity $\overline{FTE}_t^{WA}$ der Periode t und einem Risikoabschlag RA_t^{FTE} zusammen, der das Risiko des Flow to Equity $\widetilde{FTE}_t^{WA}$ der Periode t berücksichtigt. Der Erwartungswert des Flow to Equity $\overline{FTE}_t^{WA}$ der Periode t ergibt sich aus der Summe des Erwartungswerts des Free Cash Flow $\overline{X}_t$ und der sicheren – um den Steuervorteil aus der Abzugsfähigkeit der Fremdkapitalzinsen von der Steuerbemessungsgrundlage korrigierten – Zinszahlung $(1-s)\cdot r_{WA}^{nom}\cdot R_{WA}^{nom}$. Für die Perioden $t=1,2,...,m-1$ gilt:

$$\overline{FTE}_t^{WA}=\overline{X}_t-(1-s)\cdot r_{WA}^{nom}\cdot R_{WA}^{nom}. \tag{5.56}$$

Da $(1-s)\cdot r_{WA}^{nom}\cdot R_{WA}^{nom}$ eine deterministische Größe ist, gilt für den Risikoabschlag RA_t^{FTE} der Perioden $t=1,2,...,m-1$:

$$\begin{aligned} RA_t^{FTE} &= \frac{\text{cov}\left(\widetilde{FTE}_t^{WA};\tilde{r}_M\right)}{\text{var}(\tilde{r}_M)}\cdot\left[\overline{r}_M-r_f\right] \\ &= \frac{\text{cov}\left(\tilde{X}_t-(1-s)\cdot r_{WA}^{nom}\cdot R_{WA}^{nom};\tilde{r}_M\right)}{\text{var}(\tilde{r}_M)}\cdot\left[\overline{r}_M-r_f\right] \\ &= \frac{\text{cov}\left(\tilde{X}_t;\tilde{r}_M\right)}{\text{var}(\tilde{r}_M)}\cdot\left[\overline{r}_M-r_f\right]. \end{aligned} \tag{5.57}$$

Die periodenspezifischen Sicherheitsäquivalente sind mittels des risikolosen Zinssatzes r_f auf den Bewertungszeitpunkt zu diskontieren und anschließend zu summieren, um zum Wertbeitrag der Perioden 1 bis $m-1$ zu gelangen.

Der Term in der zweiten Zeile der rechten Seite der Gleichung (5.55) beschreibt den Barwert des unsicheren Zahlungsstroms $\widetilde{FTE}_m^{WA}$ der Periode m an die Eigenkapitalgeber des mit einer Wandelanleihe finanzierten Unternehmens. Der Erwartungswert des Flow to Equity $\overline{FTE}_m^{WA}$ der Periode m ergibt sich aus dem Erwartungswert des Free Cash Flow $\overline{X}_t$ zuzüglich des Erwartungswerts des Steuervorteils $(1-p_m)\cdot s\cdot r_{WA}^{nom}\cdot R_{WA}^{nom}$ abzüglich des Erwartungswerts des Anspruchs des Wandelanleiheinhabers $(1-p_m)\cdot\left[r_{WA}^{nom}\cdot R_{WA}^{nom}+R_{WA}^{nom}\right]+p_m\cdot\frac{a}{1+a}\cdot\left(S\ddot{A}\left(\tilde{X}_m^W\right)+EK_m^u\right)$. Der Erwartungswert des Flow to Equity $\overline{FTE}_m^{WA}$ der Periode m bestimmt sich als:

$$\text{(5.58)}\quad \begin{aligned}\overline{FTE}_m^{WA} &= \overline{X}_m+(1-p_m)\cdot s\cdot r_{WA}^{nom}\cdot R_{WA}^{nom}\\ &-\left((1-p_m)\cdot\left[r_{WA}^{nom}\cdot R_{WA}^{nom}+R_{WA}^{nom}\right]+p_m\cdot\frac{a}{1+a}\cdot\left(S\ddot{A}\left(\tilde{X}_m^W\right)+EK_m^u\right)\right).\end{aligned}$$

Vom Erwartungswert des Flow to Equity $\overline{FTE}_m^{WA}$ ist der Risikoabschlag RA_m^{FTE} abzuziehen, um zum nach CAPM maßgeblichen Sicherheitsäquivalent des unsicheren Zahlungsstroms $\widetilde{FTE}_m^{WA}$ der Periode m zu gelangen. Der Risikoabschlag RA_m^{FTE} ist:

$$\text{(5.59)}\quad \begin{aligned}&RA_m^{FTE} =\\ &\left(\operatorname{cov}\left(\tilde{X}_m;\tilde{r}_M\right)+s\cdot r_{WA}^{nom}\cdot\operatorname{cov}\left(\tilde{R}_m^{WA};\tilde{r}_M\right)-\operatorname{cov}\left(\widetilde{FTC}_m;\tilde{r}_M\right)\right)\cdot\frac{\overline{r}_M-r_f}{\operatorname{var}\left(\tilde{r}_M\right)}.\end{aligned}$$

Zur Diskontierung des Sicherheitsäquivalents des unsicheren Zahlungsstroms $\widetilde{FTE}_m^{WA}$ der Periode m ist der risikolose Zinssatz r_f heranzuziehen.

Der Term in der dritten Zeile der rechten Seite der Gleichung (5.55) beschreibt den Barwert der unsicheren Zahlungsströme $\widetilde{FTE}_t^{WA}$ der Perioden $m+1$ bis n an die Eigenkapitalgeber des mit einer Wandelanleihe finanzierten Unternehmens. Der Zähler des Bruchs $\overline{X}_t - \operatorname{cov}\left(\tilde{X}_t;\tilde{r}_M\right)\cdot\left[\overline{r}_M - r_f\right]\cdot\left(\operatorname{var}\left(\tilde{r}_M\right)\right)^{-1}$ beschreibt das dem CAPM eigene Sicherheitsäquivalent des Free Cash Flow der Periode t.

Dessen Diskontierung erfolgt mittels des risikolose Zinssatzes r_f. In den Perioden $m+1$ bis n gilt folglich:

$$(5.60) \qquad \overline{FTE}_m^{WA} = \overline{X}_t$$

und

$$(5.61) \qquad RA_t^{FTE} = \frac{\operatorname{cov}\left(\tilde{X}_t;\tilde{r}_M\right)}{\operatorname{var}\left(\tilde{r}_M\right)}\cdot\left[\overline{r}_M - r_f\right].$$

Analog zu den Ausführungen in Abschnitt 4.3.4 lassen sich die periodenspezifischen Eigenkapitalkosten $r_{EK,t}^{WA}$ des mit einer Wandelanleihe finanzierten Unternehmens durch Gleichsetzen der Bewertungsgleichung des APV- und des FTE-Verfahrens für jede Periode t, in der die Wandelanleihe existiert, ermitteln.

So gilt in den Perioden 1 bis m gilt folgender Zusammenhang:

$$(5.62) \qquad \frac{\overline{FTE}_t^{WA}}{1+\overline{r}_{EK,t}^{WA}} = \frac{\overline{FTE}_t^{WA} - RA_t^{FTE}}{1+r_f}.$$

In den Perioden $m+1$ bis n entsprechen die Kapitalkosten den in Abschnitt 4.3.1 mittels Formel (4.19) bestimmten Eigenkapitalkosten des unverschuldeten Unternehmens.

Daher sind zur Ermittlung der periodenspezifischen Eigenkapitalkosten $\overline{r}_{EK,t}^{WA}$ des mit einer Wandelanleihe finanzierten Unternehmens nur die Perioden 1 bis m zu betrachten. Wie oben dargestellt, sind die Perioden 1 bis m-1 und die Periode m zu unterscheiden.

Der Flow to Equity $\overline{FTE}_t^{WA}$ der Periode t ergibt sich folgendermaßen:

$$(5.63)\qquad \overline{FTE}_t^{WA}=\begin{cases}\overline{X}_t-(1-s)\cdot r_{WA}^{nom}\cdot R_{WA}^{nom}, & \text{falls gilt: } t=1,2,...,m\text{-}1\\ \left\{\begin{aligned}&\overline{X}_t+(1-p_t)\cdot s\cdot r_{WA}^{nom}\cdot R_{WA}^{nom}\\ &-\left(\begin{aligned}&(1-p_t)\cdot\left[r_{WA}^{nom}\cdot R_{WA}^{nom}+R_{WA}^{nom}\right]\\ &+p_t\cdot\frac{a}{1+a}\cdot\left(S\ddot{A}\left(\tilde{X}_t^W\right)+EK_t^u\right)\end{aligned}\right)\end{aligned}\right\}, & \text{falls gilt: } t=m.\end{cases}$$

Analog dazu ergibt sich der Risikoabschlag RA_t^{FTE} der Periode t mittels folgenden Zusammenhangs:

$$(5.64)\qquad RA_t^{WA}=\begin{cases}\frac{\operatorname{cov}\left(\tilde{X}_{t'};\tilde{r}_M\right)}{\operatorname{var}\left(\tilde{r}_M\right)}\cdot\left[\overline{r}_M-r_f\right], & \text{falls gilt: } t=1,2,...,m\text{-}1\\ \left\{\left(\begin{aligned}&\operatorname{cov}\left(\tilde{X}_m;\tilde{r}_M\right)+\\ &+s\cdot r_{WA}^{nom}\cdot\operatorname{cov}\left(\tilde{R}_m^{WA};\tilde{r}_M\right)-\\ &-\operatorname{cov}\left(\widetilde{FTE}_t^{WA};\tilde{r}_M\right)\end{aligned}\right)\cdot\frac{\overline{r}_M-r_f}{\operatorname{var}\left(\tilde{r}_M\right)}\right\}, & \text{falls gilt: } t=m.\end{cases}$$

Es ist zu beachten, dass der Anspruch des Anleiheninhabers an den Free Cash Flows $p_t\cdot\frac{a}{1+a}\cdot EK_t^u$ unter Risikogesichtspunkten der Wandlungsperiode m zuzuordnen ist. Löst man (5.62) nach $\overline{r}_{EK,t}^{WA}$ auf, lässt sich $\overline{r}_{EK,t}^{WA}$ ermitteln:

$$(5.65)\qquad \overline{r}_{EK,t}^{WA}=\frac{\overline{FTE}_t^{WA}\cdot\left(1+r_f\right)}{\overline{FTE}_t^{WA}-RA_t^{FTE}}-1.$$

Der Betafaktor $\beta_{EK,t}^{WA}$ ergibt sich als:

$$(5.66)\qquad \beta_{EK,t}^{WA}=\frac{\overline{r}_{EK,t}^{WA}-r_f}{\overline{r}_m-r_f}\ .$$

5.1.4 Zahlenbeispiel

Zur Verdeutlichung des Bewertungsverfahrens für ein mit einer Wandelanleihe europäischen Typs finanziertes Unternehmen wird im Folgenden ein Zahlenbeispiel vorgestellt. Es umfasst einen vierperiodigen Zeitraum, das heißt die Liquidation des Unternehmens erfolgt am Ende der Periode $n=4$. In jeder Periode t mit $t \in (1;4)$ können fünf Umweltzustände j mit $j \in (1;5)$ eintreten. Die Eintrittswahrscheinlichkeiten dieser Umweltzustände w_j und die zustandsabhängige Rendite des Marktportfolios $r_{M,j}$ sind intertemporal konstant.

Folgende Tabelle fasst die Eintrittswahrscheinlichkeiten w_j der Umweltzustände j und die zustandsabhängigen Marktportfoliorenditen $r_{M,j}$ zusammen:

	$j=1$	$j=2$	$j=3$	$j=4$	$j=5$
w_j	0,1	0,2	0,4	0,2	0,1
$r_{M,j}$	0,02	0,06	0,12	0,18	0,24

Tab. 4: Verteilung der Marktportfoliorendite im mehrperiodigen Zahlenbeispiel (eigene Darstellung)

Die zeit- und zustandsabhängigen Free Cash Flows im Umweltzustand j der Periode t werden in folgender Tabelle wiedergegeben:

	$j=1$	$j=2$	$j=3$	$j=4$	$j=5$
w_j	0,1	0,2	0,4	0,2	0,1
$X_{1,j}$	150	160	175	190	195
$X_{2,j}$	32	33	36	39	40
$X_{3,j}$	93	95	100	123	125
$X_{4,j}$	62	65	84	86	88

Tab. 5: Verteilung der Free Cash Flows im mehrperiodigen Zahlenbeispiel (eigene Darstellung)

Der risikolose Zinssatz r_f beträgt in jeder Periode t 6%. Der Unternehmenssteuersatz s entspricht in jeder Periode t 30%. Die Wandelanleihe existiert bereits im Zeitpunkt $t=0$ und ist im Zeitpunkt $m=3$ fällig. Eine Wandlung der Anleihe ist nur in ihrem Fälligkeitszeitpunkt $m=3$ möglich. Der Nominalbetrag der Wandelanleihe R_{WA}^{nom} beträgt 30 und ihr Nominalzinssatz r_{WA}^{nom} entspricht 5%. Der Anteil a, den der Wandelanleiheinhaber im Zuge der Wandlung am Eigenkapital des Unternehmens erwirbt beträgt 20%. Folgende Tabelle fasst die Zahlenwerte zusammen:

Variable	Wert
n	4
m	3
r_f	0,06
s	0,3
R_{WA}^{nom}	30
r_{WA}^{nom}	0,05
a	0,2

Tab. 6: Annahmen des mehrperiodigen Zahlenbeispiels mit einer Wandelanleihe europäischen Typs (eigene Darstellung)

Wie in Abschnitt 4.4 ergeben sich der Erwartungswert und die Varianz der Rendite des Marktportfolios als 0,122 beziehungsweise als 0,0039.

Da die Ermittlung des Werts des Eigenkapitals des unverschuldeten Unternehmens EK_0^u rekursiv zu erfolgen hat, wird zuerst mit Gleichung (4.16) der Erwartungswert des Free Cash Flow der Periode 4 $\overline{X}_4$ bestimmt. Dieser ergibt sich als 78,8. Die Kovarianz $\text{cov}(\tilde{X}_4;\tilde{r}_M)$ zwischen dem Free Cash Flow der Periode 4 und der Rendite des Marktportfolios beträgt analog zu Gleichung (4.15) 0,5304. Setzt man die ermittelten Zahlenwerte für $\overline{X}_4$, $\text{cov}(\tilde{X}_4;\tilde{r}_M)$, $\overline{r}_m$ und $\text{var}(\tilde{r}_M)$ zusammen mit dem Wert für r_f in Gleichung (5.24) ein, ergibt sich als Wert des unverschuldeten Unternehmens EK_3^u aus Sicht des Zeitpunkts $t=3$

ein Betrag von 66,3357. Setzt man diesen Wert zusammen mit dem Wert für $\overline{X}_4$ in Gleichung (5.6) ein, ergeben sich die Eigenkapitalkosten des unverschuldeten Unternehmens $\overline{r}_{EK,4}^u$ als 0,1879. Der Betafaktor nach Gleichung (4.20) beträgt 2,0629.

Der Erwartungswert des Free Cash Flow $\overline{X}_3$ der Periode 3 ergibt sich gemäß Formel (4.16) in einer Höhe von 105,4. Die Kovarianz $\text{cov}(\tilde{X}_3;\tilde{r}_M)$ zwischen dem Free Cash Flow der Periode 3 und der Rendite des Marktportfolios ergibt sich analog zu (4.15) als 0,6952. Setzt man die Zahlenwerte in Formel (5.24) ein, ergibt sich der Wert des unverschuldeten Unternehmens EK_2^u aus Sicht des Zeitpunkts $t = 2$ in Höhe von 151,5239. Ist EK_2^u bekannt, betragen die Eigenkapitalkosten des unverschuldeten Unternehmens $\overline{r}_{EK,3}^u$ gemäß (5.6) 0,1334. Der Betafaktor $\beta_{EK,3}^u$ ergibt sich nach (5.25) als 2,1055.

Die Eigenkapitalwerte des unverschuldeten Unternehmens aus Sicht der Zeitpunkte $t = 0$ und $t = 1$ sowie die entsprechenden Kapitalkosten der Perioden 1 und 2 lassen sich mit dem gleichen Vorgehen bestimmen. Der Erwartungswert des Free Cash Flow $\overline{X}_2$ der Periode 2 beträgt gemäß Formel (4.16) 36. Die Kovarianz $\text{cov}(\tilde{X}_2;\tilde{r}_M)$ ergibt sich nach Gleichung (4.15) in Höhe von 0,1600. Der Wert des unverschuldeten Unternehmens EK_1^u aus Sicht des Zeitpunkts $t = 1$ lässt sich mit Gleichung (5.24) als 174,4949 berechnen. Die Kapitalkosten $\overline{r}_{EK,2}^u$ und der Betafaktor $\beta_{EK,2}^u$ der zweiten Periode betragen gemäß Gleichung (5.6) respektive (5.25) 0,0747 beziehungsweise 1,797.

Der Erwartungswert des Free Cash Flow $\overline{X}_1$ der Periode 1 bestimmt sich gemäß Formel (4.16) in einer Höhe von 174,5. Die Berechnung der Kovarianz $\text{cov}(\tilde{X}_1;\tilde{r}_M)$ ergibt bei einer zu (4.15) analogen Berechnung 0,851. Der Wert des unverschuldeten Unternehmens EK_0^u aus Sicht des Bewertungszeitpunkts $t = 0$ ergibt sich nach Gleichung (5.24) in Höhe von 316,3985. Die Kapitalkosten $\overline{r}_{EK,1}^{u}$ und der Betafaktor $\beta_{EK,1}^{u}$ der ersten Periode betragen gemäß Gleichung (5.6) respektive (5.25) 0,103 beziehungsweise 1,4465.

Der Barwert des Steuervorteils TS_0^{WA} ist ebenfalls rekursiv zu ermitteln. Ausgangspunkt ist die letzte Periode, in der die Wandelanleihe existiert. Im Beispiel ist im ersten Schritt X_3^* zu bestimmen. Dieser ergibt sich laut Formel (5.30) in einer Höhe von 122,6643. Da es nur zu einer Wandlung kommt, wenn der vierte oder fünfte Umweltzustand $UZ_{3,4}$ beziehungsweise $UZ_{3,5}$ eintritt, ergibt sich für k_1^* ein Wert von 4 und somit – gemäß Formel (5.32) – eine Wandlungswahrscheinlichkeit p_3 in Höhe von 0,3.

Mit Gleichung (5.28) ist der Erwartungswert des Fremdkapitalbestands bestimmbar. $\overline{R}_3^{WA}$ beträgt im vorliegenden Beispiel 21. Die Ermittlung des Barwerts des Steuervorteils TS_2^{WA} aus Sicht des Zeitpunkts $t = 2$ erfolgt mittels Gleichung (5.39). Hierzu muss zuerst die Kovarianz $\text{cov}\left(\tilde{R}_3^{WA};\tilde{r}_M\right)$ zwischen dem Fremdkapitalbestand der Periode 3 und der Rendite des Marktportfolios ermittelt werden. Die Kovarianz $\text{cov}\left(\tilde{R}_3^{WA};\tilde{r}_M\right)$ ergibt sich aus Gleichung (4.35) in einer Höhe von -0,702. Unter Kenntnis der Kovarianz $\text{cov}\left(\tilde{R}_3^{WA};\tilde{r}_M\right)$ ergibt sich der Barwert des Steuervorteils TS_2^{WA} im Zeitpunkt $t = 2$ gemäß Formel (5.39) als 0,4561. Die Kapitalkosten des Steuervorteils $\overline{r}_3^{TS}$ der Periode 3 bestimmen sich unter Verwendung von $\overline{R}_3^{WA}$ und TS_2^{WA} mittels des Zusammenhangs (5.42) in einer Höhe von -0,3093. Der Betafaktor lässt sich mittels Formel (5.43) berechnen und ergibt sich als -5,9568. Um zum Barwert der Steuervorteile TS_0^{WA} der Perioden 1 bis 3 im Bewertungszeitpunkt $t = 0$ zu gelangen, ist Formel (5.41) heranzuziehen. Es ergibt sich ein Wert von 1,2309 für TS_0^{WA}.

Der Wert der Wandelanleihe ist ebenfalls rekursiv – beginnend mit Periode 3, in der die Wandelanleihe fällig ist – zu bestimmen. Zunächst ist der Erwartungswert des Anspruchs des Wandelanleiheinhabers $\overline{FTC}_3$ am Ende von Periode 3 zu ermitteln. Wie aus Formel (5.45) ersichtlich, muss für die Berechnung von

$\overline{FTC}_3$ das Sicherheitsäquivalent $SÄ\left(\tilde{X}_3^W\right)$ der Free Cash Flows der Periode 3, die zu einer Wandlung der Anleihe führen, bekannt sein. Das Sicherheitsäquivalent $SÄ\left(\tilde{X}_3^W\right)$ setzt sich aus dem Erwartungswert $\overline{X}_3^W$ und einem Risikoabschlag zusammen. Da im vorliegenden Fall eine Wandlung nur erfolgt, wenn in Periode 3 der vierte oder fünfte Umweltzustand eintritt – k_3^* nimmt somit einen Wert von 4 an –, gelten für die bedingten Wahrscheinlichkeiten bei einer Wandlung in Periode 3 laut Formel (4.42) folgende Werte: $w_{3,4}^w=0,6667$ beziehungsweise $w_{3,5}^w=0,3333$. Die bedingten Eintrittswahrscheinlichkeiten der ersten drei Umweltzustände in der dritten Periode betragen Null. Somit errechnet sich der Erwartungswert $\overline{X}_3^W$ in Gleichung (4.15) in einer Höhe von 123,6667.

Der Erwartungswert $\overline{r}_{M,3}^W$ und die Varianz $\text{var}\left(\tilde{r}_{M,3}^W\right)$ betragen somit nach Formel (4.45) und (4.46) 0,2 und 0,0008. Der Wert der Kovarianz $\text{cov}\left(\tilde{X}_3^W;\tilde{r}_{M,3}^W\right)$ ergibt sich analog zu Formel (4.15) als 0,0267. Durch Einsetzten in (4.39) ergibt sich $SÄ\left(\tilde{X}_3^W\right)$ als 119. $\overline{FTC}_3$ beträgt gemäß Formel (4.45) 31,3168. Die Kovarianz $\text{cov}\left(\widetilde{FTC}_3;\tilde{r}_M\right)$ ergibt sich analog zu Gleichung (4.52) als 0,0052. Mittels Formel (5.51) ergibt sich für WA_0 – unter Berücksichtigung des Barwerts der sicheren Zinszahlungen der Perioden 1 und 2 – ein Wert von 28,9739.

Die Kapitalkosten der Wandelanleihe der Periode 3 betragen unter Kenntnis der Werte von $\overline{FTC}_3$ und WA_2 – letzterer Wert lässt sich ebenfalls aus Formel (5.48) errechnen – analog zu Zusammenhang (5.51) 0,0628. Als Betafaktor der Wandelanleihe in Periode 3 ergibt sich aus Gleichung (5.52) respektive Gleichung (5.53) 0,0459. Die Zahlungsansprüche des Wandelanleiheinhabers der Perioden 1 und 2 sind sicher. Daher entsprechen die Kapitalkosten der Wandelanleihe dieser Perioden dem risikolosen Zinssatz. Die Betafaktoren der Wandelanleihe der Perioden 1 und 2 sind folglich Null.
Addiert man die aus den Formeln (5.24) und (5.38) bekannten Werte für EK_0^u und TS_0^{WA} und zieht man davon den aus Formel (5.50) bekannten Wert der Wandelanleihe WA_0 ab, erhält man den Wert für das Eigenkapital des mit einer

Wandelanleihe finanzierten Unternehmens EK_0^{WA}. Gemäß Formel (3.1) ergibt sich 288,6555. Aus den berechneten Größen lassen sich mittels Formel (5.56) die periodenspezifischen Erwartungswerte der Flows to Equity $\overline{FTE}_1^{WA}$, $\overline{FTE}_2^{WA}$ und $\overline{FTE}_3^{WA}$ des mit einer Wandelanleihe finanzierten Unternehmens berechnen. Es ergeben sich: $\overline{FTE}_1^{WA} = 173,45$, $\overline{FTE}_2^{WA} = 34,95$ und $\overline{FTE}_3^{WA} = 74,3982$.[426] Ebenfalls bestimmbar sind die periodenspezifischen Risikoabschläge des Flow to Equity RA_t^{FTE} des wandelanleihenfinanzierten Unternehmens. Aus Formel (5.57) ergeben sich für die Perioden 1 bis 3: $RA_1^{FTE} = 13,6125$, $RA_2^{FTE} = 2,5593$ und $RA_3^{FTE} = 10,868$. Setzt man diese Beträge in (5.65) ein, gelangt man zu folgenden Kapitalkosten: $r_{EK,1}^{WA} = 0,1503$, $r_{EK,2}^{WA} = 0,1438$ und $r_{EK,3}^{WA} = 0,2413$. Die dazugehörigen periodenspezifischen Betafaktoren ergeben sich gemäß Gleichung (5.66) folgendermaßen: $\beta_{EK,1}^{WA} = 1,456$, $\beta_{EK,2}^{WA} = 1,3509$ und $\beta_{EK,3}^{WA} = 2,9247$. Folgende Tabelle fasst die Werte zusammen:

Variable	Wert
EK_0^u	316,3985
$+TS_0^{WA}$	1,2309
$-WA_0$	28,9739
$=EK_0^{WA}$	288,6555
$\overline{r}_{EK,3}^u$	0,1334
$\overline{r}_3^{TS}$	-0,3093
$\overline{r}_3^{WA}$	0,0628
$r_{EK,3}^{WA}$	0,2413

Tab. 7: Ergebnisse des mehrperiodigen Zahlenbeispiels mit einer Wandelanleihe europäischen Typs (eigene Darstellung)

426 In Periode 4 ist das Unternehmen annahmegemäß rein eigenfinanziert. Daher entsprechen der Erwartungswert des Flow to Equity und der Risikoabschlag dieser Periode sowie die Kapitalkosten und der Betafaktor denjenigen Größen, die im Rahmen des Eigenkapitalwerts des unverschuldeten Unternehmens ermittelt wurden.

5.1.5 Würdigung

Auch im mehrperiodigen Bewertungskontext partizipiert der Wandelanleiheninhaber nicht an den periodenspezifischen Steuervorteilen aus der Wandelanleihenfinanzierung. Dies spiegelt sich im Wandlungskriterium gemäß Formel (5.1) wider, das nicht den Wert der periodischen Steuervorteile umfasst. Es ergibt sich somit auch im mehrperiodigen Kontext die in Abschnitt 4.5 beschriebene Sprungstelle in der Wertfunktion des Gesamtkapitals in Abhängigkeit vom Free Cash Flow. Ebenso findet sich auch im mehrperiodigen Modell der Diversifikationseffekt des Steuervorteils wieder. Im Zahlenbeispiel des Abschnitts (5.1.4) ergeben sich analog zum einperiodigen Beispiel ein negativer Betafaktor und negative Kapitalkosten.

Das Wandlungskriterium umfasst neben der Zins- und Tilgungszahlung und dem Free Cash Flow der Fälligkeitsperiode auch den Unternehmenswert im Zeitpunkt der Wandlung. Der Free Cash Flow der Fälligkeitsperiode X_m und der Unternehmenswert im Zeitpunkt der Wandlung EK_m^u unterscheiden sich hinsichtlich ihrer Risikostruktur. Im Zeitpunkt der Wandlungsentscheidung wurde X_m bereits realisiert und stellt somit eine deterministische Größe dar. Der Unternehmenswert EK_m^u ist aus Sicht des Wandlungszeitpunkts ebenfalls deterministisch, da er den sicherheitsäquivalenten Betrag der unsicheren, künftigen Zahlungen abbildet.[427]

Aus Sicht des Zeitpunktes $t = m-1$ ist der Free Cash Flow X_m unsicher, da er in Periode m eine zufällige Ausprägung der Wahrscheinlichkeitsverteilung $\tilde{X}_m$ annimmt. Der Wert des Unternehmenswert EK_m^u ist im Falle einer pfadunabhängigen Bewertung hingegen auch aus Sicht des Zeitpunktes $t = m-1$ deterministisch.[428] Daher ist der Free Cash Flow $\tilde{X}_m$ mit den risikoadjustierten Kapitalkosten zu diskontieren, während der Unternehmenswert EK_m^u mit dem risikolosen Zinssatz zu diskontieren ist. Die periodenspezifischen Wahrscheinlichkeits-

---

427 Vgl. *Hirshleifer* (1970), S. 249 f.

428 Vgl. *Hirshleifer* (1965), S. 509 f.; *Hirshleifer* (1970), S. 249 f.

verteilungen des Free Cash Flow sind voneinander stochastisch unabhängig.[429] Folglich ist EK_m^u auch aus Sicht des Bewertungszeitpunktes sicher, während $\tilde{X}_m$ in Periode m mit einem risikoadjustierten Zinssatz und in den Perioden 1 bis $m-1$ mit dem risikolosen Zinssatz zu diskontieren ist. Diese Risikoeigenschaft spiegelt sich in Gleichung (5.5) wider.

Die Bewertungsgleichungen für den Wert des Eigenkapitals des unverschuldeten Unternehmens wurden rekursiv abgeleitet.[430] Da die periodenspezifischen Free Cash Flow jedoch stochastisch voneinander unabhängig sind, kann die Bewertung mittels Formel (5.24) auch vorwärtsschreitend erfolgen.

Neben den in Abschnitt 4.5 genannten allgemeinen Schwächen des Modells finden sich auch spezifische Probleme des Modells, die sich durch den Übergang vom ein- zum mehrperiodigen Kalkül ergeben. So abstrahiert das voranstehende Bewertungsmodell von einer Anschlussfinanzierung. Wie in Abschnitt 3.2.3 gezeigt, lässt sich in den Perioden, in denen eine Ausschüttung möglich ist, die Unsicherheit über den periodischen Steuervorteil, die sich in Folge der unsicheren Wandlungsentscheidung ergibt, nicht durch Annahmen über die Finanzierungspolitik beseitigen. Für die Perioden, die der Wandlung oder der Tilgung der Anleihe zeitlich folgen, ist es hingegen möglich, Finanzierungsannahmen zu treffen.

Das vorliegende Bewertungsmodell unterstellt den Verzicht auf eine Anschlussfinanzierung. Diese Annahme vereinfacht die Bestimmung des Unternehmenswerts EK_m^u, ist jedoch – insbesondere im Falle einer Tilgung der Anleihe – restriktiv. Erweiterungen dieses Modells sollten daher realitätsgerechte Annahmen über die Anschlussfinanzierung beinhalten. Desweiteren wäre eine Ausgestaltung des Modells als Zwei- oder Drei-Phasenmodell bedenkenswert.[431]

429 Vgl. *Schwetzler* (2000), S. 174 f.; *Ballwieser* (2011), S. 81 f.
430 Vgl. Formeln (5.2) bis (5.18).
431 Vgl. *Schultze* (2003), S. 205-207; *Ballwieser* (2004), S. 55.

5.2 Wandelanleihe amerikanischen Typs

5.2.1 Prämissen

Die Prämissen des mehrperiodigen Bewertungsmodells eines Unternehmens mit einer Wandelanleihe europäischen Typs gelten bis auf den möglichen Wandlungszeitpunkt auch für das mehrperiodige Modell zur Bewertung eines Unternehmens mit einer Wandelanleihe amerikanischen Typs.

Nunmehr kann der Wandelanleiheinhaber die Anleihe zu mehreren Zeitpunkten in Eigenkapital des Unternehmens tauschen. Der erste mögliche Wandlungszeitpunkt ist das Ende der Periode v. Es gilt: $0 < v < m < n$. Die Wandlung ist annahmegemäß am Ende jeder Periode im Zeitraum zwischen Periode v und m möglich. In jedem potentiellen Wandlungszeitpunkt gilt die zeitliche Struktur der Wandlungsentscheidung und -durchführung, wie sie in Abbildung 2 dargestellt ist.

Die Wandlungsentscheidung trifft der Wandelanleiheinhaber anhand eines im folgenden Abschnitt zu entwickelnden Kriteriums. Wählt der Anleiheninhaber am Ende einer Periode die Wandlung, erwirbt er einen Anteil a am ursprünglichen Eigenkapital des Unternehmens. Dieser Anteil a wird bei Wandlung vom Unternehmen neu emittiert und vom Inhaber der Wandelanleihe im Austausch gegen den Anspruch auf die Zins- und Tilgungszahlung erworben. Die Wandelanleihe geht in diesem Fall unter. Eine Anschlussfinanzierung erfolgt nicht. Daher ist das Unternehmen in den folgenden Perioden bis zu seiner Liquidation am Ende von Periode n rein eigenfinanziert.

Bei Wandlungsverzicht in einer Periode t, die vor der Periode m liegt, erhält der Wandelanleiheinhaber in Periode t die sichere Zinszahlung $R_{WA}^{nom} \cdot r_{WA}^{nom}$. In der folgenden Periode steht ihm das Wandlungsrecht erneut zu. Verzichtet der Wandelanleiheinhaber auf die Wandlung in der Periode m, an deren Ende die Wandelanleihe fällig ist, erhält der Wandelanleiheinhaber in dieser Periode m die sichere Zins- und Tilgungszahlung $R_{WA}^{nom} \cdot \left(1 + r_{WA}^{nom}\right)$.

Die folgende Abbildung verdeutlicht die zeitliche Struktur einer Wandelanleihe amerikanischen Typs:

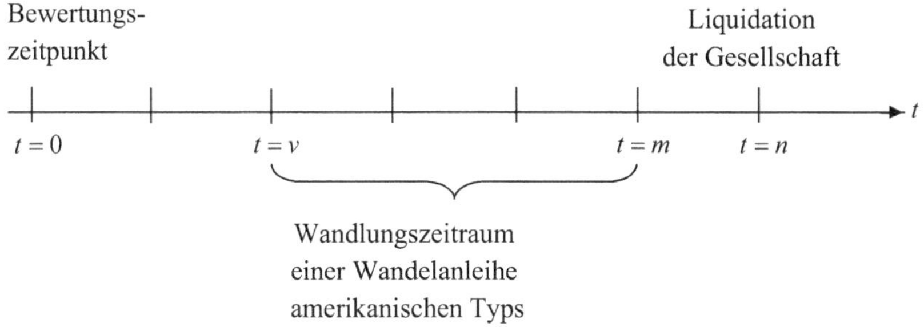

Abb. 10: Mögliche Wandlungszeitpunkte einer Wandelanleihe amerikanischen Typs (eigene Darstellung)

5.2.2 Wandlungskriterium

Ein Kriterium für die optimale Wandlungsentscheidung hat die Vorteilhaftigkeit der Wandlung in einer bestimmten Periode gegenüber aller verfügbaren Handlungsalternativen zu berücksichtigen. Diese bestehen in der Wandlung zu einem späteren Zeitpunkt oder der Forderung der Rückzahlung am Laufzeitende der Wandelanleihe. Der Wandelanleiheinhaber wird somit die Wandlung in einer Periode t wählen, wenn der Barwert seiner zukünftigen Ansprüche im Wandlungsfall größer ist als der Barwert der zukünftigen Ansprüche, wenn er auf die Wandlung in dieser Periode verzichtet.

Da der Barwert künftiger Ansprüche von den Wandlungsentscheidungen in zeitlich nachgelagerten Periode abhängt, hat die Ableitung des Wandlungskriteriums rekursiv zu erfolgen. In der Periode m, in der die Wandelanleihe fällig ist, wird der Wandelanleiheinhaber die Wandlung wählen, falls die Summe aus dem durch Wandlung erwerbbaren Anteil am Free Cash Flow der Periode m und dem erwerbbaren Eigenkapitalanteil des unverschuldeten Unternehmens größer ist als die Summe aus Zins- und Tilgungszahlung der Periode. Eine Wandlung in Periode m bedingt somit, dass folgende Ungleichung erfüllt ist:

$$(5.67) \qquad R_{WA}^{nom} \cdot \left(1 + r_{WA}^{nom}\right) < \frac{a}{1+a} \cdot \left(X_m + EK_m^u\right).$$

Der Wert des Eigenkapitals des unverschuldeten Unternehmens EK_m^u errechnet sich mittels Formel (5.24) aus der Diskontierung der Free Cash Flows der Perioden $m+1$ bis n. Der in der Periode m realisierte Free Cash Flow X_m ist im Zeitpunkt der Wandlungsentscheidung beobachtbar. Der Nominalbetrag R_{WA}^{nom}, der Nominalzinssatz r_{WA}^{nom} der Wandelanleihe sowie der Anteil a, den der Wandelanleiheinhaber im Wandlungsfall am ursprünglichen Eigenkapital des Unternehmens erwirbt, sind exogen gegeben.

In Periode $m-1$ ist eine Wandlung genau dann vorteilhaft, falls die Summe aus dem durch Wandlung erwerbbaren Anteil am Free Cash Flow X_{m-1} der Periode $m-1$ und dem erwerbbaren Anteil am Eigenkapital EK_{m-1}^u, dessen Wert sich aus der Diskontierung der Free Cash Flows der Perioden m bis n ergibt, größer ist als der Barwert der Zahlungen, auf die der Wandelanleiheinhaber im Wandlungsfall verzichtet. Zu den Zahlungen, auf die der Inhaber der Wandelanleihe bei Wandlung verzichtet, zählt die sichere Zinszahlung der Periode $m-1$ sowie der Barwert $WA_{m-1,nW}$ des Anspruchs, der dem Inhaber der Anleihe zum Zeitpunkt m zusteht, falls er auf eine Wandlung in Periode $m-1$ verzichtet und somit die Wandelanleihe auch in Periode m hält.

Das Wandlungskriterium ergibt sich in Periode $m-1$ folglich als:

$$(5.68) \qquad R_{WA}^{nom} \cdot r_{WA}^{nom} + WA_{m-1,nW} < \frac{a}{(1+a)} \cdot \left(X_{m-1} + EK_{m-1}^u \right).$$

Die Ermittlung des Barwerts $WA_{m-1,nW}$ ist problembehaftet. Da die Wandlungsentscheidung erst nach Realisierung und Beobachtung des periodenspezifischen Free Cash Flow getroffen wird, basiert die Wandlungsentscheidung auf einem sicherer Free Cash Flow X_m^W, der über dem kritischen Free Cash Flow X_m^* liegt. Aus Sicht der Periode $m-1$ ist dieser Free Cash Flow hingegen unsicher. Dementsprechend wird der Erwartungswert des Free Cash Flow $\overline{X}_m^W$ als Stellvertreter für die stochastische Free-Cash-Flow-Partition, die zu einer Wandlung führt, eingesetzt. Daher sind bei der Bestimmung des Barwerts künftiger Ansprüche nicht die Zahlungsströme, die sich infolge der erwarteten Wandlungsentscheidungen der nachfolgenden Zeitpunkte ergeben, zu berücksichtigen. Vielmehr gilt es, die erwarteten Zahlungsströme der nachfolgenden Periode zu berechnen und risikoadäquat zu diskontieren. Der Barwert $WA_{m-1,nW}$ der künftigen Ansprüche des Wandelanleiheinhabers ergibt sich in $t = m-1$ als:

$$(5.69) \qquad WA_{m-1,nW} = \frac{p_m \cdot \frac{a}{1+a} \cdot \left(SÄ\left(\tilde{X}_m^W\right) + EK_m^u\right) + \left(1-p_m\right) \cdot R_{WA}^{nom} \cdot \left(1+r_{WA}^{nom}\right)}{1+\overline{r}_m^{WA}}.$$

Im Zähler der Gleichung findet sich der Erwartungswert des Zahlungsstromes zum Wandelanleiheinhaber in Periode m für den Fall, dass in Periode $m-1$ nicht gewandelt wurde. Dieser Erwartungswert besteht aus zwei Summanden. Der erste Summand ist der mit der Wahrscheinlichkeit p_m für eine Wandlung in Periode m gewichtete Anspruch, der im Wandlungsfall dem Wandelanleiheinhaber zusteht. Der zweite Summand ist die mit der Wahrscheinlichkeit $1-p_m$ einer Nichtwandlung in Periode m gewichtete Zins- und Tilgungszahlung der Periode m. Die im Nenner der Gleichung verwandten Kapitalkosten r_m^{WA} spiegeln die mehrwertige Verteilung, die hinter dem Erwartungswert des Zahlungsstromes zum Wandelanleiheinhaber in Periode m steht, wider.

Die Ermittlung der Kapitalkosten der Wandelanleihe $\overline{r}_m^{WA}$ der Periode m erfolgt analog dem Vorgehen in Abschnitt 5.1.3.4. Für den Barwert $WA_{m-1,nW}$ der künftigen Ansprüche des Wandelanleiheinhabers ergibt sich somit aus Sicht des Zeitpunkts $t = m-1$ folgender Zusammenhang:

$$(5.70) \qquad WA_{m-1,nW} = \frac{\overline{FTC}_m - \frac{\operatorname{cov}\left(\widetilde{FTC}_m ; \tilde{r}_M\right)}{\operatorname{var}\left(\tilde{r}_M\right)} \cdot \left[\overline{r}_M - r_f\right]}{\left(1+r_f\right)}$$

mit:

$$(5.45) \qquad \overline{FTC}_m = p_m \cdot \frac{a}{1+a} \cdot \left(SÄ\left(\tilde{X}_m^W\right) + EK_m^u\right) + \left(1-p_m\right) \cdot R_{WA}^{nom} \cdot \left(1+r_{WA}^{nom}\right).$$

Die Größen $\overline{r}_M$, r_f, R_{WA}^{nom}, r_{WA}^{nom} und a sind exogen gegeben. Der Wert des Eigenkapitals des unverschuldeten Unternehmens EK_m^u errechnet sich mittels Formel (5.24) aus der Diskontierung der Free Cash Flows der Perioden $m+1$ bis n. Die Wandlungswahrscheinlichkeit p_m der Periode m lässt sich mittels Formel (5.31) und (5.32) ermitteln. Das Sicherheitsäquivalent der partiellen Wahrscheinlichkeitsverteilung $S\ddot{A}\left(\tilde{X}_m^W\right)$ der Free Cash Flows, die zu einer Wandlung führen, wird entsprechend Formel (4.39) errechnet.

Folglich ist der Barwert des Anspruchs des Wandelanleiheinhabers $WA_{m-1,nW}$ in Periode $m-1$ im Zustand, dem keine Wandlung vorausging, berechenbar. Allen anderen Zuständen der Periode $m-1$ ging hingegen eine Wandlung voraus. Daher nimmt der Barwert des Anspruchs des Wandelanleiheinhabers $WA_{m-1,W}$ in diesen Zuständen den Wert Null an. Dementsprechend sind alle Größen des Wandlungskriteriums in Gleichung (5.68) – mit Ausnahme des in Periode $m-1$ realisierten Free Cash Flow X_{m-1}, der erst am Ende der Periode $m-1$ beobachtet wird – aus Sicht des Zeitpunkts $t=m-2$ bekannt.

Die Ermittlung des Wandlungskriteriums der Periode $m-2$ erfolgt analog zu dem Vorgehen in Periode $m-1$. Eine Wandlung ist vorteilhaft, wenn die Summe aus dem durch Wandlung erwerbbaren Anteil am Free Cash Flow $a\cdot(1+a)^{-1}\cdot X_{m-2}$ der Periode $m-2$ und dem erwerbbaren Eigenkapitalanteil $a\cdot(1+a)^{-1}\cdot EK_{m-2}^u$ größer ist als der Barwert der erwarteten Zahlungen, auf die der Wandelanleiheinhaber bei Wandlung verzichtet. Zu den Zahlungen, auf die der Inhaber der Wandelanleihe bei Wandlung verzichtet, zählen die Zinszahlungen der Periode $m-2$ sowie der Barwert $WA_{m-2,nW}$ der Zahlungen in den Perioden $m-1$ und m.

Als Wandlungskriterium im Zeitpunkt $t=m-2$ ergibt sich als:

$$(5.71)\qquad \frac{a}{(1+a)}\cdot\left(X_{m-2}+EK_{m-2}^u\right)>R_{WA}^{nom}\cdot r_{WA}^{nom}+WA_{m-2,nW}.$$

Analog zu obigen Überlegungen ergibt sich aus Sicht des Zeitpunkts $t = m-2$ folgender Barwert $WA_{m-2,nW}$ der Ansprüche, die der Wandelanleiheinhaber in den Perioden $m-1$ und m im Fall einer Nichtwandlung in Periode $m-2$ besitzt:

$$(5.72) \qquad WA_{m-2,nW} = \frac{\begin{pmatrix} p_{m-1} \cdot \frac{a}{1+a} \cdot \left(SÄ\left(\tilde{X}^{W}_{m-1}\right) + EK^{u}_{m-1} \right) \\ + \left(1 - p_{m-1}\right) \cdot \left(R^{nom}_{WA} \cdot r^{nom}_{WA} + WA_{m-1,nW} \right) \end{pmatrix}}{1 + \overline{r}^{WA}_{m-1}}.$$

Der erste Summand im Zähler auf der rechten Seite der Gleichung (5.72) beschreibt den Anspruch des Wandelanleiheinhabers im Fall einer Wandlung in Periode $m-1$. Dieser Erwartungswert ist mit der Wahrscheinlichkeit p_{m-1} einer Wandlung in Periode $m-1$ zu multiplizieren.

Der zweite Summand kennzeichnet den sicheren Anspruch des Wandelanleiheinhabers im Fall einer Nichtwandlung in Periode $m-1$. Dieser Anspruch ergibt sich aus der sicheren Zinszahlung $R^{nom}_{WA} \cdot r^{nom}_{WA}$ der Periode $m-1$ und dem Barwert $WA_{m-1,nW}$ der künftigen Ansprüche des Wandelanleiheinhabers aus Sicht des Zeitpunkts $t = m-1$ für den Fall, dass in Periode $m-1$ auf eine Wandlung der Anleihe verzichtet wurde. Der aus Sicht des Zeitpunktes $t = m-1$ sichere Anspruch $R^{nom}_{WA} \cdot r^{nom}_{WA} + WA_{m-1,nW}$ ist mit der Wahrscheinlichkeit p_{m-1} einer Nichtwandlung in Periode $m-1$ zu multiplizieren.[432] Addiert man beide Summanden, erhält man den Erwartungswert des Anspruchs des Wandelanleiheinhabers in Periode $m-1$ für den Fall der Nichtwandlung der Anleihe in Periode $m-2$.

Zur Diskontierung des Erwartungswerts der Ansprüche werden die Kapitalkosten der Wandelanleihe $\overline{r}^{WA}_{m-1}$ der Periode $m-1$ herangezogen. Die Ermittlung der Kapitalkosten erfolgt analog dem Vorgehen der Formel (5.51). Für den Barwert $WA_{m-2,nW}$ der Ansprüche, die der Wandelanleiheinhaber in den Perioden $m-1$

---

432 Damit wird der in Abschnitt 4.3.3 beschriebenen Unsicherheitsstruktur Rechnung getragen.

und m im Fall einer Nichtwandlung in Periode $m-2$ besitzt, ergibt sich folgender Ausdruck:

$$(5.73)\qquad WA_{m-2,nW} = \frac{\overline{FTC}_{m-1} - \dfrac{\operatorname{cov}\left(\widetilde{FTC}_{m-1};\tilde{r}_M\right)}{\operatorname{var}\left(\tilde{r}_M\right)}\cdot\left[\overline{r}_M - r_f\right]}{\left(1+r_f\right)}$$

mit:

$$(5.74)\qquad \begin{aligned}\overline{FTC}_{m-1} &= p_{m-1}\cdot\frac{a}{1+a}\cdot\left(S\ddot{A}\left(\tilde{X}^{W}_{m-1}\right)+EK^{u}_{m-1}\right)\\ &\quad+\left(1-p_{m-1}\right)\cdot\left(R^{nom}_{WA}\cdot r^{nom}_{WA}+WA_{m-1,nW}\right).\end{aligned}$$

Der Wert des Eigenkapitals des unverschuldeten Unternehmens EK^{u}_{m} errechnet sich mittels Formel (5.24) aus der Diskontierung der Free Cash Flows der Perioden $m+1$ bis n.

Die Wandlungswahrscheinlichkeit p_{m-1} der Periode $m-1$ lässt sich analog zu Formel (5.31) und Formel (5.32) ermitteln. Das Sicherheitsäquivalent der partiellen Wahrscheinlichkeitsverteilung bestimmt sich analog zu Gleichung (4.39). Der Barwert des Anspruchs des Wandelanleiheinhabers $WA_{m-1,nW}$ in Periode $m-1$ im Zustand, dem keine Wandlung vorausging, ist mittels Gleichung (5.70) ermittelbar.

Folglich ist der Barwert des Anspruchs des Wandelanleiheinhabers $WA_{m-2,nW}$ in Periode $m-2$ im Zustand, dem keine Wandlung vorausging, berechenbar. Allen anderen Zuständen der Periode $m-2$ ging hingegen eine Wandlung voraus. Der Barwert des Anspruchs des Wandelanleiheinhabers $WA_{m-1,W}$ nimmt in diesen Zuständen den Wert Null an. Dementsprechend sind alle Größen des Wandlungskriteriums in Gleichung (5.69) mit Ausnahme des in Periode $m-2$ realisierten Free Cash Flow X_{m-2}, der erst am Ende der Periode $m-2$ beobachtet wird, aus Sicht des Zeitpunkts $t=m-3$ bekannt.

Obiges Vorgehen lässt sich fortführen, bis der erste mögliche Wandlungszeitpunkt $t = v$ erreicht ist.

Als Wandlungskriterium einer beliebigen Periode t mit $t \in (v;m)$ ergibt sich in allgemeiner Form:

$$\frac{a}{(1+a)} \cdot \left(X_t + EK_t^u\right) > R_{WA}^{nom} \cdot r_{WA}^{nom} + WA_{t,nW}. \tag{5.75}$$

Aus Formel (5.75) ergibt sich der kritische Free Cash Flow einer Periode t als:

$$X_t^* = \frac{(1+a)}{a} \cdot \left(R_{WA}^{nom} \cdot r_{WA}^{nom} + WA_{t,nW}\right) - EK_t^u. \tag{5.76}$$

Ist die Ungleichung (5.75) erfüllt, sollte der Wandelanleiheinhaber in Periode t die Wandlung wählen. Ist sie nicht erfüllt, sollte er in Periode t auf die Wandlung verzichten und in Periode $t+1$ erneut die Vorteilhaftigkeit einer Wandlung gegenüber einer Nichtwandlung mittels des Wandlungskriteriums – diesmal unter Rückgriff auf die Modellgrößen X_{t+1}, EK_{t+1}^u und $WA_{t+1,nW}$ – prüfen.

Der Barwert des Anspruchs des Wandelanleiheinhabers $WA_{t,nW}$ in einer Periode t im Zustand, dem keine Wandlung vorausging, ergibt sich als:

$$WA_{t,nW} = \frac{\overline{FTC}_{t+1} - \dfrac{\operatorname{cov}\left(\widetilde{FTC}_{t+1}; \tilde{r}_M\right)}{\operatorname{var}(\tilde{r}_M)} \cdot \left[\bar{r}_M - r_f\right]}{\left(1+r_f\right)} \tag{5.77}$$

mit:

$$\begin{aligned} \overline{FTC}_{t+1} = {} & p_{t+1} \cdot \frac{a}{1+a} \cdot \left(SÄ\left(\tilde{X}_{t+1}^W\right) + EK_{t+1}^u\right) \\ & + \left(1 - p_{t+1}\right) \cdot \left(R_{WA}^{nom} \cdot r_{WA}^{nom} + WA_{t+1,nW}\right) \end{aligned}. \tag{5.78}$$

5.2.3 Bewertungsgleichungen

5.2.3.1 Wert der leistungswirtschaftlichen Komponente

Die APV-Bewertungsgleichung zur Ermittlung des Eigenkapitalwerts EK_0^{WA} des mit einer Wandelanleihe amerikanischen Typs finanzierten Unternehmens im Zeitpunkt $t = 0$ ist in ihrer Struktur mit der Gleichung zur Bewertung eines mit einer Wandelanleihe europäischen Typs finanzierten Unternehmens identisch. Dementsprechend gilt:

$$(3.1) \qquad EK_0^{WA} = EK_0^u + TS_0^{WA} - WA_0 .$$

Der Wert des Eigenkapitals des unverschuldeten Unternehmens EK_0^u ist unabhängig von der Finanzierungsstruktur des Unternehmens. Daher kann die Ermittlung der leistungswirtschaftlichen Wertkomponente EK_0^u mittels der im Kontext einer Finanzierung mit einer Wandelanleihe europäischen Typs entwickelten Formel (5.24) vorgenommen werden. Die Formel (5.14) zur Ermittlung der Kapitalkosten des unverschuldeten Unternehmens gilt analog. Das gleiche gilt für die Formeln (5.25) und (5.26) zur Ermittlung des Betafaktors des unverschuldeten Unternehmens.

Im Gegensatz zur leistungswirtschaftlichen Wertkomponente EK_0^u sind der Barwert der Steuervorteile aus der Wandelanleihe TS_0^{WA} und der Wert der Wandelanleihe WA_0 von der Finanzierungsstruktur des Unternehmens abhängig. Infolge dessen ist eine unreflektierte Anwendung der im Abschnitt (5.1.3.2) beziehungsweise (5.1.3.3) entwickelten Formeln bei einer Finanzierung mit einer Wandelanleihe amerikanischen Typs nicht mehr möglich. Welche Besonderheiten sich hier ergeben, ist Gegenstand der folgenden Abschnitte.

5.2.3.2 Wert der Steuervorteile

Zinszahlungen und Steuervorteile aus der Verschuldung fallen nur in denjenigen Perioden an, in denen die Wandelanleihe existiert. Wird sie in einer Periode gewandelt oder getilgt, entfallen ab dann die Steuervorteile. Der Steuervorteil einer Periode t ist somit pfadabhängig. Folglich hängen die periodischen Verteilungen des Steuervorteils stochastisch voneinander ab. Als Konsequenz daraus hat die Bewertung der Steuervorteile rekursiv zu erfolgen.[433] Dies wird beispielhaft anhand eines vierperiodigen Binomialbaums verdeutlicht:

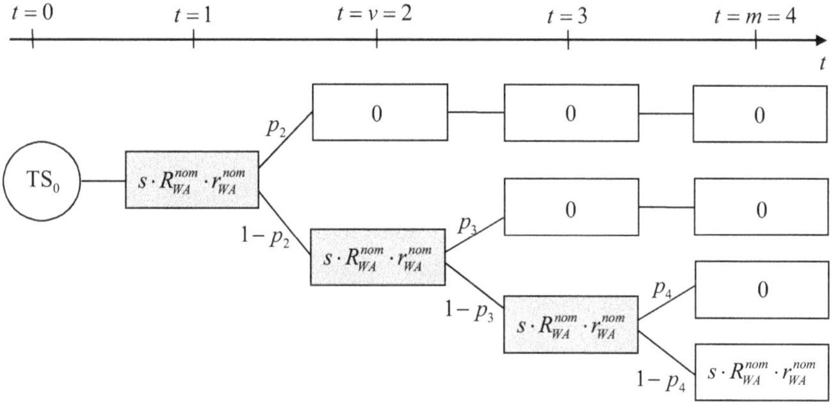

Abb. 11: Beispiel für Entwicklung der Ausprägungen des Steuervorteils (eigene Darstellung)

Die in den Kästchen abgebildeten Werte stellen die Wertbeiträge der pfadabhängigen Zeit-Zustandskombinationen dar. Der zu ermittelnde Barwert aller künftigen Steuervorteile aus der Wandelanleihe ist durch den Kreis in $t=0$ gekennzeichnet. Die Wandlung ist in den Zeitpunkten $t=2$, $t=3$ und $t=4$ zulässig und der Fälligkeitszeitpunkt m der Anleihe liegt in $t=4$. Die Wandlungswahrscheinlichkeiten p_t sind nur an den Stellen eingezeichnet, in denen unsicher ist, ob eine Wandlung erfolgt. Die grau hinterlegten Kästchen kennzeichnen die Zeit-Zustandskombinationen, aus deren Sicht die künftigen Steuervorteile unsicher sind. In den weißen Kästchen weisen die künftigen Steuervorteile einen sicheren Betrag von Null auf. Die Wandlung in einer Periode hängt von dem im vorhergehenden Abschnitt entwickelten Wandlungskriterium ab. Seine Erfüllung hängt wiederum von der Realisierung des Free Cash Flow der Periode ab.

Bei Wandlung existiert in der Wandlungsperiode und in allen folgenden Perioden kein Steuervorteil. Bei Nichtwandlung fällt in der betrachteten Periode der Steuervorteil $s \cdot r_{WA}^{nom} \cdot R_{WA}^{nom}$ an. Zudem existiert die Wandelanleihe noch mindes-

433 Vgl. *Schwetzler* (2000), S. 475-483; *Ballwieser* (2011), S. 72-76.

tens eine Periode, so dass in der nächsten Periode wiederum eine Wandlungsentscheidung nach dem Wandlungskriterium zu treffen ist. Voranstehende Argumentation gilt analog auch in dieser Periode und lässt sich bis zur Fälligkeitsperiode m fortsetzen.

Da die Steuervorteile in den Zeit-Zustandskombinationen pfadabhängig sind, hat die Ermittlung des Barwerts TS_0^{WA} aller künftigen Steuervorteile rekursiv zu erfolgen. Daher wird im ersten Schritt der Barwert des Steuervorteils zum Zeitpunkt $m-1$ für den Zustand ermittelt, dem noch keine Wandlung vorausging. Dieser Zustand ist in Abbildung 10 durch das graue Kästchen im Zeitpunkt $t = m-1 = 3$ gekennzeichnet. In allen anderen Zuständen dieses Zeitpunktes wurde die Wandelanleihe bereits in einer vorhergehenden Periode gewandelt. Der Steuervorteil nimmt in diesen Zuständen folglich den Wert Null an.

Im Zustand im Zeitpunkt $t = m-1$, dem noch keine Wandlung vorausging, ergibt sich der Barwert $TS_{m-1,nW}^{WA}$ der Steuervorteile der Periode m folgendermaßen:

(5.79) $$TS_{m-1,nW}^{WA} = \frac{\left(1-p_m\right) \cdot s \cdot r_{WA}^{nom} \cdot R_{WA}^{nom}}{1+\overline{r}_m^{TS}}.$$

Der Zähler der rechten Seite der Gleichung entspricht dem Erwartungswert des Steuervorteils aus der Wandelanleihenfinanzierung der Periode m und ergibt sich aus der Multiplikation des sicheren periodenkonstanten Steuervorteils mit der Wahrscheinlichkeit für eine Nichtwandlung in Periode m.

Die periodenspezifischen Kapitalkosten $\overline{r}_t^{TS}$ des Steuervorteils werden mittels des CAPM bestimmt. Aufgrund der Pfadabhängigkeit des Werts der periodischen Steuervorteile hat die Kapitalkostenermittlung rekursiv zu erfolgen. Daher wird zuerst Periode m betrachtet. Die Existenz eines Steuervorteils $s \cdot R_{WA}^{nom} \cdot r_{WA}^{nom}$ in diesem Zeitpunkt bedingt, dass in den Perioden v bis $m-1$ die Wandlung nicht erfolgte. Somit ist im Zeitpunkt $t = m-1$ nur derjenige Zustand relevant, in dem die Wandelanleihe noch existiert. In dieser Zeit-Zustandskombination ergibt sich der Barwert $TS_{m-1,nW}^{WA}$ der Steuervorteile der Periode m aus Sicht des Zeitpunkts $t = m-1$ gemäß Gleichung (5.80):

$$(5.80)\qquad TS_{m-1,nW}^{WA} = \frac{s \cdot r_{WA}^{nom} \cdot (1-p_m) \cdot R_{WA}^{nom} - \dfrac{s \cdot r_{WA}^{nom} \cdot \operatorname{cov}\left(\tilde{R}_m^{WA};\tilde{r}_M\right)}{\operatorname{var}(\tilde{r}_M)} \cdot \left[\overline{r}_M - r_f\right]}{1+r_f}.$$

Im nächsten Schritt ist der Barwert des Steuervorteils $TS_{m-2,nW}^{WA}$ der Periode $m-2$ im Zustand, dem noch keine Wandlung vorausging, zu berechnen. In allen anderen Zuständen dieses Zeitpunkts nimmt der Wert des periodischen Steuervorteils den Wert Null an. Der relevante Barwert $TS_{m-2,nW}^{WA}$ der Steuervorteile der Perioden $m-1$ und m ergibt sich folgendermaßen:

$$(5.81)\qquad TS_{m-2,nW}^{WA} = \frac{(1-p_{m-1}) \cdot \left[s \cdot R_{WA}^{nom} \cdot r_{WA}^{nom} + TS_{m-1,nW}^{WA}\right]}{1+\overline{r}_{m-1}^{TS}}.$$

Der Term in der eckigen Klammer auf der rechten Seite der Gleichung (5.81) ergibt sich aus dem sicheren Steuervorteil der Periode $m-1$ zuzüglich dem – aus Gleichung (5.80) bekannten – sicheren Barwert künftiger Steuervorteile aus Sicht des Zeitpunkts $t = m-1$. Dieses Vorgehen ist notwendig, da die Wandlungsentscheidung in der Periode $m-1$ nicht nur den Steuervorteil der betrachteten Periode, sondern auch die Verteilung des Steuervorteils der nächsten Periode beeinflusst. Da beide Komponenten nur dann einen positiven Wert annehmen, wenn in Periode $m-1$ keine Wandlung erfolgt, ist der gesamte Ausdruck in der eckigen Klammer mit der Wahrscheinlichkeit einer Nichtwandlung p_{m-1} in Periode $m-1$ zu multiplizieren. Da im Wandlungsfall der Steuervorteil der betrachteten Periode und die Steuervorteile aller künftigen Perioden Null betragen, entspricht der Zähler obiger Gleichung (5.81) dem Erwartungswert der Steuervorteile der Perioden $m-1$ und m aus Sicht der Periode $m-1$. Für $\overline{r}_{m-1}^{TS}$ gilt:

$$(5.82)\qquad \overline{r}_{m-1}^{TS} = r_f + \frac{\operatorname{cov}\left(\tilde{r}_{m-1}^{TS};\tilde{r}_M\right)}{\operatorname{var}(\tilde{r}_M)} \cdot \left[\overline{r}_M - r_f\right].$$

Da die Rendite des Steuervorteils $\tilde{r}_{m-1}^{TS}$ der Periode $m-1$ unbekannt ist, wird sie durch die rechte Seite der nachstehenden Gleichung ersetzt:

$$(5.83) \qquad \tilde{r}_{m-1}^{TS} = \frac{s \cdot r_{WA}^{nom} \cdot \tilde{R}_{WA}^{nom} + TS_{m-1}^{WA}}{TS_{m-2,nW}^{WA}} - 1$$

mit:

$$(5.80) \qquad TS_{m-1}^{WA} = \frac{\left(1-p_m\right) \cdot s \cdot R_{WA}^{nom} \cdot r_{WA}^{nom} - \frac{\operatorname{cov}\left(\widetilde{TS}_m^{WA}; \tilde{r}_M\right)}{\operatorname{var}\left(\tilde{r}_M\right)} \cdot \left[\overline{r}_M - r_f\right]}{1+r_f}.$$

Setzt man die Renditegleichung (5.83) in die CAPM-Gleichung (5.82) ein, ergeben sich die Kapitalkosten des Steuervorteils $\overline{r}_{m-1}^{TS}$ der Periode $m-1$ folgendermaßen:

$$(5.84) \qquad \overline{r}_{m-1}^{TS} = r_f + \frac{\operatorname{cov}\left(\frac{s \cdot r_{WA}^{nom} \cdot \tilde{R}_{WA}^{nom} + TS_{m-1}^{WA}}{TS_{m-2,nW}^{WA}} - 1; \tilde{r}_M\right)}{\operatorname{var}\left(\tilde{r}_M\right)} \cdot \left[\overline{r}_M - r_f\right].$$

Da die Kovarianz zweier Zufallsvariablen invariant gegenüber linearen Transformationen ist, lässt sich Gleichung (5.84) vereinfachen zu:

$$(5.85) \qquad \overline{r}_{m-1}^{TS} = r_f + \frac{1}{TS_{m-2,nW}^{WA}} \cdot \frac{s \cdot r_{WA}^{nom} \cdot \operatorname{cov}\left(\tilde{R}_{m-1}^{WA}; \tilde{r}_M\right)}{\operatorname{var}\left(\tilde{r}_M\right)} \cdot \left[\overline{r}_M - r_f\right].$$

Setzt man Gleichung (5.85) in Gleichung (5.81) ein, erhält man für den Barwert der künftigen Steuervorteile $TS_{m-2,nW}^{WA}$ im Zeitpunkt $t = m-2$ für den Zustand, dem keine Wandlung voraus ging:

$$(5.86) \qquad TS_{m-2,nW}^{WA} = \frac{\left(1-p_{m-1}\right) \cdot \left[s \cdot R_{WA}^{nom} \cdot r_{WA}^{nom} + TS_{m-1,nW}^{WA}\right]}{1 + r_f + \frac{1}{TS_{m-2,nW}^{WA}} \cdot \frac{s \cdot r_{WA}^{nom} \cdot \operatorname{cov}\left(\tilde{R}_{m-1}^{WA}; \tilde{r}_M\right)}{\operatorname{var}\left(\tilde{r}_M\right)} \cdot \left[\overline{r}_M - r_f\right]}.$$

Auflösen nach $TS_{m-2,nW}^{WA}$ ergibt die zirkularitätsfreie Bewertungsgleichung für den Barwert der künftigen Steuervorteile $TS_{m-2,nW}^{WA}$ im Zeitpunkt $t = m-2$ für den Zustand, dem keine Wandlung voraus ging:

$$(5.87) \qquad TS_{m-2,nW}^{WA} = \frac{\left(\begin{array}{l} (1-p_{m-1}) \cdot \left[s \cdot R_{WA}^{nom} \cdot r_{WA}^{nom} + TS_{m-1,nW}^{WA} \right] \\ - \dfrac{s \cdot r_{WA}^{nom} \cdot \text{cov}\left(\tilde{R}_{m-1}^{WA}; \tilde{r}_M \right)}{\text{var}(\tilde{r}_M)} \cdot \left[\overline{r}_M - r_f \right] \end{array} \right)}{1+r_f}$$

mit:

$$(5.80) \qquad TS_{m-1}^{WA} = \frac{(1-p_m) \cdot s \cdot R_{WA}^{nom} \cdot r_{WA}^{nom} - \dfrac{\text{cov}\left(TS_m^{WA}; \tilde{r}_M \right)}{\text{var}(\tilde{r}_M)} \cdot \left[\overline{r}_M - r_f \right]}{1+r_f}.$$

Durch ein analoges Vorgehen ergibt sich der Barwert der künftigen Steuervorteile $TS_{m-3,nW}^{WA}$ im Zeitpunkt $t = m-3$ für den Zustand, dem keine Wandlung voraus ging, als:

$$(5.88) \qquad TS_{m-3,nW}^{WA} = \frac{\left(\begin{array}{l} (1-p_{m-2}) \cdot \left[s \cdot R_{WA}^{nom} \cdot r_{WA}^{nom} + TS_{m-2,nW}^{WA} \right] \\ - \dfrac{s \cdot r_{WA}^{nom} \cdot \text{cov}\left(\tilde{R}_{m-2}^{WA}; \tilde{r}_M \right)}{\text{var}(\tilde{r}_M)} \cdot \left[\overline{r}_M - r_f \right] \end{array} \right)}{1+r_f}.$$

Obiges Vorgehen ist rückwärtsschreitend bis zur Periode v, in der die Wandlung zum ersten Mal zulässig ist, zu wiederholen. Der letzte auf diese Weise zu ermittelnde Barwert künftiger Steuervorteile $TS_{v-1,nW}^{WA}$ ist derjenige, der im Zeitpunkt $t = v-1$ liegt.

Der Barwert $TS_{t,nW}^{WA}$ der Steuervorteile einer beliebigen Periode t mit $t \in (v-1; m-1)$ für den Zustand, dem keine Wandlung voraus ging, ergibt sich dementsprechend als:

$$(5.89)\quad TS_{t,nW}^{WA} = \sum_{t'=t+1}^{m} \left[\begin{array}{l} \prod_{\psi=t+1}^{t'} (1-p_{\psi}) \cdot (1+r_f)^{-(t'-t)} \cdot s \cdot R_{WA}^{nom} \cdot r_{WA}^{nom} \\ -\prod_{\gamma=t+1}^{t'} (1-p_{\gamma-1}) \cdot (1+r_f)^{-(t'-t)} \cdot \frac{s \cdot r_{WA}^{nom} \cdot \text{cov}(\tilde{R}_{t'}^{WA}; \tilde{r}_M)}{\text{var}(\tilde{r}_M)} \cdot [\overline{r}_M - r_f] \end{array} \right].$$

Der Minuend in der eckigen Klammer auf der rechten Seite der Gleichung stellt den Barwert der mit dem risikolosen Zinssatz r_f auf den Bewertungszeitpunkt t diskontierten Erwartungswerte $\prod_{\psi=t+1}^{t'} (1-p_{\psi}) \cdot (1+r_f)^{-(t'-t)} \cdot s \cdot R_{WA}^{nom} \cdot r_{WA}^{nom}$ der Steuervorteile der Perioden t' mit $t' = t+1,\ t+2, ..., m$ dar. Die Erwartungswerte der Steuervorteile der einzelnen Perioden t' ergeben sich aus dem periodenkonstanten Steuervorteil $s \cdot R^{nom} \cdot r_{WA}^{nom}$, der sich im Falle einer nicht Wandlung in der Periode t' ergibt, multipliziert mit der kumulierten Wahrscheinlichkeit $\prod_{\psi=t+1}^{t'} (1-p_{\psi})$, dass in den Perioden $t+1$ bis einschließlich t' keine Wandlung erfolgt.

Der Subtrahend in der eckigen Klammer spiegelt den Barwert der periodenspezifischen Risikoabschläge der einzelnen Perioden $t+1$ bis m wider. Diese Risikoabschläge $s \cdot r_{WA}^{nom} \cdot \text{cov}(\tilde{R}_{t'}^{WA}; \tilde{r}_M) \cdot [\overline{r}_M - r_f] \cdot (\text{var}(\tilde{r}_M))^{-1}$ der Perioden t' werden mit der kumulierten Wahrscheinlichkeit $\prod_{\gamma=t+1}^{t'} (1-p_{\gamma-1})$ multipliziert, dass in keiner der Perioden $t+1$ bis t' eine Wandlung erfolgt. Bei der Ermittlung dieser kumulierten Wahrscheinlichkeit ist eine Besonderheit zu berücksichtigen. So ist der Risikozuschlag der Periode t' unabhängig von der Wandlungsentscheidung in dieser Periode. Daher sind nur die Wandlungswahrscheinlichkeiten der Perioden $t+1$ bis $t'-1$ im Kalkül zu erfassen.[434] Dies wird im Term $\prod_{\gamma=t+1}^{t'}\left(1-p_{\gamma-1}\right)$ durch den Zeitindex $\gamma-1$ berücksichtigt. Hierbei ist zu beachten, dass sich der Barwert $TS_{t,nW}^{WA}$ unter der Prämisse errechnet, dass in der Periode t keine Wandlung erfolgt.[435] Folglich nimmt die Wandlungswahrscheinlichkeit p_t einen Wert von Null an. Für die kumulierte Wahrscheinlichkeit $\prod_{\gamma=t+1}^{t'}\left(1-p_{\gamma-1}\right)$ bedeutet dies, dass für den ersten Faktor der Produktfunktion $\left(1-p_{\gamma-1}\right)=\left(1-p_t\right)=1$ gilt.

Da der erste mögliche Wandlungszeitpunkt am Ende von Periode v und der letzte mögliche Wandlungszeitpunkt am Ende von Periode m liegt, sind die Steuervorteile der Perioden v bis m unsicher. Der Barwert dieser unsicheren Steuervorteile ermittelt sich gemäß obiger Gleichung (5.89) aus Sicht des Zeitpunkts $t=v-1$ folgendermaßen:

(5.90)

$$TS_{v-1,nW}^{WA}=\sum_{t'=v}^{m}\left[\begin{array}{l}\prod_{\psi=v}^{t'}\left(1-p_{\psi}\right)\cdot\left(1+r_f\right)^{-(t'-v+1)}\cdot s\cdot R_{WA}^{nom}\cdot r_{WA}^{nom}\\ -\prod_{\gamma=v}^{t'}\left(1-p_{\gamma-1}\right)\cdot\left(1+r_f\right)^{-(t'-v+1)}\cdot\frac{s\cdot r_{WA}^{nom}\cdot\operatorname{cov}\left(\tilde{R}_{t'}^{WA};\tilde{r}_M\right)}{\operatorname{var}\left(\tilde{r}_M\right)}\cdot\left[\overline{r}_M-r_f\right]\end{array}\right].$$

Die Steuervorteile der Perioden 1 bis $v-1$ sind hingegen sicher. Diese berechnen sich durch den periodenkonstanten sicheren Steuervorteil $s\cdot r_{WA}^{nom}\cdot R_{WA}^{nom}$ multipliziert mit dem Barwertfaktor für den risikolosen Zinssatz r_f und der Laufzeit der Rente v.

Der Barwert der Steuervorteile TS_0^{WA} im Zeitpunkt $t=0$ ergibt sich aus der Summe des Barwerts der sicheren Steuervorteile der Perioden 1 bis $v-1$ und des Barwerts $TS_{v-1,nW}^{WA}$ der unsicheren Steuervorteile der Perioden v bis m. In

434 Vgl. hierzu die Formeln (5.80), (5.87) und (5.88).

435 Vgl. die Ausführungen zu Abbildung 11.

den Perioden nach der Fälligkeit der Wandelanleihe $m+1$ bis n existiert kein Steuervorteil mehr. Es gilt folgende Beziehung:

(5.91)

$$TS_0^{WA} = s \cdot r_{WA}^{nom} \cdot R_{WA}^{nom} \cdot \frac{\left(1+r_f\right)^v - 1}{r_f \cdot \left(1+r_f\right)^v}$$

$$+\sum_{t'=v}^{m} \left[\begin{array}{l} \prod_{\psi=v}^{t'} \left(1-p_\psi\right) \cdot \left(1+r_f\right)^{-(t'-v+1)} \cdot s \cdot R_{WA}^{nom} \cdot r_{WA}^{nom} \\ -\prod_{\gamma=v}^{t'} \left(1-p_{\gamma-1}\right) \cdot \left(1+r_f\right)^{-(t'-v+1)} \cdot \frac{s \cdot r_{WA}^{nom} \cdot \operatorname{cov}\left(\tilde{R}_{t'}^{WA}; \tilde{r}_M\right)}{\operatorname{var}\left(\tilde{r}_M\right)} \cdot \left[\overline{r}_M - r_f\right] \end{array} \right].$$

Zur Ermittlung der Kovarianz $\operatorname{cov}\left(\tilde{R}_t^{WA}; \tilde{r}_M\right)$ ist im stetigen Fall – aufgrund der in Abschnitt (4.3.2) genannten Gründe – eine numerische Lösung heranzuziehen. Im diskreten Fall lässt sich die Kovarianz $\operatorname{cov}\left(\tilde{R}_t^{WA}; \tilde{r}_M\right)$ analog zu Formel (4.35) berechnen. Für $\overline{r}_t^{TS}$ gilt im Definitionsbereich $t \in (1; m)$:

(5.92) $$\overline{r}_t^{TS} = \frac{s \cdot r_{WA}^{nom} \cdot \overline{R}_t^{WA} + TS_t^{WA}}{TS_{t-1}^{WA}} - 1.$$

Der Betafaktor der Kapitalkosten des Steuervorteils β_t^{TS} der Periode t ergibt sich unter Kenntnis von $\overline{r}_t^{TS}$ aus folgendem Zusammenhang:

(5.93) $$\beta_t^{TS} = \frac{\overline{r}_t^{TS} - r_f}{\overline{r}_M - r_f}.$$

Alternativ ist möglich:

(5.94) $$\beta_t^{TS} = \frac{\frac{s \cdot r_{WA}^{nom}}{TS_{t-1}^{WA}} \cdot \operatorname{cov}\left(\tilde{R}_t^{WA}; \tilde{r}_M\right)}{\operatorname{var}\left(\tilde{r}_M\right)}.$$

5.2.3.3 Wert der Wandelanleihe

Die Wertentwicklung der Wandelanleihe ist pfadabhängig. Dies verdeutlicht der folgende, beispielhafte Binomialbaum:

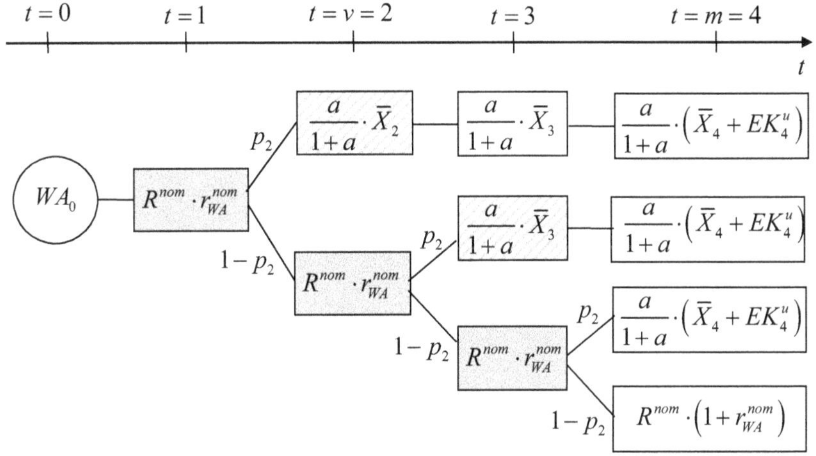

Abb. 12: Beispiel für Entwicklung der Ausprägungen des Steuervorteils (eigene Darstellung)

Aufgrund der Pfadabhängigkeit ist der Wert der Wandelanleihe rekursiv zu bestimmen.[436] In Periode m existiert die Wandelanleihe nur im Zustand, dem keine Wandlung vorausging. Im Fall der Wandlung in Periode m partizipiert der Wandelanleiheinhaber in Höhe des Anteils $a\cdot(1+a)^{-1}$ an den Free Cash Flows der Perioden m bis n.

Da die Wandlungsentscheidung in der Periode m unter Kenntnis des realisierten Free Cash Flow X_m getroffen wird, ist die Menge möglicher Free Cash Flows auf die Teilmenge $\tilde{X}_m^W$ zu reduzieren, die zu einer Wandlung führen. Die Free Cash Flows der Perioden $m+1$ bis n sind hingegen im Zeitpunkt der Wandlungsentscheidung unsicher.

436 Vgl. *Ballwieser* (2011), S. 74-76.

Daher ist der Barwert EK_t^u der Free Cash Flows der Perioden $m+1$ bis n unter Berücksichtigung der Free-Cash-Flow-Wahrscheinlichkeitsfunktionen der Perioden $m+1$ bis n zu berechnen. Dies gelingt mittels der aus Abschnitt 5.1.3.1 bekannten Gleichung (5.24):

$$(5.24)\qquad EK_t^u = \sum_{t'=t+1}^{n} \frac{\overline{X}_{t'} - \dfrac{\operatorname{cov}\left(\tilde{X}_{t'};\tilde{r}_M\right)}{\operatorname{var}\left(\tilde{r}_M\right)} \cdot \left[\overline{r}_M - r_f\right]}{\left(1+r_f\right)^{t'-t}}.$$

Im Fall der Nichtwandlung in Periode m erfolgt die sichere Zins- und Tilgungszahlung $R^{nom} \cdot \left(1+r_{WA}^{nom}\right)$. Der Wert der Wandelanleihe WA_{m-1} im Zeitpunkt $t=m-1$ ergibt sich somit aus folgender Formel:

$$(5.95)\qquad WA_{m-1} = \frac{\left(1-p_m\right) \cdot R_{WA}^{nom} \cdot \left(1+r_{WA}^{nom}\right) + p_m \cdot \dfrac{a}{1+a} \cdot \left(S\ddot{A}\left(\tilde{X}_m^W\right) + EK_m^u\right)}{1+\overline{r}_m^{WA}}.$$

Der Zähler der Gleichung (5.95) beschreibt den Erwartungswert des Anspruchs des Wandelanleiheinhabers am Ende von Periode m. Dieser Erwartungswert setzt sich aus dem Anspruchs des Wandelanleiheinhabers im Wandlungsfall $a \cdot (1+a)^{-1} \cdot \left(S\ddot{A}\left(\tilde{X}_m^W\right) + EK_m^u\right)$ – gewichtet mit der Wahrscheinlichkeit p_m für die Wandlung in Periode m – und dem Anspruch des Wandelanleiheinhabers im Nichtwandlungsfall $R_{WA}^{nom} \cdot \left(1+r_{WA}^{nom}\right)$ – gewichtet mit der Wahrscheinlichkeit $1-p_m$ für die Nichtwandlung in Periode m – zusammen.

Die im Nenner der Gleichung verwandten Kapitalkosten der Wandelanleihe $\overline{r}_m^{WA}$ spiegeln die mehrwertige Verteilung, die hinter dem Erwartungswert des Zahlungsstromes zum Wandelanleiheinhaber in Periode m steht, wider.

Die Berücksichtigung der Kapitalkosten der Wandelanleihe $\overline{r}_m^{WA}$ erfolgt analog dem Vorgehen in Abschnitt 5.1.3.3. Es ergibt sich folgende Bewertungsgleichung für den Wert der Wandelanleihe WA_{m-1} im Zeitpunkt $t=m-1$:

$$(5.96) \qquad WA_{m-1} = \frac{\overline{FTC}_m - \frac{\text{cov}\left(\widetilde{FTC}_m ; \tilde{r}_M\right)}{\text{var}\left(\tilde{r}_M\right)} \cdot \left[\overline{r}_M - r_f\right]}{\left(1 + r_f\right)}.$$

Hier gilt:

$$(5.45) \qquad \overline{FTC}_m = \left(1 - p_m\right) \cdot R_{WA}^{nom} \cdot \left(1 + r_{WA}^{nom}\right) + p_m \cdot \frac{a}{1+a} \cdot \left(SÄ\left(\tilde{X}_m^W\right) + EK_m^u\right).$$

In Periode $m-1$ existiert die Wandelanleihe ebenfalls nur im Zustand, dem keine Wandlung vorausging. Im Fall der Wandlung in Periode $m-1$ partizipiert der Wandelanleiheinhaber in Höhe des Anteils $a \cdot (1+a)^{-1}$ an den Free Cash Flows der Perioden $m-1$ bis n. Analog zu obiger Argumentation bestimmt sich der Erwartungswert des Anspruchs des Wandelanleiheinhabers im Fall einer Wandlung am Ende von Periode $m-1$ als $a \cdot (1+a)^{-1} \cdot \left(SÄ\left(\tilde{X}_m^W\right) + EK_{m-1}^u\right)$. $SÄ\left(\tilde{X}_m^W\right)$ ergibt sich als Sicherheitsäquivalent der partiellen Wahrscheinlichkeitsfunktion der Free Cash Flows, die zu einer Wandlung der Anleihe in Periode $m-1$ führen. EK_{m-1}^u bezeichnet den Barwert der Free Cash Flows der Perioden m bis n.

Bei Nichtwandlung in Periode $m-1$ ergibt sich der Anspruch des Wandelanleiheinhabers aus der Summe der Zinszahlung $R^{nom} \cdot r_{WA}^{nom}$ und des Werts der Wandelanleihe im Zeitpunkt $t = m-1$. Der Wert der Wandelanleihe WA_{m-2} berechnet sich im Zeitpunkt $t = m-2$ somit aus folgender Formel:

(5.97)

$$WA_{m-2} = \frac{\left(1 - p_{m-1}\right) \cdot \left(R_{WA}^{nom} \cdot r_{WA}^{nom} + WA_{m-1}\right) + p_{m-1} \cdot \frac{a}{1+a} \cdot \left(SÄ\left(\tilde{X}_{m-1}^W\right) + EK_{m-1}^u\right)}{1 + \overline{r}_{m-1}^{WA}}.$$

Der Zähler entspricht dem Erwartungswert des Anspruchs des Wandelanleiheinhabers am Ende von Periode $m-1$. Dieser Erwartungswert setzt sich aus dem Anspruch des Wandelanleiheinhabers im Wandlungsfall – gewichtet mit der Wahrscheinlichkeit p_{m-1} für die Wandlung in Periode $m-1$ – und dem Anspruch des Wandelanleiheinhabers im Nichtwandlungsfall – gewichtet mit der Wahrscheinlichkeit $1-p_{m-1}$ für die Nichtwandlung in Periode $m-1$ – zusammen. Zur Diskontierung des Erwartungswerts des Anspruchs des Wandelanleiheinhabers werden die Kapitalkosten der Wandelanleihe $\overline{r}_{m-1}^{WA}$ verwandt. Wird das Vorgehen des Abschnitts 5.2.2 analog angewandt, ergibt sich:

(5.98) $$WA_{m-2} = \frac{\overline{FTC}_{m-1} - \frac{\operatorname{cov}\left(\widetilde{FTC}_{m-1};\tilde{r}_M\right)}{\operatorname{var}\left(\tilde{r}_M\right)}\cdot\left[\overline{r}_M - r_f\right]}{\left(1+r_f\right)}.$$

Hier gilt:

(5.99)
$$\overline{FTC}_{m-1} = \left(1-p_{m-1}\right)\cdot\left(R_{WA}^{nom}\cdot r_{WA}^{nom} + WA_{m-1}\right) + p_{m-1}\cdot\frac{a}{1+a}\cdot\left(S\ddot{A}\left(\tilde{X}_{m-1}^{W}\right) + EK_{m-1}^{u}\right).$$

Das Vorgehen ist rückwärtsschreitend bis zur Periode v, in der die Wandlung zum ersten Mal zulässig ist, zu wiederholen. Der letzte auf diese Weise zu ermittelnde Wandelanleihenwert WA_{v-1} liegt in $t=v-1$. Für WA_t einer beliebigen Periode t mit $t\in\left(v-1;m-1\right)$ ergibt sich in den Zuständen, denen keine Wandlung vorausging:

(5.100) $$WA_t = \sum_{t'=t+1}^{m}\left(\prod_{\eta=t+1}^{t'}\left[\begin{array}{l}\left(1-p_{\eta-1}\right)\cdot p_{t'}\cdot\frac{a}{1+a}\cdot\left(S\ddot{A}\left(\tilde{X}_{t'}^{W}\right)+EK_{t'}^{u}\right)\\ +\left(1-p_{\eta}\right)\cdot R_{WA}^{nom}\cdot r_{WA}^{nom}\\ -\left(1-p_{\eta-1}\right)\cdot\frac{\operatorname{cov}\left(\widetilde{FTC}_{t'};\tilde{r}_M\right)}{\operatorname{var}\left(\tilde{r}_M\right)}\cdot\left[\overline{r}_M-r_f\right]\end{array}\right]\cdot\left(1+r_f\right)^{-(t'-t)}\right)$$
$$+\frac{\prod_{\eta=t+1}^{m}\left(1-p_{\eta}\right)\cdot R_{WA}^{nom}}{\left(1+r_f\right)^{m-t}}.$$

Der erste Term $\left(1-p_{\eta-1}\right)\cdot p_{t'}\cdot\frac{a}{1+a}\cdot\left(SÄ\left(\tilde{X}_{t'}^{W}\right)+EK_{t'}^{u}\right)$ in der eckigen Klammer auf der rechten Seite der Gleichung beschreibt den Erwartungswert des Anspruchs des Wandelanleiheinhabers der Perioden t' mit $t'=t+1,\ t+2,...,m$ im Wandlungsfall.[437] $SÄ\left(\tilde{X}_{t'}^{W}\right)$ kennzeichnet das Sicherheitsäquivalent der partiellen Wahrscheinlichkeitsfunktion der Free Cash Flows, die zu einer Wandlung in Periode t' führen. $EK_{t'}^{u}$ bezeichnet den Barwert in Periode t' der Free Cash Flows der Perioden $t'+1$ bis n. Der Anspruch im Wandlungsfall der Perioden t' $a\cdot(1+a)^{-1}\cdot\left(SÄ\left(\tilde{X}_{t'}^{W}\right)+EK_{t'}^{u}\right)$ wird mit der Wahrscheinlichkeit $\prod_{\eta=t+1}^{t'}\left(1-p_{\eta-1}\right)\cdot p_{t'}$, dass es in dieser Periode zu einer Wandlung kommt, multipliziert.

Der zweite Term $\left(1-p_{\eta+1}\right)\cdot R_{WA}^{nom}\cdot r_{WA}^{nom}$ in der eckigen Klammer beschreibt den Erwartungswert der Zinszahlung an den Wandelanleiheinhaber in der Periode t'. Er ergibt sich aus der Zinszahlung $R_{WA}^{nom}\cdot r_{WA}^{nom}$ der Periode t' multipliziert mit der kumulierten Wahrscheinlichkeit $\prod_{\eta=t+1}^{t'}\left(1-p_{\eta}\right)$, dass weder in Periode t' noch vorher eine Wandlung erfolgt.

Der dritte Term $\left(1-p_{\eta-1}\right)\cdot\operatorname{cov}\left(\widetilde{FTC}_{t'};\tilde{r}_M\right)\cdot\left[\overline{r}_M-r_f\right]\cdot\left(\operatorname{var}\left(\tilde{r}_M\right)\right)^{-1}$ gibt den periodenspezifischen Risikoabschlag der einzelnen Perioden $t+1$ bis m wieder. Dieser ergibt sich aus dem Risikoabschlag der einzelnen Periode $\operatorname{cov}\left(\widetilde{FTC}_{t'};\tilde{r}_M\right)\cdot\left[\overline{r}_M-r_f\right]\cdot\left(\operatorname{var}\left(\tilde{r}_M\right)\right)^{-1}$ multipliziert mit der kumulierten Wahrscheinlichkeit $\prod_{\eta=t+1}^{t'}\left(1-p_{\eta-1}\right)$, dass in keiner der vorangegangenen Perioden eine Wandlung erfolgte. Dass der Zeitindex $\eta-1$ statt – wie bei den Zinszahlungen – η beträgt, liegt darin begründet, dass der Risikozuschlag einer bestimmten Peri-

437 Die Ordnung der einzelnen Terme innerhalb der Formel folgt didaktischen Gesichtspunkten.

ode unabhängig von der Wandlungsentscheidung in der entsprechenden Periode ist.[438] Zudem beträgt analog zu den Ausführungen in Abschnitt 5.2.3.2 die Wandlungswahrscheinlichkeit in Periode t Null. In Formel (5.100) gilt: $\left(1-p_{\eta-1}\right)=\left(1-p_t\right)=1$.

Die periodenspezifischen Werte der drei Terme sind mit dem risikolosen Zinssatz r_f auf den Bewertungsstichtag t zu diskontieren. Zu dem sich daraus ergebenden Barwert ist noch der Barwert des Erwartungswerts der Tilgungszahlung in Periode m zu addieren. Dieser Barwert ergibt sich aus der risikolosen Diskontierung des Tilgungsbetrages R_{WA}^{nom}, gewichtet mit der kumulierten Wahrscheinlichkeit $\prod_{\eta=t+1}^{m}\left(1-p_\eta\right)$, dass es zur Tilgung kommt. Der entsprechende Risikoabschlag ist bereits im Risikoabschlag der Periode m im dritten Term der eckigen Klammer enthalten und darf daher nicht ein zweites Mal berücksichtigt werden. Da der erste mögliche Wandlungszeitpunkt am Ende von Periode v und der letzte mögliche Wandlungszeitpunkt am Ende von Periode m liegt, sind die Ansprüche des Wandelanleiheinhabers der Perioden v bis m unsicher.

Der Barwert dieser unsicheren Ansprüche ermittelt sich gemäß Gleichung (5.100) aus Sicht des Zeitpunkts $t=v-1$ folgendermaßen:

(5.101)
$$WA_{v-1}=\sum_{t'=v}^{m}\left(\prod_{\eta=v}^{t'}\left[\begin{array}{l}\left(1-p_{\eta-1}\right)\cdot p_{t'}\cdot\frac{a}{1+a}\cdot\left(S\ddot{A}\left(\tilde{X}_{t'}^{W}\right)+EK_{t'}^{u}\right)\\+\left(1-p_\eta\right)\cdot R_{WA}^{nom}\cdot r_{WA}^{nom}\\-\left(1-p_{\eta-1}\right)\cdot\frac{\operatorname{cov}\left(\widetilde{FTC}_{t'};\tilde{r}_M\right)}{\operatorname{var}\left(\tilde{r}_M\right)}\cdot\left[\overline{r}_M-r_f\right]\end{array}\right]\cdot\left(1+r_f\right)^{-(t'-v+1)}\right)$$
$$+\frac{\prod_{\eta=v}^{m}\left(1-p_\eta\right)\cdot R_{WA}^{nom}}{\left(1+r_f\right)^{m-v+1}}.$$

438 Vgl. hierzu die Formeln (5.96) und (5.98).

Da in den Perioden 1 bis $v-1$ eine Wandlung nicht möglich ist, sind die Zinszahlungen $r_{WA}^{nom} \cdot R_{WA}^{nom}$ in diesen Perioden sicher. Der Barwert dieser Zinszahlungen ergibt sich durch die Multiplikation von $r_{WA}^{nom} \cdot R_{WA}^{nom}$ mit dem Rentenbarwertfaktor für den risikolosen Zinssatz r_f und die Laufzeit der Rente v. Der Wert der Wandelanleihe WA_0 ergibt sich aus der Summe des Barwerts der Zinszahlungen der Perioden 1 bis $v-1$ und des Barwerts WA_{v-1} der unsicheren Ansprüche der Perioden v bis m. Letzterer beinhaltet auch anteilig die Free Cash Flows der Perioden $m+1$ bis n, an denen der Wandelanleiheinhaber im Wandlungsfall partizipiert. Es gilt folgende Beziehung:

$$
\begin{aligned}
WA_0 &= r_{WA}^{nom} \cdot R_{WA}^{nom} \cdot \frac{\left(1+r_f\right)^v - 1}{r_f \cdot \left(1+r_f\right)^v} \\
&+ \sum_{t'=v}^{m} \left(\prod_{\eta=v}^{t'} \left[\begin{array}{l} \left(1-p_{\eta-1}\right) \cdot p_{t'} \cdot \dfrac{a}{1+a} \cdot \left(S\ddot{A}\left(\tilde{X}_{t'}^{W}\right) + EK_{t'}^{u} \right) \\ + \left(1-p_{\eta}\right) \cdot R_{WA}^{nom} \cdot r_{WA}^{nom} \\ - \left(1-p_{\eta-1}\right) \cdot \dfrac{\operatorname{cov}\left(\widetilde{FTC}_{t'}; \tilde{r}_M\right)}{\operatorname{var}\left(\tilde{r}_M\right)} \cdot \left[\overline{r}_M - r_f\right] \end{array} \right] \cdot \left(1+r_f\right)^{-(t'-v+1)} \right) \\
&+ \frac{\prod_{\eta=v}^{m} \left(1-p_{\eta}\right) \cdot R_{WA}^{nom}}{\left(1+r_f\right)^{m-v+1}}.
\end{aligned}
\tag{5.102}
$$

Der Erwartungswert der Rendite des Marktportfolios $\overline{r}_M$, der risikolose Zinssatz r_f, der Anteil a am ursprünglichen Eigenkapital des Unternehmens, den der Wandelanleiheinhaber im Zuge der Wandlung erwirbt, sowie der Nominalbetrag R_{WA}^{nom} und der Nominalzinssatz r_{WA}^{nom} der Wandelanleihe sind exogen gegeben. Die Wandlungswahrscheinlichkeit p_t ergibt sich mittels Formel (5.31) beziehungsweise (5.32).

Wie in Abschnitt 4.3.2 diskutiert, ist die Kovarianz $\operatorname{cov}\left(\widetilde{FTC}_m;\tilde{r}_M\right)$ im Fall eines stetig verteilten Free Cash Flow $\tilde{X}_{t'}$ und einer stetig verteilten Rendite des Marktportfolios $\tilde{r}_M$ unter den gegebenen Prämissen nicht analytisch bestimmbar. Es muss in diesem Fall eine numerische Lösung im Rahmen eines Simulationsverfahrens zurückgegriffen werden. Sind der Free Cash Flow $\tilde{X}_m$ und die Rendite des Marktportfolios $\tilde{r}_m$ als diskret verteilte Zufallsvariablen definiert, lässt sich die Kovarianz analog zu Formel (4.35) berechnen.

Da alle Größen der Gleichungen (5.102) bekannt oder errechenbar sind, ist der Wert der Wandelanleihe WA_t in jedem beliebigen Zeitpunkt t berechenbar.

Unter Kenntnis des Erwartungswerts des Anspruchs des Wandelanleiheinhabers $\overline{FTC}_t = (1-p_t)\cdot\left(R_{WA}^{nom}\cdot r_{WA}^{nom}+WA_t\right)+p_t\cdot\frac{a}{1+a}\cdot\left(S\ddot{A}\left(\tilde{X}_t^W\right)+EK_t^u\right)$ im Zeitpunkt t und des Wandelanleihenwerts WA_{t-1} im Zeitpunkt $t-1$ lassen sich die Kapitalkosten der Wandelanleihe $\overline{r}_t^{WA}$ der Periode t aus folgender Beziehung bestimmen:

$$(5.103)\qquad \overline{r}_t^{WA} = \frac{p_t\cdot\frac{a}{1+a}\cdot\left(S\ddot{A}\left(\tilde{X}_t^W\right)+EK_t^u\right)+(1-p_t)\cdot\left(R_{WA}^{nom}\cdot r_{WA}^{nom}+WA_t\right)}{WA_{t-1}}-1.$$

Der Betafaktor der Wandelanleihe β_t^{WA} der Periode t ergibt sich wie folgt:

$$(5.104)\qquad \beta_t^{TS} = \frac{\overline{r}_t^{WA}-r_f}{\overline{r}_M-r_f}.$$

Alternativ ist folgende Ermittlung möglich:

$$(5.105)\qquad \beta_t^{TS} = \frac{\frac{1}{WA_{t-1}}\cdot\operatorname{cov}\left(\widetilde{FTC}_{t'};\tilde{r}_M\right)}{\operatorname{var}\left(\tilde{r}_M\right)}.$$

5.2.3.4 Unternehmenswert

Fasst man die Bewertungsgleichungen (5.24), (5.91) und (5.102)[439] der Wertkomponenten EK_0^{WA}, TS_0^{WA} und WA_0 im Sinne der Formel (3.1) zusammen, ergibt sich folgende Bewertungsgleichung für den Eigenkapitalwert des mit einer Wandelanleihe amerikanischen Typs finanzierten Unternehmens EK_0^{WA} im n-periodigen Modell:

(5.106)

$$
\begin{aligned}
EK_0^{WA} = & \sum_{t=1}^{n} \frac{\overline{X}_t - \frac{\operatorname{cov}(\tilde{X}_t;\tilde{r}_M)}{\operatorname{var}(\tilde{r}_M)} \cdot \left[\overline{r}_M - r_f\right]}{\left(1+r_f\right)^t} + s \cdot r_{WA}^{nom} \cdot R_{WA}^{nom} \cdot \frac{\left(1+r_f\right)^v - 1}{r_f \cdot \left(1+r_f\right)^v} \\
& + \sum_{t'=v}^{m} \left[\begin{array}{l} \prod_{\psi=v}^{t'} \left(1-p_\psi\right) \cdot \left(1+r_f\right)^{-(t'-v+1)} \cdot s \cdot R_{WA}^{nom} \cdot r_{WA}^{nom} \\ -\prod_{\gamma=v}^{t'} \left(1-p_{\gamma-1}\right) \cdot \left(1+r_f\right)^{-(t'-v+1)} \cdot \frac{s \cdot r_{WA}^{nom} \cdot \operatorname{cov}\left(\tilde{R}_{t'}^{WA};\tilde{r}_M\right)}{\operatorname{var}(\tilde{r}_M)} \cdot \left[\overline{r}_M - r_f\right] \end{array} \right] \\
& - r_{WA}^{nom} \cdot R_{WA}^{nom} \cdot \frac{\left(1+r_f\right)^v - 1}{r_f \cdot \left(1+r_f\right)^v} \\
& - \sum_{t'=v}^{m} \left(\prod_{\eta=v}^{t'} \left[\begin{array}{l} \left(1-p_{\eta-1}\right) \cdot p_{t'} \cdot \frac{a}{1+a} \cdot \left(S\ddot{A}\left(\tilde{X}_{t'}^W\right) + EK_{t'}^u\right) \\ +\left(1-p_\eta\right) \cdot R_{WA}^{nom} \cdot r_{WA}^{nom} \\ -\left(1-p_{\eta-1}\right) \cdot \frac{\operatorname{cov}\left(\widetilde{FTC}_{t'};\tilde{r}_M\right)}{\operatorname{var}(\tilde{r}_M)} \cdot \left[\overline{r}_M - r_f\right] \end{array} \right] \cdot \left(1+r_f\right)^{-(t'-v+1)} \right) \\
& - \frac{\prod_{\eta=v}^{m} \left(1-p_\eta\right) \cdot R_{WA}^{nom}}{\left(1+r_f\right)^{m-v+1}}.
\end{aligned}
$$

439 Die Gleichungen (5.24), (5.91) und (5.102) finden sich auf den Seiten 130, 172 und 179.

Der erste Term auf der rechten Seite der Gleichung beschreibt den Beitrag der operativen Wertkomponente. Dieser ergibt sich aus der Summe der mit dem risikolosen Zinssatz r_f diskontierten periodenspezifischen Sicherheitsäquivalente des unsicheren Free Cash Flow der Perioden 1 bis n.

Der zweite Term kennzeichnet den Barwert der sicheren Steuervorteile aus der Wandelanleihenfinanzierung der Perioden 1 bis $v-1$.

Der dritte Term bildet den Barwert der unsicheren Steuervorteile der Perioden v bis m ab. Dieser ergibt sich aus den mit dem risikolosen Zinssatz diskontierten Erwartungswerten der periodenspezifischen Steuervorteile abzüglich der mit dem risikolosen Zinssatz diskontierten Erwartungswerte der periodenspezifischen Risikoabschläge.

Der vierte Term beschreibt den Barwert der sicheren Zinszahlungen der Perioden 1 bis $v-1$.

Der fünfte Term kennzeichnet den Barwert des unsicheren Anspruchs des Wandelanleiheinhabers der Perioden v bis m. Dieser Barwert ergibt sich aus dem mit dem risikolosen Zinssatz diskontierten Erwartungswert des Anspruchs des Wandelanleiheinhaber im Wandlungsfall in Periode t' zuzüglich des Erwartungswerts der Zinszahlungen an den Wandelanleiheninhaber der Periode t'. Davon abzuziehen ist der periodenspezifische Erwartungswert des Risikoabschlags. Alle genannten Komponenten sind mit dem risikolosen Zinssatz r_f auf ihre Barwerte im Bewertungszeitpunkt $t=0$ zu diskontieren.

Der sechste Term kennzeichnet den Barwert der Tilgungszahlung in $t=0$, der sich aus der Diskontierung des Erwartungswerts der Tilgungszahlung in Periode m mit dem risikolosen Zinssatz r_f ergibt. Der Risikoabschlag der unsicheren Tilgungszahlung wird bereits im fünften Term berücksichtigt.

Analog zu den Ausführungen in Abschnitt 5.1.3.4 sind zur Ermittlung der Kapitalkosten des wandelanleihenfinanzierten Unternehmens $\overline{r}_{EK,t}^{WA}$ der periodenspezifische Erwartungswert des Flow to Equity $\overline{FTE}_t^{WA}$ aus Sicht der ursprünglichen Eigenkapitalgeber sowie die dazugehörigen periodenspezifischen Risikoabschläge RA_t^{FTE} zu bestimmen. Die konkreten Ausprägungen von $\overline{FTE}_t^{WA}$ und RA_t^{FTE} in den Perioden 1 bis m hängen von t ab.

Der Erwartungswert des Flow to Equity $\overline{FTE}_t^{WA}$ der Perioden 1 bis $v-1$, in denen keine Wandlung möglich, ergibt sich aus folgender Gleichung:

$$(5.107) \qquad \overline{FTE}_t^{WA} = \overline{X}_t - (1-s) \cdot r_{WA}^{nom} \cdot R_{WA}^{nom}.$$

Für den Risikoabschlag RA_t^{FTE} gilt in den Perioden 1 bis $v-1$:

$$(5.108) \qquad RA_t^{FTE} = \frac{\operatorname{cov}\left(\tilde{X}_t; \tilde{r}_M\right)}{\operatorname{var}\left(\tilde{r}_M\right)} \cdot \left[\overline{r}_M - r_f\right].$$

Für den Erwartungswert des Flow to Equity $\overline{FTE}_t^{WA}$ der Perioden v bis $m-1$, in denen eine vorzeitige Wandlung möglich ist, gilt:

$$(5.109) \qquad \begin{aligned} \overline{FTE}_t^{WA} = {} & \overline{X}_t + \prod_{\psi=v}^{t} \left(1-p_\psi\right) \cdot s \cdot R_{WA}^{nom} \cdot r_{WA}^{nom} - \\ & - \prod_{\eta=v}^{t} \left(\left(1-p_{\eta-1}\right) \cdot p_t \cdot \frac{a}{1+a} \cdot \left(\overline{X}_t^W + EK_t^u\right) + \left(1-p_\eta\right) \cdot R_{WA}^{nom} \cdot r_{WA}^{nom} \right). \end{aligned}$$

$\overline{X}_t$ beschreibt den Erwartungswert des Free Cash Flow der Periode t. Zu diesem ist der Erwartungswert des Steuervorteils – ausgedrückt durch das Produkt der Wahrscheinlichkeit $\prod_{\psi=v}^{t}\left(1-p_\psi\right)$ einer Zinszahlung in Periode t und dem Betrag des Steuervorteils $s \cdot R_{WA}^{nom} \cdot r_{WA}^{nom}$ – zu addieren.

Davon ist der Erwartungswert der Zahlung an den Wandelanleiheninhaber in Periode t abzuziehen. Dieser ergibt sich aus der Wahrscheinlichkeit $\prod_{\eta=v}^{t}\left(1-p_{\eta-1}\right) \cdot p_t$, dass es in Periode t zu einer Wandlung kommt, multipliziert mit dem Wert des im Wandlungsfalle erwerbbaren Anteil am Eigenkapital des

Unternehmens $a/(1+a)\cdot\left(\bar{X}_t^W+EK_t^u\right)$, und der Zinszahlung $R_{WA}^{nom}\cdot r_{WA}^{nom}$ multipliziert mit der Wahrscheinlichkeit $\prod_{\eta=v}^{t}\left(1-p_\eta\right)$, dass es zu keiner Wandlung kommt.

In Periode m erfolgt die Bestimmung des Erwartungswerts des Flow to Equity $\overline{FTE}_m^{WA}$ mittels folgender Gleichung:

$$\begin{aligned}(5.110)\qquad &\bar{X}_m+\prod_{\psi=v}^{m}\left(1-p_\psi\right)\cdot s\cdot R^{nom}\cdot r_{WA}^{nom}-\\ &\prod_{\eta=v}^{m}\begin{pmatrix}\left(1-p_{\eta-1}\right)\cdot p_m\cdot\dfrac{a}{1+a}\cdot\left(S\ddot{A}\left(\tilde{X}_m^W\right)+EK_m^u\right)\\ +\left(1-p_\eta\right)\cdot\left(R_{WA}^{nom}\cdot r_{WA}^{nom}+R_{WA}^{nom}\right)\end{pmatrix}\end{aligned}$$

Der Unterschied zu Gleichung (5.109) besteht darin, dass der Wandelanleiheninhaber im Nichtwandlungsfall nicht nur die Zinszahlung $R_{WA}^{nom}\cdot r_{WA}^{nom}$, sondern zusätzlich auch die Tilgungszahlung R_{WA}^{nom} vereinnahmt.

Der Risikoabschlag RA_t^{FTE} in den Perioden v bis m errechnet sich als:

$$(5.111)\qquad RA_t^{FTE}=\begin{pmatrix}\operatorname{cov}\left(\tilde{X}_t;\tilde{r}_M\right)\\ +\prod_{\gamma=v}^{t}\left(1-p_{\gamma-1}\right)\cdot s\cdot r_{WA}^{nom}\cdot\operatorname{cov}\left(\tilde{R}_t^{WA};\tilde{r}_M\right)\\ -\prod_{\eta=v}^{t}\left(1-p_{\eta-1}\right)\cdot\operatorname{cov}\left(\widetilde{FTC}_t;\tilde{r}_M\right)\end{pmatrix}\cdot\frac{\bar{r}_M-r_f}{\operatorname{var}\left(\tilde{r}_M\right)}.$$

Zur Ermittlung des Risikoabschlags RA_t^{FTE} ist nicht zwischen den Perioden v bis $m-1$ und der Periode m zu unterscheiden, da die unterschiedlichen Zahlungsströme an den Wandelanleiheinhaber bereits in der Variable $\widetilde{FTC}_t$ berücksichtigt werden.

Der erste Term auf der rechten Seite der Gleichung erfasst das Risiko des rein eigenfinanzierten Unternehmens, ausgedrückt durch die Kovarianz des Free Cash Flow und der Rendite des Marktportfolios $\text{cov}\left(\tilde{X}_t;\tilde{r}_M\right)$ in der Periode t.

Zu dem operativen Risiko ist der Erwartungswert des Risikobeitrags des Steuervorteils zu addieren (zweiter Term). Dieser ergibt sich aus der Wahrscheinlichkeit $\prod_{\gamma=v}^{t}\left(1-p_{\gamma-1}\right)$, dass in Periode t eine Zinszahlung stattfindet, multipliziert mit der Kovarianz des Fremdkapitalbestandes mit der Rendite des Marktportfolios $\text{cov}\left(\tilde{R}_t^{WA};\tilde{r}_M\right)$. Die Kovarianz wird mit dem Steuersatz s und dem Nominalzinssatz der Wandelanleihe r_{WA}^{nom} multipliziert, um das Risiko des Steuervorteils abzubilden.[440]

Der dritte Term kennzeichnet das Risiko, das der Wandelanleiheninhaber trägt. Es ergibt sich aus der Kovarianz des Zahlungsstroms an den Wandelanleiheninhaber und der Rendite des Marktportfolios. Alle drei Terme sind mit dem Marktpreis des Risikos $\left(\overline{r}_M - r_f\right)/\text{var}\left(\tilde{r}_M\right)$ zu multiplizieren. Da eine Wandlung erst ab Periode v möglich ist, beträgt die Wandlungswahrscheinlichkeit p_{v-1} der Periode $v-1$ in den Formeln (5.109), (5.110) und (5.111) Null.

In den Perioden $m+1$ bis n, in denen die Wandelanleihe nicht mehr existiert, entsprechen die Kapitalkosten den mittels Formel (5.7) bestimmten Eigenkapitalkosten des unverschuldeten Unternehmens. Daher sind zur Ermittlung der periodenspezifischen Eigenkapitalkosten $\overline{r}_{EK,t}^{WA}$ des mit einer Wandelanleihe finanzierten Unternehmens nur die Perioden 1 bis m zu betrachten.

Folgende Formel fasst die Gleichungen (5.58), (5.107) und (5.109) zur Ermittlung des periodenspezifischen Erwartungswerts des Flow to Equity – unter Berücksichtigung, in welchen Perioden sie gelten, – zusammen:

440 Da der Steuersatz und der Nominalzinssatz deterministische Größen sind, werden sie vor den Kovarianzterm gezogen. Vgl. Abschnitt 4.3.2.

(5.112)

$$\overline{FTE}_t^{WA} = \begin{cases} \bar{X}_t - (1-s)\cdot r_{WA}^{nom}\cdot R_{WA}^{nom} & \text{, falls gilt: } t = 1,2,...,v\text{-}1 \\ \left[\begin{array}{l} \bar{X}_t + \prod_{\psi=v}^{t}(1-p_\psi)\cdot s\cdot R^{nom}\cdot r_{WA}^{nom} - \\ \prod_{\eta=v}^{t}\left(\begin{array}{l}(1-p_{\eta-1})\cdot p_t\cdot\frac{a}{1+a}\cdot\left(S\ddot{A}\left(\tilde{X}_t^W\right)+EK_t^u\right) \\ +(1-p_\eta)\cdot R_{WA}^{nom}\cdot r_{WA}^{nom}\end{array}\right)\end{array}\right] & \text{, falls gilt: } t = v,...,m-1 \\ \left[\begin{array}{l} \bar{X}_m + \prod_{\psi=v}^{m}(1-p_\psi)\cdot s\cdot R^{nom}\cdot r_{WA}^{nom} - \\ \prod_{\eta=v}^{m}\left(\begin{array}{l}(1-p_{\eta-1})\cdot p_m\cdot\frac{a}{1+a}\cdot\left(S\ddot{A}\left(\tilde{X}_m^W\right)+EK_m^u\right) \\ +(1-p_\eta)\cdot\left(R_{WA}^{nom}\cdot r_{WA}^{nom}+R_{WA}^{nom}\right)\end{array}\right)\end{array}\right] & \text{, falls gilt: } t = m. \end{cases}$$

(5.113)

$$RA_t^{FTE} = \begin{cases} \frac{\operatorname{cov}\left(\tilde{X}_t;\tilde{r}_M\right)}{\operatorname{var}\left(\tilde{r}_M\right)}\cdot\left[\bar{r}_M - r_f\right] & \text{, falls gilt: } t = 1,2,...,v\text{-}1 \\ \left(\begin{array}{l}\operatorname{cov}\left(\tilde{X}_t;\tilde{r}_M\right)+ \\ \prod_{\gamma=v}^{t}(1-p_{\gamma-1})\cdot s\cdot r_{WA}^{nom}\cdot\operatorname{cov}\left(\tilde{R}_t^{WA};\tilde{r}_M\right) \\ -\prod_{\eta=v-1}^{t}(1-p_{\eta-1})\cdot\operatorname{cov}\left(\widetilde{FTC}_t;\tilde{r}_M\right)\end{array}\right)\cdot\frac{\bar{r}_M - r_f}{\operatorname{var}\left(\tilde{r}_M\right)} & \text{, falls gilt: } t = v, v+1,...,m \end{cases}$$

Analog zu den Ausführungen in Abschnitt 5.1.3.4 lassen sich die periodenspezifischen Eigenkapitalkosten $\bar{r}_{EK,t}^{WA}$ des mit einer Wandelanleihe finanzierten Unternehmens durch Gleichsetzen der Bewertungsgleichung des APV- und des FTE-Verfahrens für jede Periode t, in der die Wandelanleihe existiert, ermitteln. So gilt in den Periode 1 bis m folgender Zusammenhang:

$$(5.114)\qquad \frac{\overline{FTE}_t^{WA}}{1+\overline{r}_{EK,t}^{WA}} = \frac{\overline{FTE}_t^{WA} - RA_t^{FTE}}{1+r_f}.$$

Löst man Gleichung (5.113) nach $\overline{r}_{EK,t}^{WA}$ auf, lassen sich die periodenspezifischen Eigenkapitalkosten des Wandelanleihen finanzierten Unternehmens – unter Beachtung der Gleichungen (5.111) und (5.112) – mittels folgender Beziehung ermitteln:

$$(5.115)\qquad \overline{r}_{EK,t}^{WA} = \frac{\overline{FTE}_t^{WA} \cdot (1+r_f)}{\overline{FTE}_t^{WA} - RA_t^{FTE}} - 1.$$

Unter Kenntnis der Eigenkapitalkosten des wandelanleihenfinanzierten Unternehmens $\overline{r}_{EK,t}^{WA}$ bestimmt sich der Betafaktor $\beta_{EK,t}^{WA}$ des wandelanleihenfinanzierten Unternehmens in Periode t folgendermaßen:

$$(5.116)\qquad \beta_{EK,t}^{WA} = \frac{\overline{r}_{EK,t}^{WA} - r_f}{\overline{r}_m - r_f}.$$

5.2.4 Zahlenbeispiel

Die Annahmen über die Zahlenwerte des nachstehenden Zahlenbeispiels entsprechen den Annahmen des Beispiels in Abschnitt 5.1.4. Einziger Unterschied ist, dass die Wandlung der Anleihe nicht nur im Fälligkeitszeitpunkt $t = m = 3$ wandelbar ist, sondern zusätzlich auch im Zeitpunkt $t = v = 2$.

Der Erwartungswert der Rendite des Marktportfolios $\overline{r}_m$ und deren Varianz $\operatorname{var}(\tilde{r}_M)$ ergibt sich in jeder Periode t mit $t \in (1;4)$ – analog zu dem Vorgehen in Abschnitt 5.1.4 – gemäß Gleichung (4.17) beziehungsweise Gleichung (4.18) in einer Höhe von 0,122 respektive als 0,0039.

Da die leistungswirtschaftliche Komponente von der Finanzierungsstruktur unabhängig ist, ergeben sich im Fall einer Finanzierung mit einer Wandelanleihe amerikanischen Typs identische Eigenkapitalwerte und Kapitalkosten des unverschuldeten Unternehmens wie im Abschnitt 5.1.4 bei der Bewertung eines Unternehmens, das mit einer Wandelanleihe europäischen Typs finanziert ist. Die Ermittlung der relevanten Größen erfolgt analog zu den Ausführungen in Abschnitt 5.1.4. Folgende Tabelle fasst die wesentlichen Ergebnisse zusammen:

Variable	Wert	Variable	Wert
$\overline{X}_1$	174,5	$\overline{X}_3$	105,4
$\overline{X}_2$	36	$\overline{X}_4$	78,8
$\text{cov}\left(\tilde{X}_1;\tilde{r}_M\right)$	0,851	$\text{cov}\left(\tilde{X}_3;\tilde{r}_M\right)$	0,6952
$\text{cov}\left(\tilde{X}_2;\tilde{r}_M\right)$	0,16	$\text{cov}\left(\tilde{X}_4;\tilde{r}_M\right)$	0,5304
EK_0^u	316,3985	EK_2^u	151,5239
EK_1^u	174,4949	EK_3^u	66,3357
$\overline{r}_{EK,1}^u$	0,103	$\overline{r}_{EK,3}^u$	0,1334
$\overline{r}_{EK,2}^u$	0,0747	$\overline{r}_{EK,4}^u$	0,1879
$\beta_{EK,1}^u$	0,6939	$\beta_{EK,3}^u$	1,1837
$\beta_{EK,2}^u$	0,2366	$\beta_{EK,4}^u$	2,0629

Tab. 8: Ergebnisse des mehrperiodigen Zahlenbeispiels mit einer Wandelanleihe amerikanischen Typs – Teil 1 (eigene Darstellung)

Im Gegensatz zur leistungswirtschaftlichen Komponente ist der Wertbeitrag der Steuervorteile von der Finanzierungsstruktur abhängig. Dementsprechend ergeben sich im Fall einer Finanzierung mit einer Wandelanleihe amerikanischen Typs andere Werte für die Steuervorteile als in Abschnitt 5.1.4. Die Ermittlung des Barwerts des Steuervorteils aus der Wandelanleihenfinanzierung TS_0^{WA} ist im Fall einer Finanzierung mit einer Wandelanleihe amerikanischen Typs rekursiv vorzunehmen.

Der kritische Free Cash Flow X_3^* der Periode 3 ergibt sich gemäß Formel (5.76) in einer Höhe von 122,6643. Da es nur zu einer Wandlung kommt, wenn der vierte oder fünfte Umweltzustand eintritt, ergibt sich für k_3^* ein Wert von 4 und somit – analog zu Gleichung (5.32) – eine Wandlungswahrscheinlichkeit p_3 in Höhe von 0,3. Ist die Wandlungswahrscheinlichkeit p_3 bekannt, ist der Erwartungswert des Fremdkapitalbestands $\overline{R}_3^{WA}$ mittels Gleichung (5.28) bestimmbar. $\overline{R}_3^{WA}$ nimmt den Wert 21 an. Die Ermittlung des Barwerts des Steuervorteils $TS_{2,nW}^{WA}$ aus Sicht des Zeitpunkts $t=2$ ergibt sich für den Fall, dass in der Vorperiode nicht gewandelt wurde, mittels Gleichung (5.80). Die hierzu benötigte Kovarianz $\text{cov}\left(\tilde{R}_3^{WA};\tilde{r}_M\right)$ zwischen dem Fremdkapitalbestand der Periode 3 und der Rendite des Marktportfolios lässt sich analog zu Gleichung (4.35) errechnen. Es ergibt sich für die Kovarianz ein Wert von -0,7020. Setzt man sie in Gleichung (5.80) ein, errechnet sich der Barwert des Steuervorteils TS_2^{WA} im Zeitpunkt $t=2$ als 0,4739. Die Kapitalkosten des Steuervorteils $\overline{r}_3^{TS}$ der Periode 3 ergeben sich aus (5.92) in Höhe von -0,3353. Der Betafaktor errechnet sich mittels Formel (5.93) oder (5.94) als -6,3759.

Analog zum Vorangegangenen ist der Barwert künftiger Steuervorteile TS_1^{WA} aus Sicht des Zeitpunkts $t=1$ zu ermitteln. Der kritische Free Cash Flow X_2^* der Periode 2 ergibt sich laut Formel (5.76) in einer Höhe von 35,5611. Da es nur zu einer Wandlung kommt, wenn der dritte, vierte oder fünfte Umweltzustand eintritt, ergibt sich für k_2^* ein Wert von 3 und somit – analog zu Gleichung (5.32) – eine Wandlungswahrscheinlichkeit p_2 in Höhe von 0,7. Setzt man die Wandlungswahrscheinlichkeit p_2 in (5.28) ein, nimmt der Erwartungswert des Fremdkapitalbestands $\overline{R}_2^{WA}$ in Periode 2 den Wert 9 an. Die Ermittlung des Barwerts des Steuervorteils TS_1^{WA} aus Sicht des Zeitpunkts $t=1$ erfolgt – unter Kenntnis der Kovarianz zwischen dem Fremdkapitalbestand der Periode 3 und der Rendite des Marktportfolios – mittels Gleichung (5.81). Gemäß Zusammenhang (5.80) ergibt sich für die Kovarianz ein Wert von -0,6780. Setzt man sie in die auf eine beliebige Periode t erweiterte Gleichung (4.35) ein, errechnet sich der Barwert des Steuervorteils TS_1^{WA} im Zeitpunkt $t=1$ als 2,7368. Die Kapitalkosten des Steuervorteils $\overline{r}_2^{TS}$ der Periode 3 ergeben sich aus Gleichung (5.92) in Höhe von -0,7775. Der Betafaktor errechnet sich gemäß Gleichung (5.93) oder (5.94) als -13,5083.

Um zum Barwert der Steuervorteile TS_0^{WA} der Periode 1 bis 3 im Bewertungszeitpunkt $t=0$ zu gelangen, ist Formel (5.91) heranzuziehen. Es ergibt sich ein Wert von 3,0064 für TS_0^{WA}.

Der Wert der Wandelanleihe ist ebenfalls rekursiv – beginnend mit Periode 3, in der die Wandelanleihe fällig ist – zu bestimmen. Zunächst ist der Erwartungswert des Anspruchs des Wandelanleiheinhabers $\overline{FTC}_3$ am Ende von Periode 3 zu ermitteln. Hierzu bedarf es der Kenntnis des Sicherheitsäquivalents der Free Cash Flows der Periode 3, die zu einer Wandlung der Anleihe führen. Die Ermittlung des Sicherheitsäquivalentes der Periode 3 erfolgt analog zum Vorgehen in Abschnitt 5.1.3.3 mittels Bildung des Erwartungswerts $\overline{X}_3^W$, von dem ein Risikoabschlag abzuziehen ist. Im vorliegenden Fall erfolgt eine Wandlung nur dann, wenn in Periode 3 der vierte oder fünfte Umweltzustand eintritt. Der Ausdruck k_3^* in der auf eine beliebige Periode t erweiterten Formel (4.41) nimmt somit den Wert 4 an.

Die bedingten Eintrittswahrscheinlichkeiten der Umweltzustände $UZ_{3,4}$ und $UZ_{3,5}$ für den Fall einer Wandlung in Periode 3 ergeben sich analog zu Formel (4.42) als: $w_{3,4}^{w}=0,6667$ und $w_{3,5}^{w}=0,3333$. Für die bedingten Eintrittswahrscheinlichkeiten der ersten drei Umweltzustände gilt im Fall einer Wandlung $w_{3,1}^{w}=w_{3,2}^{w}=w_{3,3}^{w}=0$. Mittels der bedingten Eintrittswahrscheinlichkeiten der verschiedenen Umweltzustände errechnet sich der Erwartungswert $\overline{X}_3^W$ in der erweiterten Gleichung (4.41) in einer Höhe von 123,6667.

Der Erwartungswert $\overline{r}_{M,3}^W$ der Rendite des Marktportfolios in Periode 3 errechnet sich analog Formel (4.45) als 0,2. Die Varianz $\text{var}\left(\tilde{r}_{M,3}^W\right)$ der Rendite des Marktportfolios ergibt sich aus Formel (4.46) als 0,0408. Unter Rückgriff auf die bedingten Eintrittswahrscheinlichkeiten der Umweltzustände $w_{3,i}^{w}$ ergibt sich die Kovarianz $\text{cov}\left(\tilde{X}_3^W;\tilde{r}_{M,3}^W\right)$ analog zu Formel (4.40) in einer Höhe von 0,0267. Werden die Werte in die auf eine beliebige Periode t erweiterte Gleichung

(4.39) eingesetzt, ergibt sich das Sicherheitsäquivalent $SÄ\left(\tilde{X}_3^W\right)$ der Free Cash Flows, die zu einer Wandlung führen, als 123,5752.

Mit $SÄ\left(\tilde{X}_3^W\right)$ lässt sich der Erwartungswert $\overline{FTC}_3$ des Anspruchs des Wandelanleiheinhabers gemäß Formel (5.45) bestimmen. Dieser beträgt 31,5455. Wird $\overline{FTC}_3$ in den Kovarianzterm $\text{cov}\left(\widetilde{FTC}_3;\tilde{r}_M\right)$ in die auf beliebige Perioden t erweiterte Gleichung (4.52) eingesetzt, ergibt sich ein Wert in Höhe von 0,0052. Damit lässt sich der Wert der Wandelanleihe WA_2 aus Sicht des Zeitpunkts $t=2$ in Höhe von 29,6808 ermitteln.

Die Kapitalkosten der Wandelanleihe der Periode 3 bestimmen sich unter Kenntnis der Werte von $\overline{FTC}_3$ und WA_2 gemäß Formel (5.103) in Höhe von 0,0628. Der Betafaktor der Wandelanleihe in Periode 3 ergibt sich aus Gleichung (5.104) oder (5.105) als 0,0456.

Die Ermittlung des Werts der Wandelanleihe im Zeitpunkt $t=1$ erfolgt analog zu obigem Vorgehen. Zunächst ist der Erwartungswert des Anspruchs des Wandelanleiheinhabers $\overline{FTC}_2$ am Ende von Periode 2 mittels Formel (5.45) zu ermitteln. Hierzu bedarf es der Kenntnis des Sicherheitsäquivalents $SÄ\left(\tilde{X}_2^W\right)$ der Free Cash Flows der Periode 2, die zu einer Wandlung der Anleihe führen. Die Ermittlung des Sicherheitsäquivalentes $SÄ\left(\tilde{X}_2^W\right)$ der Periode 2 gemäß Gleichung (4.39) erfolgt analog zum Vorgehen in Periode 3. Der Erwartungswert $\overline{X}_3^W$ wird analog zu Gleichung (4.16) – unter Rückgriff auf die bedingten Eintrittswahrscheinlichkeiten der Umweltzustände, die in der auf beliebige Perioden überführten Formel (4.42) ermittelt werden – bestimmt. Im vorliegenden Fall erfolgt eine Wandlung in Periode 2 nur, wenn der dritte, vierte oder fünfte Umweltzustand eintritt. Der Ausdruck k_2^* in Formel (4.41) nimmt somit den Wert 3 an.

Die bedingten Wahrscheinlichkeiten $w_{2,i}^w$ für den Eintritt des Umweltzustandes i – für den Fall, dass in Periode 2 gewandelt wurde – ergeben sich analog zu Formel (4.42) als $w_{2,1}^{w}=w_{2,2}^{w}=0$, $w_{2,3}^{w}=0,5714$, $w_{2,4}^{w}=0,2857$ und $w_{2,5}^{w}=0,1429$. Mittels dieser bedingten Eintrittswahrscheinlichkeiten der Umweltzustände errechnet sich der Erwartungswert $\overline{X}_{2}^{W}$ in Gleichung (4.16) in einer Höhe von 37,4286. Der Erwartungswert $\overline{r}_{M,2}^{W}$ der Rendite des Marktportfolios lässt sich analog zu Formel (4.45) als 0,1543 sowie deren Varianz $\text{var}\left(\tilde{r}_{M,2}^{W}\right)$ analog zu Formel (4.46) als 0,0257 errechnen. Werden die bedingten Eintrittswahrscheinlichkeiten $w_{2,i}^{w}$ in Gleichung (4.40) eingesetzt, ergibt sich die Kovarianz $\text{cov}\left(\tilde{X}_{2}^{W};\tilde{r}_{M,2}^{W}\right)$ in Höhe von 0,0710. Als Sicherheitsäquivalent $S\ddot{A}\left(\tilde{X}_{2}^{W}\right)$ der Free Cash Flows, die zu einer Wandlung führen, ergibt sich analog zu Gleichung (4.39) ein Betrag von 37,1682.

Unter Verwendung des Sicherheitsäquivalents $S\ddot{A}\left(\tilde{X}_{2}^{W}\right)$ lässt sich der Erwartungswert $\overline{FTC}_{2}$ des Anspruchs des Wandelanleiheinhabers mittels Formel (5.45) als 31,4641 bestimmen. Wird $\overline{FTC}_{3}$ in Gleichung (4.52) eingesetzt, ergibt sich für die Kovarianz $\text{cov}\left(\widetilde{FTC}_{3};\tilde{r}_{M}\right)$ ein Wert von 0,0052. Unter Berücksichtigung der auf diese Weise bestimmten Modellgrößen lässt sich der Wert der Wandelanleihe WA_{1} aus Sicht des Zeitpunkts $t=1$ mit Gleichung (5.100) in Höhe von 29,5608 berechnen.

Die Kapitalkosten der Wandelanleihe $\overline{r}_{2}^{WA}$ der Periode 2 betragen gemäß Formel (5.103) 0,0644. Der entsprechende Betafaktor beträgt nach Gleichung (5.104) und (5.105) 0,0708. Die Zahlungsansprüche des Wandelanleiheinhabers der Periode 1 sind sicher. Daher ist der Betafaktor der Periode 1 Null und die Kapitalkosten der Wandelanleihe $\overline{r}_{1}^{WA}$ der Periode 1 entsprechen dem risikolosen Zinssatz. Folglich lässt sich mittels Formel (5.102) – unter Berücksichtigung des Barwerts der sicheren Zinszahlungen der Periode 1 – der Wert der Wandelanleihe WA_{0} im Bewertungszeitpunkt $t=0$ in Höhe von 29,3026 berechnen.

Der Eigenkapitalwert des mit einer Wandelanleihe finanzierten Unternehmens EK_{0}^{WA} beträgt unter Verwendung von Formel (5.106) 290,1023. Die periodenspezifischen Erwartungswerte der Flow to Equity $\overline{FTE}_1^{WA}$, $\overline{FTE}_2^{WA}$ und $\overline{FTE}_3^{WA}$ ergeben sich nach Formel (5.109) als: $\overline{FTE}_1^{WA} = 173,45$, $\overline{FTE}_2^{WA} = 13,6709$ und $\overline{FTE}_3^{WA} = 96,0308$. Die periodenspezifischen Risikoabschläge des Flow to Equity RA_t^{FTE} nehmen gemäß Gleichungen (5.110) und (5.111) die Werte $RA_1^{FTE} = 13,6125$, $RA_2^{FTE} = 2,4716$ und $RA_3^{FTE} = 11,0673$ an. Werden sie zusammen mit dem risikolosen Zinssatz r_f in Gleichung (5.115) eingesetzt, erhält man als periodenspezifische Kapitalkosten: $\overline{r}_{EK,1}^{WA} = 0,1503$, $\overline{r}_{EK,2}^{WA} = 0,2939$ und $\overline{r}_{EK,3}^{WA} = 0,1981$. Die periodenspezifischen Betafaktoren ergeben sich gemäß Gleichung (5.116) als $\beta_{EK,1}^{WA} = 1,4560$, $\beta_{EK,2}^{WA} = 3,7732$ und $\beta_{EK,3}^{WA} = 2,2270$.

Folgende Tabelle fasst die wesentlichen Modellgrößen zusammen:

Variable	Wert
EK_0^u	316,3985
$+TS_0^{WA}$	3,0064
$-WA_0$	29,3026
$=EK_0^{WA}$	290,1023

Tab. 9: Ergebnisse des mehrperiodigen Zahlenbeispiels mit einer Wandelanleihe amerikanischen Typs – Teil 2 (eigene Darstellung)

Variable	Wert in $t=1$	Wert in $t=2$	Wert in $t=3$
$\overline{r}_{EK,t}^{u}$	0,103	0,0747	0,1334
$\overline{r}_t^{TS}$	0,06	-0,7775	-0,3353
$\overline{r}_t^{WA}$	0,06	0,0644	0,0628
$\overline{r}_{EK,t}^{WA}$	0,1503	0,2939	0,1981

Tab. 10: Kapitalkosten des mehrperiodigen Zahlenbeispiels mit einer Wandelanleihe amerikanischen Typs (eigene Darstellung)

5.2.5 Würdigung

Für den Fall der Bewertung eines wandelanleihenfinanzierten Unternehmens gelten die Ausführungen der Abschnitte (4.5) und (5.1.5) zu den Merkmalen und Schwächen des Bewertungsmodells entsprechend. Die Gleichungen im Kontext einer Wandelanleihe amerikanischen Typs sind für den Fall $v = m$ in die Formeln einer Wandelanleihe europäischen Typs überführbar. Somit kann eine Wandelanleihe europäischen Typs als Sonderfall – bei dem $v = m$ gilt – der Wandelanleihe amerikanischen Typs interpretiert werden.

Vergleicht man die Ergebnisse des Zahlenbeispiels, zeigt sich, dass der Unternehmenswert eines mit einer amerikanischen Wandelanleihe finanzierten Unternehmens über dem Wert eines identischen Unternehmens liegt, das sich nur darin unterscheidet, dass es mit einer Wandelanleihe europäischen Typs finanziert ist. Dass dieses exemplarische Ergebnis zu verallgemeinern ist, darf bezweifelt werden. Im vorliegenden Zahlenbeispiel ergibt es sich aus dem stark negativen Betafaktor der Periode 2, der dafür sorgt, dass der Barwert der Steuervorteile im Fall der Wandelanleihe amerikanischen Typs deutlich über dem Barwert der Steuervorteile des Barwerts im Fall der Wandelanleihe europäischen Typs liegt.

Ebenfalls im Zahlenbeispiel wurde gezeigt, dass der Wert der Wandelanleihe amerikanischen Typs den Wert der Wandelanleihe europäischen Typs übertrifft. Das spiegelt den stets nicht-negativen Wert zusätzlicher Handlungsoptionen wider.[441] Vergleicht man die Unternehmenswerte, die sich bei einer Wandelanleihenfinanzierung ergeben, mit dem Wert eines mit nicht wandelbarem Fremdkapital finanzierten Unternehmens, zeigt sich im Zahlenbeispiel, dass die Wandelanleihenfinanzierung im Zahlenbeispiel zu höheren Unternehmenswerten führt. Dies lässt sich auf den – in Abschnitt 4.5 erörterten – Diversifikationseffekt des Steuervorteils aus der Wandelanleihenfinanzierung zurückführen.

---

441 Vgl. *Ingersoll* (1977), S. 295; *Brennan/Schwartz* (1988), S. 55; *Nyborg* (1996), S. 187; *Ganshaw/Dillon* (2000), S. 24.

6 Grenzen des Modells

Das in den Kapiteln 4 und 5 entwickelte Modell baut auf einigen restriktiven Prämissen auf.[442] So wird unterstellt, dass der realisierte Free Cash Flow in jeder Periode hinreichend hoch ist, um die fälligen Zins- und Tilgungsverpflichtungen vollständig zu bedienen. Folglich ist eine Insolvenz des Unternehmens ausgeschlossen. Diese Annahme ist in der Literatur üblich.[443]

Lässt man die Annahme fallen, muss das Modell an einigen Stellen angepasst werden. Zum einen wären Insolvenzkosten als Gegengewicht zu den Steuervorteilen aus der Verschuldung in das Kalkül aufzunehmen.[444] Diese treten in Form von direkten und indirekten Kosten der Insolvenzmöglichkeit auf.[445] Obgleich die Insolvenzkosten ein plausibles Konzept zur Erklärung der moderaten Verschuldungsgrade darstellen, sieht die Mehrheit der Literatur ihre Höhe in Relation zu den Steuervorteilen aus der Verschuldung als gering an.[446] Darüber hinaus sind die indirekten Insolvenzkosten nur äußerst unzuverlässig quantifizierbar.[447] Daher scheint eine Nichtberücksichtigung der Insolvenzkosten im Modell der vorliegenden Arbeit vetretbar zu sein.

Zum anderen wäre die Bewertung von Zahlungsströmen pfadabhängig vorzunehmen.[448] Der Grund hierfür liegt darin, dass sich die Aufteilung der verschiedenen Zahlungsströme auf die Kapitalgeber – in Abhängigkeit von den Annah-

---

442 Vgl. hierzu die Abschnitte 4.1, 5.1.1 und 5.2.1,

443 Vgl. *Homburg/Stephan/Weiss* (2004), S. 277 m.w.N.

444 Vgl. grundlegend *Kraus/Litzenberger* (1973), S. 912-918. Der Grund hierfür ist, dass bei fehlenden Insolvenzkosten eine maximale Verschuldung optimal wäre. Vgl. *Franke/Hax* (2009), S. 344. In der Realität liegen die Fremdkapitalquoten jedoch in einem moderaten Bereich und sind im Zeitablauf variable. Vgl. *Kane/Marcus/McDonald* (1984), S. 841 f.; *Welch* (2011), S. 12-14.

445 Unter direkten Insolvenzkosten versteht man die administrativen Kosten der Insolvenz. Indirekte Insolvenzkosten ergeben sich, wenn Geschäftspartner die drohende Insolvenz antizipieren und daher ihr Verhalten zu Ungunsten des Unternehmens ändern. Vgl. *Rudolph* (2006), S. 109-113.

446 Vgl. *Miller* (1977), S. 264-266; *Rudolph* (2006), S. 112 f. Anderer Ansicht sind *Warner* (1977) und *Altman* (1984). Vgl. *Warner* (1977), S. 339-345; *Altman* (1984), S. 1076-1083.

447 Vgl. *Warner* (1977), S. 338; *Grethe* (2010), S. 51.

448 Vgl. *Uhrig-Homburg* (2002), S. 27-31,

men über die Konsequenzen einer Insolvenz[449] – im Insolvenzfall ändert. Die künftigen Zahlungsstromverteilungen und Barwerte sind somit zeit- und zustandsabhängig. Dies gilt unter bestimmten Bedingungen auch für den Fall, in dem die Free Cash Flows stochastisch voneinander unabhängig sind.[450] Als dritte wesentliche Konsequenz einer möglichen Insolvenz in dem Modell ergäbe sich die Notwendigkeit, das zusätzliche Insolvenzrisiko bei der Ermittlung der Kapitalkosten der Steuervorteile und der Wandelanleihe zu berücksichtigen. Wie dies erfolgen kann, ist in der Literatur noch nicht abschließend geklärt.[451] Eine eigene Auseinandersetzung mit dieser Problematik war im Rahmen der vorliegenden Arbeit aus Platzgründen nicht möglich.

Eine weitere stark restriktive Annahme des Modells der vorliegenden Arbeit besteht darin, dass unterstellt wird, dass das zu bewertende Unternehmen ausschließlich mit Eigenkapital und einer Wandelanleihe finanziert ist. Von der Existenz nicht wandelbaren Fremdkapitals neben der Wandelanleihe wird abstrahiert.[452] Diese Prämisse ist zweifelsohne realitätsfern.

Jedoch lassen sich die entwickelten Bewertungsgleichungen für das Eigenkapital eines wandelanleihenfinanzierten Unternehmens (4.55), (5.54) und (5.106) leicht um den Werteffekt einer zusätzlichen Finanzierung mit nicht wandelbarem Fremdkapital erweitern.[453] Hierzu sind diese Gleichungen um einen Term, der den Barwert der Steuervorteile aus der Finanzierung mit dem nicht wandelbaren Fremdkapital erfasst, und einem Term, der den Marktwert des nicht wandelbaren Fremdkapitals beschreibt, zu erweitern.[454] Der erste Term geht positiv in die Gleichungen ein, der zweite Term negativ.

---

449 Hierbei sind insbesondere Annahmen hinsichtlich einer etwaigen Unternehmensfortführung durch die Gläubiger, etwaiger Insolvenzkosten und der steuerlichen Behandlung der Zinszahlungen zu treffen. Vgl. *Homburg/Stephan/Weiss* (2004), S. 280; *Schanz* (2012), S. 27-31.

450 Führen die Gläubiger das Unternehmen nach der Insolvenz mit einem unveränderten Investitionsportfolio fort, ändert sich nichts an den periodenspezifischen Free Cash Flows sowie deren intertemporaler Interdependenz.

451 Ein interessanter Ansatz hierzu findet sich bei *Lodowicks* (2007), S. 15-88.

452 Diese Annahme ist in der Literatur üblich. Vgl. *Bühler/Koziol* (2002), S. 304 m.w.N.

453 Vgl. für eine identische Einschätzung der Problematik *Brennan/Schwartz* (1977), S. 1700; *Ingersoll* (1977b), S. 293; *Constantinides* (1984), S. 374, Fn. 3.

454 Die Steuervorteile aus dem nicht wandelbaren Fremdkapital lassen sich mittels dem in den Abschnitten 3.2.1 und 3.2.2 erläuterten allgemeinen Vorgehen bestimmen. Der

Dies gilt jedoch nur unter der Annahme eines fehlenden Insolvenzrisikos, da in diesem Fall keine Interdependenzen zwischen dem Wert der Wandelanleihe und dem Wert des nicht wandelbaren Fremdkapitals sowie zwischen den Steuervorteilen aus den beiden Fremdkapitalformen bestehen. Im Fall der Berücksichtigung eines Insolvenzrisikos gilt dies nicht mehr, da Ansprüche aus dem nicht wandelbaren Fremdkapital im Insolvenzfall üblicherweise gegenüber Ansprüchen aus der Wandelanleihe vorrangig bedient werden[455] und sich somit die Risikostruktur der Wandelanleihe ändert.[456] Die Erfassung der Interdependenzen von Wandelanleihen und nicht wandelbarem Fremdkapital im Falle einer Insolvenzbedrohung erfordert eine eingehende Analyse, die Gegenstand künftiger Forschung sein muss. Dass in der vorliegenden Arbeit – trotz des annahmegemäßen Ausschlusses eines Insolvenzrisikos – auf den Einbezug von nicht wandelbarem Fremdkapital verzichtet wurde, dient allein der Übersichtlichkeit der entwickelten Bewertungsgleichungen.

Ebenfalls der Wahrung der Übersichtlichkeit der entwickelten Bewertungsgleichungen dient die Annahme, dass nach Wandlung oder Tilgung der Wandelanleihe keine Anschlussfinanzierung erfolgt. Da sich keine Interdependenzen zwischen den Werteffekten der Wandelanleihen- und der Anschlussfinanzierung ergeben, lassen sich die Gleichungen (4.55), (5.54) und (5.106) ebenfalls problemlos um den Werteffekt einer Anschlussfinanzierung erweitern.

Dies geschieht, indem in diesen Gleichungen Terme aufgenommen werden, die den Werteffekt der Anschlussfinanzierung abbilden. Ihre Ausgestaltung hängt von den Annahmen hinsichtlich der Anschlussfinanzierungsform und dem Anschlussfinanzierungsvolumen ab.[457] Denkbar sind insbesondere eine erneute Wandelanleihenfinanzierung, eine Eigenkapitalaufnahme oder die Finanzierung mit nicht wandelbarem Fremdkapital. Das Volumen der Anschlussfinanzierung hat sich am Kapitalbedarf des Unternehmens zu orientieren.[458]

Wert des nicht wandelbaren Fremdkapitals entspricht im Fall ohne Insolvenzrisiko regelmäßig seinem Nennwert. Vgl. hierzu ebenfalls Kapitel 3.2.1.

455 Vgl. *Rudolph* (2006), S. 353; Dürr (2007), S. 25.

456 Vgl. *Brennan/Schwartz* (1980), S. 911.

457 Vgl. *Bühler/Koziol* (2002), S. 306; *Gillet/de La Bruslerie* (2010), S. 578 f.

458 Vgl. *Franke/Hax* (2009), S. 14 f. Der Kapitalbedarf kann sich aus der Notwendigkeit, die Tilgungszahlung leisten zu können, und/oder aus der Möglichkeit zur Durchführung kapitalwertpositiver Investitionsprojekte ergeben. Vgl. *Bühler/Koziol* (2002), S. 306.

Weitere restriktive Prämissen des Modells bestehen in den Annahmen, dass ein vollkommener Kapitalmarkt vorliegt, auf dem Wirtschaftssubjekte agieren, die gemäß dem μ-σ-Kriterium entscheiden und homogene Erwartungen hinsichtlich der Erwartungswerte, Standardabweichungen und Kovarianzen der Wertpapierrenditen haben. Diese Annahmen stellen eine starke Vereinfachung der Realität dar. Jedoch sind sie notwendig, um die zur Diskontierung der Zahlungsströme notwendigen Kapitalkosten mittels des CAPM bestimmen zu können. Darüber hinaus wurde unterstellt, dass der risikolose Zinssatz und die Marktrisikoprämie deterministisch sind. Diese Bedingungen sind zu treffen, um das CAPM wiederholt in mehreren Perioden hintereinander anwenden zu können.[459] Der Rückgriff auf ein anderes Kapitalmarktmodell zur Kapitalkostenbestimmung wäre zwar grundsätzlich denkbar, jedoch sind auch diese Modelle mit Problemen behaftet.[460] Ein alternatives Modell zur Kapitalkostenbestimmung, das einen hohen Grad an Realitätsnähe und Operationalisierbarkeit in sich vereint und somit dem CAPM überlegen ist, wurde in der Literatur bisher noch nicht gefunden. Bis dies geschehen ist, bietet sich ein Rückgriff auf das CAPM – unter Inkaufnahme dessen restriktiven Prämissen – an.[461]

Im vorliegenden Modell wurde eine flache Zinsstrukturkurve, das heißt ein intertemporal konstanter risikoloser Zinssatz unterstellt. Die Verwendung perio-

---

459 Vgl. *Fama* (1977), S. 14; *Haley* (1984), S. 349; *Drukarczyk* (1993), S. 280-283. Streng genommen setzt die wiederholte Anwendung des CAPM – neben einem deterministischen risikolosen Zinssatz – einen deterministischen Marktpreis des Risikos, definiert als Verhältnis von Marktrisikoprämie und Varianz der Rendite des Marktportfolios, voraus. Somit müssen entweder die Marktrisikoprämie und die Varianz der Rendite des Marktportfolios oder deren Verhältnis als deterministisch angenommen werden. Vgl. Abschnitt 3.3.2.1.

460 Neben dem bereits in Abschnitt 3.3.2.1 diskutierten ICAPM, das zwar die Verwendung eines stochastischen risikolosen Zinses erlaubt, aber zu kaum handhabbaren Bewertungsgleichungen führt, ist insbesondere an die Arbitrage Pricing Theory zu denken. Diese berücksichtigt neben dem systematischen Risiko weitere Faktoren, die die Wertpapierrenditen beeinflussen. Vgl. *Ross* (1976), S. 346-356; *Ross* (1977b), S. 194-210; *Ross* (1978b), S. 458-464. Jedoch lässt sich zeigen, dass sich diese Faktoren bei Arbitragefreiheit auf einen einzigen Faktor verengen lassen. Formal führt dies zur Struktur des CAPM, ohne dass der Faktor inhaltlich bestimmt wäre. Zudem entbehrt die Arbitrage Pricing Theorie ein theoretisches Fundament. Vgl. *Gilles/Roy* (1991), S. 225 f.; *Kruschwitz/Löffler* (1997), S. 649 f.; *Hachmeister* (2000), S. 227.

461 Vgl. *Ballwieser* (1998), S. 83; *Richter* (1999), S. 63; *Dinstuhl* (2003), S. 31; *Wiese* (2006), S. 46; *Rosarius* (2007), S. 71.

denspezifischer oder laufzeitabhängiger risikoloser Zinssätze wäre mit einer wiederholten Anwendung des CAPM vereinbar, solange diese deterministisch sind.[462] Damit wäre es möglich, die – regelmäßig – konkave Zinsstrukturkurve im Bewertungsmodell abzubilden.[463] Darauf wurde im vorliegenden Modell verzichtet, um die Bewertungsgleichungen handhabbar zu halten.[464]

Da die periodenspezifischen Kapitalkosten des unverschuldeten Unternehmens mittels des CAPM direkt aus der Free-Cash-Flow-Verteilung und der Verteilung der Rendite des Marktportfolios gewonnen werden, ist im vorliegenden Modell weder eine Reaktionshypothese noch eine Adjustierung des Betafaktors zur Anpassung der Kapitalkosten an einen veränderten Verschuldungsgrad notwendig.[465] Jedoch müssen hierfür die Free-Cash-Flow-Verteilung, die Verteilung der Rendite des Marktportfolios sowie deren statistischer linearer Zusammenhang in allen betrachteten Perioden als bekannt angenommen werden.[466] Diese Größen sind in der Realität jedoch nicht bekannt und schwierig prognostizierbar.

Des Weiteren werden stochastisch unabhängige Free Cash Flows unterstellt. Diese Annahme ist ebenfalls restriktiv, dient jedoch der Vereinfachung des Bewertungskalküls. Zur Erfassung stochastisch abhängiger Free Cash Flows wäre der Wert des Eigenkapitals ebenfalls pfadabhängig zu ermitteln.[467]

---

462 Vgl. *Fama* (1977), S. 8 f.

463 Vgl. *Wiese* (2006), S. 8-13; *Ballwieser* (2011), S. 85-92.

464 Die Erfassung eines periodenspezifischen oder laufzeitabhängigen risikolosen Zinssatzes in den Gleichungen (5.54) und (5.106) durch ein simples Ersetzen des periodenunabhängigen risikolosen Zinssatzes durch periodenspezifische Zinssätze ist nicht möglich, da der risikolose Zinssatz über das Wandlungskriterium auch die Wandlungswahrscheinlichkeit beeinflusst.

465 Vgl. zu den Reaktionshypothesen *Modgliani/Miller* (1963), S. 439; *Miles/Ezzell* (1980), S. 725; *Inselbag/Kaufold* (1997), S. 117 f.; *Ballwieser* (1998), S. 91; *Hachmeister* (2000), S. 127; *Ballwieser* (2011), S. 163. Vgl. grundlegend zur Beta-Anpassung *Hamada* (1972), S. 439.

466 Die Free Cash Flows im Modell sind stochastisch unabhängig und – unter Berücksichtigung des Insolvenzausschlusses – beliebig verteilt. Auf die Annahme, dass die die Free Cash Flows einem Binomialprozess folgen, wurde in der vorliegenden Arbeit verzichtet, um das Modell möglichst allgemein gültig zu halten. Vgl. zu Binomialprozessen *Richter* (2001), S. 177-194.

467 Vgl. *Ballwieser* (2011), S. 72-76.

Schlussendlich liegt dem Modell der Kapitel 4 und 5 die Annahme symmetrisch verteilter Informationen zwischen den Eigenkapitalgebern und dem Wandelanleiheninhaber zugrunde. Zudem wurden keine opportunistischen Anreize der Eigenkapitalgeber und des Managements modelliert. Diese Annahmen erlauben die Anwendung kapitalmarkttheoretischer Konzepte und Modelle – insbesondere die arbitragefreie Bewertung und das CAPM –,[468] sind jedoch nicht mit der Realität vereinbar. Die Analyse der Auswirkungen solcher Informationsasymmetrien und Anreize zu opportunistischem Verhalten auf die Ergebnisse der vorliegenden Arbeit ist Gegenstand künftiger Forschung.

468 Sowohl die arbitragefreie Bewertung als auch das CAPM setzen einen vollkommenen Kapitalmarkt voraus, der eine Absenz von Informationskosten und somit eine symmetrische Informationsverteilung umfasst. Vgl. *Schmidt/Terberger* (2003), S. 91.

7 Thesenförmige Zusammenfassung

(1) Von besonderer Bedeutung für den Unternehmenswert ist die Kapitalstruktur des zu bewertenden Unternehmens, da diese einen wesentlichen Einfluss auf die Höhe, den zeitlichen Anfall und das Risiko der bewertungsrelevanten Zahlungsströme besitzt. Der Einfluss der Kapitalstruktur auf den Unternehmenswert wurde in der Literatur eingehend diskutiert und in zahlreichen formalen Modellen und empirischen Untersuchungen nachgewiesen. Üblicherweise werden jedoch in diesen Modellen Eigenkapital und nicht *wandelbares* Fremdkapital einander gegenübergestellt. Eine explizite Auseinandersetzung der Werteffekte einer Finanzierung mit *wandelbarem* Fremdkapital, die in einen theoretisch fundierten Bewertungskalkül mündet, fand in der Literatur bisher nicht statt.

(2) Eine solche Auseinandersetzung ist jedoch geboten, da die herkömmlichen Bewertungsverfahren die mit wandelbarem Fremdkapital verbundene Wandlungsunsicherheit nicht erfassen können. Die Unsicherheit über die Wandlung ergibt sich daraus, dass die Wandlungsentscheidung von den künftigen stochastischen Zahlungsströmen des zu bewertenden Unternehmens abhängt. Dies hat insbesondere einen Einfluss auf die Risikostruktur der periodischen Steuervorteile aus der Wandelanleihenfinanzierung. In Folge der unsicheren Wandlungsentscheidung sind auch die periodischen Zinszahlungen und die damit verbundenen Steuervorteile unsicher. Diese Unsicherheit ist bei der Diskontierung der Steuervorteile zu berücksichtigen.

(3) Eine bedeutsame Form wandelbaren Fremdkapitals sind Wandelanleihen. Sie kombinieren eine Anleihe mit einem Wandlungsrecht, das es dem Inhaber gestattet, die Anleihe entweder binnen eines vor der Emission der Wandelanleihe festgelegten Zeitraumes oder am Laufzeitende der Anleihe zu einem festgelegten Verhältnis in Aktien des Emittenten zu wandeln. Ist die Wandlung zu mehreren Zeitpunkten während der Laufzeit der Wandelanleihe möglich, spricht man von einer Wandelanleihe amerikanischen Typs. Ist die Wandlung nur am Laufzeitende möglich, liegt eine Wandelanleihe europäischen Typs vor. Aufgrund der Transformation von Fremd- zu Eigenkapital im Wandlungsfall sind

Wandelanleihen der Klasse der mezzaninen Finanzierungsinstrumente zuzuordnen.

(4) Obgleich weltweit sowohl die Marktkapitalisierung als auch das Emissionsvolumen von Wandelanleihen deutlich unter dem Niveau der Jahre vor der Finanzkrise liegt, betrug im Jahre 2010 die globale Marktkapitalisierung von Wandelanleihen 468 Milliarden US-Dollar. Das globale Emissionsvolumen entsprach im selben Jahr näherungsweise 100 Milliarden US-Dollar. Die breite Verwendung von Wandelanleihen in der Unternehmensfinanzierung wird durch eine Vielzahl praxisorientierter Einsatzmotive und theoretischer Modelle erklärt. Während die praktischen Einsatzmotive auf einem irrationalen Verhalten der Marktteilnehmer beruhen und daher aus theoretischer Sicht angreifbar sind, wird in der Literatur insbesondere den agency-theoretischen Modellen – ungeachtet der allgemeinen Kritik an der Agency-Theorie – eine hohe Erklärungskraft zugesprochen.

(5) Die Bewertung eines wandelanleihenfinanzierten Unternehmens erfolgt mittels eines Gesamtbewertungskalküls in Form eines APV-Verfahrens. Dieses Verfahren zeichnet sich dadurch aus, dass es den leistungswirtschaftlichen Wertbeitrag getrennt von dem Werteffekt aus der Finanzierungsstruktur ermittelt. Somit werden die Werteeffekte einer Wandelanleihenfinanzierung transparent. Das Risiko künftiger Zahlungsströme wird als Zuschlag auf den risikolosen Zinssatz erfasst. Dieses Vorgehen erlaubt eine Bewertung künftiger Zahlungsströme mittels des CAPM, die ohne explizite Kenntnis der individuellen Risikonutzenfunktionen und Handlungsfelder des Bewerters und des Wandelanleiheinhabers durchführbar ist. Wird ein arbitragefreier Kapitalmarkt mit Spanning-Eigenschaft unterstellt, entspricht der Unternehmenswert dem Marktpreis, der sich für das Unternehmen auf diesem idealisierten Markt ergibt.

(6) Zwischen dem Wert der Wandelanleihe und dem Wert des Gesamtkapitals bestehen Interdependenzen. Diese Interdependenzen werden bei einer isolierten Bewertung des Gesamtkapitals und der Wandelanleihe nicht erfasst. Da diese Interdependenzen jedoch bewertungsrelevant sind, ist eine integrative Bewertung von Gesamtkapital und Wandelan-

leihe vorzunehmen. Zwischen dem Wert der Wandelanleihe und dem Wert des Eigenkapitals bestehen ebenfalls Interdependenzen. Diese Interdependenzen sind in einem Strukturmodell zu berücksichtigen, das die Wandlungsentscheidung in Abhängigkeit von dem sich endogen im Modell ergebenden Wert des Eigenkapitals modelliert. Reduced-form-Ansätze, die die Wandlungsentscheidung in Abhängigkeit von einer exogen gegebenen Wertentwicklung modellieren, erfassen diese Interdependenzen nicht und sind somit nicht geeignet.

(7) Infolge der Wandlungsunsicherheit sind die Fremdkapitalbestände der Perioden, in denen die Wandlung möglich ist, unsicher. Erfolgt am Periodenende die Wandlung, lässt eine Nachfinanzierung mit Fremdkapital zur Aufrechterhaltung eines bestimmten Fremdkapitalbestands im Sinne einer autonomen Finanzierungspolitik oder eines bestimmten Verschuldungsgrades den Steuervorteil der Periode unberührt. Folglich sind die in der Literatur erarbeiteten, mit einer bestimmten Finanzierungspolitik assoziierten Kapitalkosten zur Diskontierung der periodischen Steuervorteile im Fall eines wandelanleihenfinanzierten Unternehmens nicht in den Perioden, in denen eine Wandlung möglich ist, anwendbar. Die Kapitalkosten sind stattdessen aus den zeit- und zustandsabhängigen Verteilungen der Steuervorteile zu ermitteln.

(8) Obgleich die Steuervorteile aus der Wandelanleihenfinanzierung nicht einzeln am Markt handelbar sind, sind deren Kapitalkosten unter bestimmten Bedingungen mit dem CAPM ermittelbar. Gleiches gilt für die Wandelanleihe, obwohl diese kein Bestandteil des Marktportfolios ist. Wird ein arbitragefreier Kapitalmarkt mit Spanning-Eigenschaft angenommen, lassen sich die Zahlungsstromverteilungen der Wandelanleihe und der Steuervorteile replizieren. Wenn die erwarteten Renditen der einzelnen Komponenten des Replikationsportfolios mittels des CAPM erklärbar sind, dann sind in Folge des Additivitätsprinzips und der linearen Rendite-Risiko-Beziehung des CAPM auch die erwarteten Renditen des Replikationsportfolios durch das CAPM zu erklären.

(9) Wandelanleihen lassen sich als eine Kombination einer Anleihe und einer Kaufoption interpretieren. Im optionspreistheoretischen Schrifttum wurde nachgewiesen, dass eine frühe Ausübung einer amerikani-

schen Kaufoption grundsätzlich nicht vorteilhaft ist. Dies impliziert, dass der Wert einer amerikanischen Kaufoption grundsätzlich dem Wert einer europäischen Kaufoption entspricht. Nur im Fall vorhandener Ausschüttungen während der Laufzeit beziehungsweise eines unsicheren Ausübungspreises sind Konstellationen möglich, in denen einen vorzeitige Ausübung der Kaufoption vorteilhaft ist. Die optionspreistheoretischen Bewertungsmodelle unterstellen jedoch eine exogen gegebene stochastische Entwicklung des Eigenkapitalwerts. Eine Übertragung der Ergebnisse dieser Modelle auf das Strukturmodell der vorliegenden Arbeit ist nicht gegeben. Daher ist es im Falle einer mehrperiodigen Bewertung notwendig, gesonderte Bewertungsgleichungen für Unternehmen, die mit einer Wandelanleihe finanziert sind, abzuleiten.

(10) Zur Ableitung von Bewertungsgleichungen eines mit einer Wandelanleihe finanzierten Unternehmens wird ein vollkommener, arbitragefreier Kapitalmarkt unterstellt. Die Annahmen des CAPM sind annahmegemäß erfüllt. Das zu bewertende Unternehmen ist ausschließlich mit Eigenkapital und einer Wandelanleihe finanziert. Die Wahrscheinlichkeitsverteilungen der periodenspezifischen, vom Unternehmen erwirtschafteten Free Cash Flows sind exogen gegeben. Der Free Cash Flow übersteigt in jeder Periode annahmegemäß die Zinszahlung und gegebenenfalls die Tilgungszahlung. Eine Insolvenz des Unternehmens ist folglich ausgeschlossen. Ebenfalls exogen gegeben und zudem intertemporal konstant sind die Wahrscheinlichkeitsverteilung der Rendite des Marktportfolios sowie der risikolose Zinssatz und die Parameter der Wandelanleihe.

(11) Im einperiodigen Bewertungsmodell wird das Unternehmen am Ende der ersten Periode liquidiert. Der Liquidationszeitpunkt entspricht dem Fälligkeitszeitpunkt der Wandelanleihe. Eine Unterscheidung zwischen einer Wandelanleihe europäischen Typs und einer Wandelanleihe amerikanischen Typs ist daher nicht möglich. Die Wandlungsentscheidung des Wandelanleiheinhabers erfolgt nach der Beobachtung des realisierten Free Cash Flow der Periode und vor Verteilung des Free Cash Flow auf die Kapitalgeber. Wählt der Wandelanleiheinhaber die Wandlung, erwirbt er im Austausch gegen den Zins- und Tilgungsanspruch einen Anspruch am Free Cash Flow der Periode. Somit existiert im Wand-

lungsfall auch kein Steuervorteil aus der Wandelanleihenfinanzierung. Die Höhe des Anspruches am Free Cash Flow, der im Zuge der Wandlung erworben wird, wird vor der Emission der Wandelanleihe festgesetzt. Unterbleibt die Wandlung, vereinnahmt der Wandelanleiheinhaber die Zins- und Tilgungszahlung der Periode.

(12) Die Wandlungsentscheidung erfolgt anhand eines Wandlungskriteriums: Der Wandelanleiheinhaber wird die Wandlung wählen, wenn der im Zuge der Wandlung erwerbbare Anspruch am Free Cash Flow der Periode größer ist als die Summe aus Zins- und Tilgungszahlung. Die Finanzierungsstruktur spielt für die Wandlungsentscheidung keine Rolle, da der Wandelanleiheinhaber nicht am Steuervorteil der Periode partizipiert: Erfolgt die Wandlung, erhält der Inhaber der Wandelanleihe zwar einen Anteil am Residualanspruch, jedoch verzichtet er auf die Zinszahlung, welche den Steuervorteil begründet. Unterbleibt die Wandlung, existiert zwar ein Steuervorteil aus der Wandelanleihenfinanzierung, jedoch kann der Wandelanleiheinhaber in Ermangelung eines Eigenkapitalanspruchs nicht an ihm partizipieren.

(13) Der Wert der leistungswirtschaftlichen Komponente ergibt sich im einperiodigen Modell aus der Diskontierung des erwarteten Free Cash Flow der ersten Periode mit den Eigenkapitalkosten des unverschuldeten Unternehmens. Die Eigenkapitalkosten lassen sich mittels des CAPM aus der Wahrscheinlichkeitsverteilung des Free Cash Flow und dessen Korrelation mit der Wahrscheinlichkeitsverteilung der Rendite des Marktportfolios bestimmen. Die sich ergebende Bewertungsgleichung ist zirkulär. Diese zirkuläre Beziehung lässt sich jedoch analytisch auflösen. Es ergibt sich eine zirkularitätsfreie Bewertungsgleichung, bei der ein Sicherheitsäquivalent des Free Cash Flow mit dem risikolosen Zinssatz diskontiert wird.

(14) Der Barwert der Steuervorteile ergibt sich aus der Diskontierung des Erwartungswerts des Steuervorteils der ersten Periode mit den Kapitalkosten des Steuervorteils. Der Erwartungswert des Steuervorteils ergibt sich aus der Summe der mit den Wahrscheinlichkeiten für die Wandlung beziehungsweise Nichtwandlung gewichteten Beträge der Steuervorteile im Wandlungs- respektive Nichtwandlungsfall. Im Wandlungs-

fall nimmt der Steuervorteil einen Wert von Null an. Im Nichtwandlungsfall ergibt sich dessen Höhe aus der Multiplikation des Steuersatzes mit dem Nominalzinssatz der Wandelanleihe und dem Nominalbetrag der Wandelanleihe. Die Wandlungswahrscheinlichkeit errechnet sich aus der Wahrscheinlichkeitsverteilung des Free Cash Flow unter Rückgriff auf den kritischen Free Cash Flow, bei dem der Wandelanleiheinhaber indifferent zwischen einer Wandlung und Nichtwandlung der Anleihe ist.

(15) Die Kapitalkosten des Steuervorteils lassen sich sowohl bei einer stetigen Modellierung des Free Cash Flow und der Marktrendite als auch bei einer diskreten Modellierung mit dem CAPM bestimmen. Im Falle einer diskreten Formulierung ist eine analytische Lösung möglich. Im Falle einer stetigen Formulierung der beiden Zufallsvariablen ist der Rückgriff auf ein numerisches Lösungsverfahren notwendig. Analog zu der Berechnung der leistungswirtschaftlichen Komponente ergibt sich ein zirkulärer Zusammenhang. Wird dieser aufgelöst, ergibt sich der Barwert des Steuervorteils mittels Diskontierung des Sicherheitsäquivalents des Steuervorteils mit dem risikolosen Zinssatz. Ist der Barwert des Steuervorteils bekannt, lassen sich dessen Kapitalkosten bestimmen.

(16) Bei der Ermittlung des Werts der Wandelanleihe ist die Unsicherheit auf zwei Ebenen zu berücksichtigen: Zum einen herrscht Unsicherheit hinsichtlich der Wandlung. Zum anderen herrscht im Wandlungsfall eine zusätzliche Unsicherheit hinsichtlich des realisierten Free Cash Flow. Zur Auflösung dieser Unsicherheitsstruktur ist das Sicherheitsäquivalent der Free Cash Flows im Wandlungsfall zu bestimmen. Dieses wird anschließend – unter Verwendung der Wandlungswahrscheinlichkeit – mit der sicheren Zins- und Tilgungszahlung, die sich im Nichtwandlungsfall ergibt, zu dem Erwartungswert des Anspruchs des Wandelanleiheinhabers verdichtet und mit den Kapitalkosten der Wandelanleihe diskontiert. Die Kapitalkosten werden mittels des CAPM aus der Wahrscheinlichkeitsverteilung des Anspruches des Wandelanleiheinhabers gewonnen. Auf diese Weise gelingt es, dass Wandlungsrisiko von dem operativen Free-Cash-Flow-Risiko zu trennen und in separaten Risikoabschlägen auszuweisen.

(17) Sind die Werte der leistungswirtschaftlichen Komponente und der Wandelanleihe sowie der Barwert der Steuervorteile bekannt, lassen sich neben dem Wert des mit einer Wandelanleihe finanzierten Unternehmens auch die Zahlungsströme ermitteln, die dem Eigenkapitalgeber zufließen. Mittels diesen lassen sich die Eigenkapitalkosten des wandelanleihenfinanzierten Unternehmens sowie dessen Betafaktor errechnen.

(18) Die Bewertung eines Unternehmens, das mit einer Wandelanleihe europäischen Typs finanziert ist, ist rekursiv vorzunehmen. Der Grund hierfür ist, dass für die Ermittlung des Sicherheitsäquivalents des Steuervorteils und der Wandelanleihe in der Periode, in der die Wandlung möglich ist, die Barwerte des Steuervorteils und der Ansprüche des Wandelanleiheinhabers aus Sicht des Endes der Vorperiode bekannt sein müssen. Die Bestimmung der Sicherheitsäquivalente erfolgt analog zu dem Vorgehen im einperiodigen Bewertungskontext. Da in allen anderen vorhergehenden Perioden eine Wandlung ausgeschlossen ist, sind die sich ergebenden Barwerte von den Zahlungsströmen der vorhergehenden Perioden stochastisch unabhängig. Dementsprechend sind diese Barwerte mit dem risikolosen Zinssatz auf den Bewertungszeitpunkt abzuzinsen. Zu den sich daraus ergebenden Barwerten sind die Barwerte der sicheren Steuervorteile respektive Zinszahlungen der Perioden, in denen keine Wandlung möglich ist, zu addieren.

(19) Die Bewertung der leistungswirtschaftlichen Komponente erfolgt mittels der risikolosen Diskontierung der Sicherheitsäquivalente der Free Cash Flows der einzelnen Perioden bis zur Liquidation des Unternehmens. Die Sicherheitsäquivalente werden in jeder Periode analog zum Vorgehen im einperiodigen Bewertungskontext bestimmt. Sind die einzelnen Wertkomponenten des APV-Verfahrens bekannt, lassen sich der Unternehmenswert sowie die Eigenkapitalkosten und der entsprechende Betawert berechnen.

(20) Im Falle einer Finanzierung mit einer Wandelanleihe amerikanischen Typs sind die Steuervorteile beziehungsweise Ansprüche des Wandelanleiheinhabers von den Wandlungsentscheidungen in den vorhergehenden Perioden abhängig. Die Barwerte der Steuervorteile bezie-

hungsweise der Ansprüche des Wandelanleiheinhabers sind somit pfadabhängig. Diese Pfadabhängigkeit bedingt eine rekursive Bewertung, bei der die zeit- und zustandsabhängigen Barwerte künftiger Steuervorteile beziehungsweise Ansprüche des Wandelanleiheninhabers zu den entsprechenden Zahlungsströmen der Vorperiode addiert werden. Dadurch ergeben sich neue Wahrscheinlichkeitsverteilungen der Steuervorteile beziehungsweise Ansprüche des Wandelanleiheinhabers, die den Barwert künftiger Zahlungen berücksichtigen. Der Erwartungswert der neuen Verteilungen ist mit den Kapitalkosten zu diskontieren, die das Risiko der neuen Verteilung widerspiegeln. Dieses Verfahren ist bis zur Periode, in der die Wandlung zum ersten Mal möglich ist, zu wiederholen. Der sich in dieser Periode ergebende Barwert ist mit dem risikolosen Zinssatz auf den Bewertungsstichtag zu diskontieren. Hierzu sind die Barwerte der sicheren Steuervorteile respektive Zinszahlungen der Perioden, in denen keine Wandlung möglich ist, zu addieren.

(21) Die leistungswirtschaftliche Komponente ist mit der im Fall einer Wandelanleihe europäischen Typs identisch. Die Bestimmung des Unternehmenswerts sowie der Kapitalkosten und des Betafaktors des mit einer Wandelanleihe amerikanischen Typs finanzierten Unternehmens erfolgt analog dem Vorgehen im Fall der Finanzierung mit einer Wandelanleihe europäischen Typs.

(22) Im Rahmen eines Zahlenbeispiels wurde gezeigt, dass der Wert der Wandelanleihe amerikanischen Typs über dem Wert der Wandelanleihe europäischen Typs liegt. Der Hintergrund hierfür ist, dass die Möglichkeit einer vorzeitigen Wandlung werthaltig ist. Der Wert einer vorzeitigen Wandlung wird vom Wandelanleiheninhaber vereinnahmt und geht zu Lasten der Eigenkapitalgeber. Es kommt somit zu einer Vermögensverschiebung von den Eigenkapitalgebern zum Inhaber der Wandelanleihe. Der Wert eines mit nicht wandelbarem Fremdkapital finanzierten Unternehmens liegt sowohl unter dem Wert des mit einer Wandelanleihe europäischen Typs finanzierten Unternehmens als auch unter dem Wert eines mit einer Wandelanleihe amerikanischen Typs finanzierten Unternehmens. Dies lässt sich mit dem Diversifikationseffekt des Steuervorteils begründen, der sich daraus ergibt, dass die Höhe der Steuervorteile negativ mit der Rendite des Marktportfolios korreliert. Es erge-

ben sich somit negative Betafaktoren für die periodenspezifischen Steuervorteile.

(23) Die in der vorliegenden Arbeit entwickelten Bewertungsgleichungen erlauben die Bewertung eines mit einer Wandelanleihe finanzierten Unternehmens unter Berücksichtigung der Wandlungsunsicherheit. In der Literatur finden sich keine alternativen Gleichungen, die eine solche Bewertung ermöglichen. Neben dem Neuigkeitsgehalt zeichnet die Bewertungsgleichungen der hohe Anteil an modellendogenen Größen aus. Die dem Modell zu Grunde liegenden Prämissen sind jedoch teilweise stark restriktiv. Dies trifft insbesondere auf den Ausschluss von Insolvenzrisiken, die unterstellte Informationssymmetrie zwischen den Wirtschaftssubjekten und die Annahme einer flachen Zinsstruktur sowie stochastisch unabhängiger Free Cash Flows zu. Die Lockerung dieser Prämissen ist Gegenstand künftiger Forschung. Dagegen sind zusätzliches nicht wandelbares Fremdkapital und eine beliebige Anschlussfinanzierungsform leicht in das Modell zu integrieren.

Anhang

Anhang 1: Behandlung der Stückzinsen im Wandlungsfall

Wandelanleihe[469]	Laufzeit	Nominales Emissionsvolumen (Mio. EUR)[470]	Untergang des Anspruchs auf Stückzinsen im Wandlungsfall?
Arcelor Mittal	09/14	500	Keine Angabe
Biofrontera	06/12	20	Ja[471]
Celesio	11/18	350	Ja[472]
EM.TV Fin.	06/13	88	Ja[473]
EPG	06/14	7	Ja[474]

469 Die Stichprobe entspricht den in der Fankfurter Allgemeinen Zeitung vom 5. Januar 2012 aufgeführten Wandelanleihen. Diese Liste umfasst eine Teilmenge der an der Frankfurter Wertpapierbörse gelisteten Wandelanleihen und ist nicht auf Wandelanleihen deutscher Emittenten beschränkt. Vgl. *FAZ* (2012), S. 22. Eine Teilmenge dieser Auswahl sowie zehn weitere Wandelanleihen sind in der Börsen-Zeitung aufgeführt. Vgl. *Börsen-Zeitung* (2012), S. 31.

470 Die Daten sind auf ganze Millionenbeträge gerundet.

471 Vgl. *Biofrontera AG* (2006), S. 144.

472 Direkte Anfrage beim der *Celesio AG*.

473 Vgl. *EM.TV Finance B.V.* (2006), S. 38, § 3a.

474 Vgl. *Engineered NanoProducts Germany (EPG) AG* (2006), S. 2, § 3 (3).

Gold-Zack[475]	00/unb.	125	Keine Angabe
IVG Finance	07/17	400	Ja[476]
Klöckner&Co. Fin.	09/14	98	Keine Angabe
RCM Beteilig.	07/12	9	Ja[477]
Salzgitter FIN.	09/16	296	Keine Angabe
Südzucker	09/16	400	Ja[478]
TUI	11/16	339	Ja[479]

475 Die *Gold-Zack AG* ist seit 2003 insolvent.
476 Vgl. *IVG Immobilien AG* (2007), S. 12, § 4 (a).
477 Vgl. *RCM Beteiligungs-AG* (2007) S. 3, § 2 (1).
478 Vgl. *Suedzucker AG* (2009), S. 2, §2 (1).
479 Vgl. *TUI AG* (2011), S. 2 § 2 (1).

Anhang 2: Emissionsvolumina von Wandelanleihen deutscher Emittenten an der Frankfurter Wertpapierbörse

Wandelanleihe[480]	Muttergesellschaft des Emittenten (Name und Sitz)	Nominales Emissionsvolumen (Mio. EUR)[481]
Activa Res. WLD. 11/14	Activa Resources AG, Bad Homburg	3
Air Berlin Fin. 07/27 CV	Air Berlin PLC & Co. Luftverkehrs KG, Berlin	11
Celesio Finance 09/14 CV	Celesio AG, Stuttgart	350
Celesio Finance 11/18 CV	Celesio AG, Stuttgart	350
EM.TV Finance 06/13 CV	Constantin Medien AG, München	15
EPG AG WLD.06/14	Engineered nanoProducts Germany AG, Griesheim	7
Gold-Zack AG WDL 00/unb.	Gold-Zack AG, Wuppertal (seit 2003 in Insolvenz)	125
Infineon T. Hldgs. 09/14 CV	Infineon Techniologies AG, München	196
IVG Finance 07/17 CV	IVG Immobilien AG, Bonn	400
Kloeckner+Co. Fin. 07/12 CV	Kloeckner & Co. SE, Duisburg	325
Kloeckner+Co. F.S. 09/14 CV	Kloeckner & Co. SE, Duisburg	98
Kloeckner+Co. F.S. 10/17CV	Kloeckner & Co. SE, Duisburg	186
Lufthansa AG Anl.	Deutsche Lufthansa AG,	750

480 Es werden alle zum 5. Januar 2012 an der Frankfurter Wertpapierbörse notierten Wandelanleihen berücksichtigt, deren Emittent zu einem Konzern gehört, dessen Muttergesellschaft ihren Sitz in Deutschland hat. Die Informationen sind der Kurs- und Informationsseite der jeweiligen Wandelanleihe auf der Homepage der Frankfurter Wertpapierbörse entnommen. Vgl. *Deutsche Börse Group* (2012). Die Länderzuordnung erfolgt anhand der International Securities Identification Number (ISIN). Wandelanleihen mit der länderunabhängigen Kennung „XS“ werden nicht berücksichtigt.

481 Die Daten sind auf ganze Millionenbeträge gerundet.

02/12	Köln	
MTU Aero Engines 07/12 CV	MTU Aero Engines Holding AG, München	165
Q-Cells Intl. Fin.07/12 CV	Q-Cells SE, Bitterfeld-Wolfen	493
Q-Cells Intl. Fin.09/14 CV	Q-Cells SE, Bitterfeld-Wolfen	250
RCM Beteil. WLD. 07/12	RCM Beteiligungs AG, Sindelfingen	6
RCM Beteil. WLD. 10/14	RCM Beteiligungs AG, Sindelfingen	9
Salzgitter Fin. 09/16 CV	Salzgitter AG, Salzgitter	296
Salzgitter Fin. 10/17 CV	Salzgitter AG, Salzgitter	296
Suedzucker Intl. 09/16	Südzucker AG, Mannheim	283
Systaic AG WDL. 09/13	Systaic AG, Düsseldorf	16
TAG Immob.WLD. 09/12	TAG Immobilien AG, Hamburg	13
TUI AG WDL.09/14	TUI AG, Hannover	218
TUI AG WDL.11/16	TUI AG, Hannover	350
	Summe	5.211
	Durchschnitt	208

Anhang 3: Wandelanleihenemissionen an der Frankfurter Wertpapierbörse im Jahre 2010

Wandelanleihe[482]	Muttergesellschaft des Emittenten (Name und Land des Hauptsitzes)	Nominales Emissionsvolumen (Mio. EUR)[483]
Abengoa 10/17 CV	Abengoa S.A., Spanien	250
BES Fin. 10/15 CV	Banco Espirito Santo S.A., Portugal	500
Club Med. 10-15 CV	Club Méditerranée S.A., Frankreich	80
Contr. Intl. Fin. 10/15 CV	Portugal Telecom S.A., Portugal	224
Conwert Immo. Inv. 10-16 CV	Conwert Immobilien Invest SE, Österreich	131
Industrievaerden 10/15 CV	Industrievärden AB, Schweden	450
Jaccar Hldgs. 10/12 CV	Jaccar Holdings S.A., Luxemburg	70
Kloeckner+Co.F.S. 10/17CV	Kloeckner & Co. SE, Deutschland	186
Marine Harvest 10-15 CV	Marine Harvest ASA, Norwegen	225
Maurel et Prom 10-15 CV	Établissements Maurel et Prom S.A., Frankreich	268
RCM Beteili. WLD.	RCM Beteiligungs AG,	9

482 Es werden alle zum 5. Januar 2012 an der Frankfurter Wertpapierbörse notierten Wandelanleihen berücksichtigt, die im Kalenderjahr 2010 emittiert wurden. Die Informationen über die nominalen Emissionsvolumina sind der Kurs- und Informationsseite der jeweiligen Wandelanleihe auf der Homepage der Frankfurter Wertpapierbörse entnommen. Vgl. *Deutsche Börse Group* (2012). Zusätzliche Informationen sind durch eigene Fußnoten kenntlich gemacht.

483 Die Daten sind auf ganze Millionenbeträge gerundet.

10/14	Deutschland	
Salzgitter Fin. 10/17 CV	Salzgitter AG, Deutschland	296
Wereldhave N.V. 10/15 CV	Wereldhave N.V., Niederlande	230
	Summe	2919
	Durchschnitt	225

Anhang 4: Unternehmensspezifische Bedeutung von Wandelanleihen

Muttergesellschaft des Emittenten[484]	Verhältnis des ausstehenden Nominalbetrags aller Wandelanleihen des Konzerns zur Konzernbilanzsumme des Geschäftsjahres 2010[485]	Verhältnis des ausstehenden Nominalbetrags aller Wandelanleihen des Konzerns zu der Summe der in der Konzernbilanz 2010 ausgewiesenen langfristigen Verbindlichkeiten[486]
Abengoa S.A., Spanien[487]	$\frac{200+250}{16.974}=0,0265$	$\frac{200+250}{8.952}=0,0503$
Banco Espirito Santo S.A.*, Portugal[488]	$\frac{500}{75.964}=0,0066$	$\frac{500}{24.110}=0,0207$
Club Méditerranée S.A., Frankreich[489]	$\frac{80}{1.430}=0,0559$	$\frac{80}{320}=0,25$
Portugal Telecom S.A., Portugal[490]	$\frac{750}{15.170}=0,0494$	$\frac{750}{7.877}=0,0952$
Conwert Immobilien Invest SE, Österreich[491]	$\frac{131+196}{3.551}=0,0921$	$\frac{131+196}{1.642}=0,1991$

484 Der Stichprobe setzt sich aus den Konzernmuttergesellschaften der in Anhang 3 aufgeführten Wandelanleihen zusammen. Die Reihenfolge des Anhangs 3 wurde beibehalten. Finanzinstitute sind mit einem Sternchen gekennzeichnet. Die Informationen über die Wandelanleihen und die Bilanzdaten sind den Konzerngeschäftsberichten für das Geschäftsjahr 2010 der aufgeführten Muttergesellschaften entnommen.

485 Die Berechnung erfolgte mittels Addition der ausstehenden Nominalbeträge aller Wandelanleihen des Konzerns und der Division dieser Summe durch die Konzernbilanzsumme des Geschäftsjahrs 2010. Alle Zahlenwerte sind Eurobeträge. Fremdwährungsbeträge wurden zum entsprechenden Schlusskurs des 30.12.2011 in Euro umgerechnet. Die Bilanzdaten sind nach IFRS. Die Ergebnisse sind auf vier Dezimalen gerundet.

486 Die Berechnung erfolgte mittels Addition der ausstehenden Nominalbeträge aller Wandelanleihen des Konzerns und der Division dieser Summe durch die Summe der in der Konzernbilanz 2010 ausgewiesenen langfristigen Verbindlichkeiten. Die weiteren Erklärungen der voran stehenden Fußnote gelten entsprechend.

487 Vgl. *Abengoa S.A.* (2011), S. 7.

488 Vgl. *Banco Espirito Santo S.A.* (2011), S. 78.

489 Vgl. *Club Méditerranée S.A.* (2011), S. 15 f. und S. 28.

490 Vgl. *Portugal Telecom S.A.* (2010), S. 70 f. und S. 179 f.

491 Vgl. *Conwert Immobilien Invest SE* (2011), S. 40 f. und S. 92 f.

Industrievärden AB, Schweden[492]	$\frac{450}{8.064}=0,0558$	$\frac{450}{1.405}=0,3203$
Jaccar Holdings S.A., Luxemburg[493]	k.A.	k.A.
Kloeckner & Co. SE, Deutschland[494]	$\frac{325+98+186}{3.491}=0,1744$	$\frac{325+98+186}{1.361}=0,4475$
Marine Harvest ASA, Norwegen[495]	$\frac{225}{3.061}=0,0735$	$\frac{225}{1.030}=0,2185$
Établissements Maurel et Prom S.A., Frankreich[496]	$\frac{268}{1.849}=0,1449$	$\frac{268}{619}=0,4330$
RCM Beteiligungs AG, Deutschland[497]	$\frac{9+4}{50}=0,26$	$\frac{9+4}{26}=0,5$
Salzgitter AG, Deutschland[498]	$\frac{296}{8.688}=0,0341$	$\frac{296}{3.033}=0,0976$
Wereldhave N.V., Niederlande[499]	$\frac{230+206}{3.121}=0,1397$	$\frac{230+206}{1.060}=0,0,4113$
Durchschnitt		
Gesamte Stichprobe	$0,0928$	$0,2336$
Ohne Finanzinstitute	$0,1006$	$0,2748$
Median		
Gesamte Stichprobe	$0,0647$	$0,2342$
Ohne Finanzinstitute	$0,0735$	$0,25$

492 Vgl. *Industrievärden AB* (2011), S. 7 und S. 36.

493 Für die *Jaccar Holdings S.A.* waren die entsprechenden Informationen nicht verfügbar. Die Gesellschaft wird daher bei der Summen- und Durchschnittsbildung nicht berücksichtigt.

494 Vgl. *Kloeckner & Co. SE* (2011), S. 16 und S. 73.

495 Vgl. *Marine Harvest ASA* (2011), S. 6 und S. 47.

496 Vgl. *Établissements Maurel et Prom S.A.* (2011), S. 107 und S. 123.

497 Vgl. *RCM Beteiligungs AG* (2011), S. 23 und S. 26.

498 Vgl. *Salzgitter AG* (2011), S. 119 und S. 121.

499 Vgl. *Wereldhave N.V.* (2011), S. 23 und S. 62.

Literaturverzeichnis

Aders, Christian/Schröder, Jakob: Konsistente Ermittlung des Fortführungswerts bei nominellem Wachstum, in: Richter, Frank/Timmreck, Christian (Hrsg.): Grenzen und Möglichkeiten moderner Unternehmensbewertung, Stuttgart 2004, S. 99-116.

Aders, Christian/Wagner, Marc: Kapitalkosten in der Bewertungspraxis: Zu hoch für die „New Economy“ und zu niedrig für die „Old Economy“, in: Finanz Betrieb, 6. Jg. (2004), S. 30-42.

Akerlof, George A.: The Market for 'Lemons': Quality Uncertainty and the Market Mechanism, in: The Quarterly Journal of Economics, Vol. 84 (1970), S. 488-500.

Albul, Boris/Jaffee, Dwight M./Tchistyi, Alexei: Contingent Convertible Bonds and Capital Structure Decisions, Working Paper, Haas School of Business, University of California at Berkeley, Berkeley, CA 2010, Stand: 28.05.2010, abrufbar unter: http://www.nber.org/public_html/ confer/2010/SI2010/FEEL/ Albul_Jaffee_Tchistyi.pdf, letzer Zugriff: 02.01.2012.

Alchian, Armen A./Demsetz, Harold: Production, information costs, and economic organization, in: American Economic Review, Vol. 62 (1972), S. 777-795.

Alexander, Carol: Market Risk Analysis, Volume I: Quantitative Methods in Finance, Hoboken, NJ 2008.

Altman, Edward I.: A further Empirical Investigation of the Bankruptcy Cost Question, in: The Journal of Finance, Vol. 39 (1984), S. 1067-1089.

Ammann, Manuel/Fehr, Martin/Seiz, Ralf: New Evidence on the Announcement Effect of Convertible and Exchangeable Bonds, in: Journal of Multinational Financial Management, Vol. 16 (2006), S. 43-63.

Ammann, Manuel/Kind, Axel/Wilde, Christian: Are Convertible Bonds Underpriced? An analysis of the French market, in: Journal of Banking & Finance, Vol. 27 (2003), S. 635-653.

Arak, Marcelle/Martin, L. Ann: Convertible Bonds: How Much Equity, How Much Debt?, in: Financial Analysts Journal, Vol. 61 (2005), S. 22-25.

Armitage, Seth: The Cost of Capital, Cambridge, UK u.a. 2005.

Arnold, Sven/Lahmann, Alexander/Schwetzler, Bernhard: Der Einfluss der „Zinsschranke" auf den Unternehmenswert – Eine Anmerkung, in: Corporate Finance biz, Vol. 2 (2011), S. 293-299.

Arrow, Kenneth J.: The Economics of Agency, in: Pratt, John W./Zeckhauser, Richard J. (Hrsg.) : Principals and Agents – The Structure of Business, Boston, MA 1985, S. 37-51.

Arrow, Kenneth: The Role of Securities in the Optimal Allocation of Riskbearing, in: Review of Economic Studies, Vol. 31 (1964), S. 91-96.

Arzac, Enrique R./Glosten Lawrence R.: A Reconsideration of Tax Shield Valuation, in: European Financial Management, Vol. 11 (2005), S. 453-461.

Ashton, Douglas J./Atkins, Derek: Interactions in Corporate Financing and Investment Decisions – Implications for Capital Budgeting: A Further Comment, in: Journal of Finance, Vol. 33 (1978), S. 1447-1453.

Asquith, Paul: Convertible Bonds are Not Called Late, in: Journal of Finance, Vol. 50 (1995), S. 1275-1289.

Baetge, Jörg/Krause, Clemens: Die Berücksichtigung des Risikos bei der Unternehmensbewertung – Eine empirisch gestützte Betrachtung des Kalkulationszinses, in: Betriebswirtschaftliche Forschung und Praxis, 46. Jg. (1994), S. 433-456.

Ballwieser, Wolfgang: Unternehmensbewertung – Prozeß, Methoden und Probleme, 3. Aufl., Stuttgart 2011.

Ballwieser, Wolfgang: Unternehmensbewertung zwischen Individual- und stilisiertem Marktkalkül, in: Königsmaier, Heinz/Rabel, Klaus (Hrsg.): Unternehmensbewertung. Theoretische Grundlagen – Praktische Anwendung, Festschrift für Gerwald Mandl, Wien 2010, S. 63-81.

Ballwieser, Wolfgang: Controlling und Risikomanagement, in: Hommelhoff, Peter/Hopt, Klaus J./v. Werder, Axel (Hrsg.): Handbuch Corporate Governance – Leitung und Überwachung börsennotierter Unternehmen in der Rechts- und Wirtschaftspraxis, 2. Aufl., Stuttgart 2009, S. 447-462.

Ballwieser, Wolfgang: Das Residualgewinnmodell für Zwecke der Unternehmensbewertung, in: Albrecht, Peter/Lorenz, Egon/Rudolph, Bernd (Hrsg.): Risikoforschung und Versicherung, Festschrift für Elmar Helten, Karlsruhe 2004, S. 51-64.

Ballwieser, Wolfgang: Zum risikolosen Zins für die Unternehmensbewertung, in: Richter, Frank/Schüler, Andreas/Schwetzler, Bernhard (Hrsg.): Kapitalgeberansprüche, Marktwertorientierung und Unternehmenswert, Festschrift für Jochen Drukarczyk, München 2003, S. 19-35.

Ballwieser, Wolfgang: Der Kalkulationszinsfuß in der Unternehmensbewertung: Komponenten und Ermittlungsprobleme, in: Die Wirtschaftsprüfung, 55. Jg. (2002), S. 736-743.

Ballwieser, Wolfgang: Unternehmensbewertung mit Discounted Cash Flow-Verfahren, in: Die Wirtschaftsprüfung, 51. Jg. (1998), S. 81-92.

Ballwieser, Wolfgang: Kalkulationszinsfuß und Steuern, in: Der Betrieb, 50. Jg. (1997), S. 2393-2396.

Ballwieser, Wolfgang: Aktuelle Aspekte der Unternehmensbewertung, in: Die Wirtschaftsprüfung, 48. Jg. (1995), S. 119-129.

Ballwieser, Wolfgang: Methoden der Unternehmensbewertung, in: Gebhardt, Günther/Gerke, Wolfgang/Steiner, Manfred (Hrsg.): Handbuch des Finanzmanagements, München 1993, S. 151-176.

Ballwieser, Wolfgang: Unternehmensbewertung mit Hilfe von Multiplikatoren, in: Rückle, Dieter (Hrsg.): Aktuelle Fragen der Finanzwirtschafts- und der Unternehmensbesteuerung, Festschrift für Erich Loitlsberger, Wien 1991, S. 47-66.

Ballwieser, Wolfgang: Unternehmensbewertung und Komplexitätsreduktion, 3. Aufl., Wiesbaden 1990.

Ballwieser, Wolfgang: Die Wahl des Kalkulationszinsfußes bei der Unternehmensbewertung unter Risiko und Geldentwertung, in: Schmalenbachs Betriebswirtschaftliche Forschung und Praxis, 33. Jg. (1981), S. 99-104.

Ballwieser, Wolfgang: Möglichkeiten der Komplexitätsreduktion bei einer prognose-orientierten Unternehmensbewertung, in: Schmalenbachs Zeitschrift für betriebswirtschaftliche Forschung, 32. Jg. (1980), S. 50-73.

Ballwieser, Wolfgang: Kassendisposition und Wertpapieranlage, Wiesbaden 1978.

Ballwieser, Wolfgang/Coenenberg, Adolf G./Schultze, Wolfgang: Unternehmensbewertung, erfolgsorientierte, in: Ballwieser,Wolfgang/Coenenberg, Adolf G./Wysocki, Klaus v. (Hrsg.): Handwörterbuch der Rechnungslegung und Prüfung. 3. Aufl., Stuttgart 2002, Sp. 2412–2432.

Ballwieser, Wolfgang/Küting, Karlheinz/ Schildbach, Thomas: Fair value – erstrebenswerter Wertansatz im Rahmen einer Reform der handelsrechtlichen Rechnungslegung?, in: Betriebswirtschaftliche Forschung und Praxis, 46. Jg. (2004), S. 529-549.

Ballwieser, Wolfgang/Leuthier, Rainer: Grundprinzipien, Verfahren und Probleme der Unternehmensbewertung (Teil I), in: Deutsches Steuerrecht, 24. Jg. (1986), S. 545-551.

Bamberg, Günter/Coenenberg, Adolf G./Krapp, Michael: Betriebswirtschaftliche Entscheidungslehre, 14. Aufl., München 2008.

Bamberg, Günter/Krapp, Michael/Dorfleitner, Gregor: Zur Bewertung risikobehafteter Zahlungsströme mit intertemporaler Abhängigkeitsstruktur, in: Betriebswirtschaftliche Forschung und Praxis, Vol. 56 (2004), S. 101-118.

Bancel, Franck/Mittoo, Usha R.: Cross-Country Determinants of Capital Structure Choice: A Survey of European Firms, in: Financial Management, Vol. 33 (2004), S.103-132.

Barbi, Massimiliano: A Martingale Approach to Compute the Value of Debt Tax Shields, Department of Economics and Business Administration Sciences, Catholic University of Milan, Mailand 2007, Stand: 26.11.2007, abrufbar unter: http://www.fma.org/Prague/Papers/A_Martingale_Approach_to_Compute_the_Value_of_Debt_Tax_Shields.pdf, letzter Zugriff: 08.01.2012.

Barclay, Michael J./Holderness, Clifford G.: Private Benefits from Control of Public Corporations, in: Journal of Financial Economics, Vol. 25 (1989), S. 371-395.

Barnea, Amir/Haugen, Robert/Senbet, Lemma: Agency Problems and Financial Contracting, Englewood Cliffs, NJ 1985.

Baumol, William J.: An Expected Gain Confidence Limit Criterion for Portfolio Selection, in: Management Science, Vol. 10, 1963, S. 174-182.

Beja, Avraham: The Structure of the Cost of Capital under Uncertainty, in: Review of Economic Studies, Vol. 38 (1971), S. 359-368.

Bhide, Amar V.: The Hidden Costs of Stock Market Liquidity, in: Journal of Financial Economics, Vol. 34 (1993), S. 31-51.

Bieg, Hartmut/Kußmaul, Heinz: Finanzierung, 2. Aufl., München 2009.

Bielecki, Tomasz/Crépey, Stéphane/Jeanblanc, Monique/Rutkowski, Marek: Convertible Bonds in a Defaultable Diffusion Model, Working Paper, Department of Applied Mathematics, Illinois Institute of Technology, Chicago, IL 2009, Stand: 28.01.2009, abrufbar unter: http://www.maths.univevry.fr/chaire_risque_de_credit /publications/CB3-Jan-29.pdf, letzter Zugriff: 08.01.2012.

Bigus, Jochen: Heterogeneous Beliefs, Moral Hazard, and Capital Structure, in: Schmalenbach Business Review, Vol. 55 (2003), S. 136-160.

Billingsley, Randall/Smith, David: Why do Firms Issue Convertible Debt?, in: Financial Management, Vol. 25 (1996), S. 93-99.

Bingham, Nick H./Kiesel, Rüdiger: Risk-neutral Valuation – Pricing and Hedging of Financial Derivatives, 2. Aufl, London 2004.

Bierman, Harold/Smidt, Seymour: The Capital Budgeting Decision: Economic Analysis and Financing of Investment Projects, 4. Aufl., New York, NY 1975.

Black, Fischer/Scholes, Myron: The Pricing of Options and Corporate Liabilities, in: Journal of Political Economy, Vol. 20 (1973), S. 63-654.

Bodie, Zvi/Kane, Alex/Marcus, Alan J.: Investments, 8. Aufl, Boston, MA 2009.

Börsen-Zeitung (Hrsg.): Börsenzeitung, Dienstag, 3. Januar 2012, Frankfurt am Main 2012.

Börse Stuttgart AG (Hrsg.): Kurs- und Informationsseite, Stuttgart 2012, abrufbar unter: http://www.boerse-stuttgart.de/de/marktundkurse/anleihen/ weitereanleihen/ weitereanleihen.html, letzter Zugriff: 08.01.2012.

Bogue, Marcus C./Roll, Richard: Capital Budgeting of Risky Projects with 'Imperfect' Markets for Physical Capital, in: Journal of Finance, Vol. 29 (1974), S. 601-613.

Bosse, Michael/Hultsch, Christoph: Handelsrechtliche Behandlung von in Fremdwährung emittiertem Hybridkapital bei Kapitalgesellschaften, in: Corporate Finance law, 2. Jg. (2011), S. 48-62.

Brähler, Gernot: Statische vs. dynamische Steuerbelastungsvergleiche – Vorteilhaftigkeitsüberlegungen anhand einer empirischen Untersuchung des deutschen Steuerrechts, in: Die Betriebswirtschaft, 62. Jg. (2008), S. 654-670.

Brealey, Richard A./Myers, Stewart C./Allen, Franklin: Principles of Corporate Finance, 9. Aufl., Boston, MA 2008.

Brennan, Michael J.: An Approach to the Valuation of Uncertain Income Streams, in: Journal of Finance, Vol. 28 (1973), S. 661-674.

Brennan, Michael/Kraus, Alan: Efficient Financing under Asymmetric Information, in: Journal of Finance Vol. 42 (1987), S. 1225-1243.

Brennan, Michael J./Schwartz, Eduardo S.: The Case for Convertibles, in: Journal of Applied Corporate Finance, Vol. 1 (1988), S. 55–64.

Brennan, Michael J./Schwartz, Eduardo S.: Analyzing Convertible Bonds, in: Journal of Financial and Quantitative Analysis, Vol. 15 (1980), S. 907-929.

Brennan, Michael J./Schwartz, Eduardo S.: Finite Difference Methods and Jump Processes Arising in the Price of Contingent Claims: a Synthesis, in: Journal of Financial and Quantitative Analysis, Vol. 13 (1978), S. 461-473.

Brennan, Michael/Schwartz, Eduardo: Convertible Bonds: Valuation and Optimal Strategies for Call and Conversion, in: Journal of Finance, Vol. 32 (1977), S. 1699-1707.

Brito, Ney O.: Marketability Restrictions and the Valuation of Capital Assets Under Uncertainty, in: Journal of Finance, Vol. 32 (1977), S. 1109-1123.

*Brüggemann, Benedikt/Lühn, Michael/*Siegel, *Mikosch*: Bilanzierung hybrider Finanzinstrumente nach HGB, IFRS und US-GAAP im Vergleich (Teil I), in: Kapitalmarktorientierte Rechnungslegung, 4. Jg. (2004), S. 340-352.

Bühler, Wolfgang/Koziol, Christian: Valuation of Convertible Bonds with Sequential Conversation, in: Schmalenbach Business Review, Vol. 54 (2002), S. 302-332.

Busse von Colbe, Walther: Handeslrechtliche Bilanzierung von Optionsanleihe und Optionsentgelten aus betriebswirtschaftlicher Sicht, in: Busse von Colbe, Walther/Großfeld, Bernhard/Kley, Karl-Ludwig/Martens, Klaus-Peter/Schlede, Klaus G. (Hrsg.): Bilanzierung von Optionsanleihen im Handelsrecht, Heidelberg 1987, S. 47-82.

Calamos, John P.: Convertible Securities: The Latest Instruments, Portfolio Strategies, and Valuation Analysis, New York, NY 1998.

Calomiris, Charles W./Herring, Richard J.: Why and How to Design a Contingent Convertible Debt Requirement, Working Paper, The Wharton School, University of Pennsylvania, Philadelphia, PA 2011, Stand: 19.04.2011, abrufbar unter: http://papers.ssrn.com/sol3/papers.cfm?abstract_id=1815406, letzter Zugriff: 08.01.2012.

Casey, Christopher: Kapitalmarkttheoretische Unternehmensbewertung – Theoretische Fundierung, Vorteilhaftigkeit der Methoden und ökonomische Würdigung, in: Betriebswirtschaftliche Forschung und Praxis, 58. Jg. (2006), S. 180-198.

Celec, Stephen E./Pettway, Richard H.: Some Oberservations on Risk-adjusted Discount Rates: A Comment, in: Journal of Finance, Vol. 34 (1979), S. 2061-1063.

Chemmanur, Thomas/Nandy, Debarshi/Yang, An: Why Issue Mandatory Convertibles? Theory and Empirical Evidence, Working Paper, Carroll School of Management, Boston College, Chestnut Hill, MA 2006, Stand: 31.03.2006, abrufbar unter: http://papers.ssrn.com/sol3/papers.cfm?abstract_id=417601, letzter Zugriff: 08.01.2012.

Chemmanur, T. J./Simonyan, K.: What Drives the Issuance of Putable Convertibles: Risk-Shifting, Asymmetric Information, or Taxes?, In: Financial Management, Vol. 39 (2010), S. 1027-1068.

Chen, Hui/Joslin, Scott: Generalized Transform Analysis of Affine Processes and Applications in Finance, Working Paper, MIT Sloan School of

Management, Cambridge, MA 2011, Stand: 31.03.2011, abrufbar unter: www.nber.org/papers/w16906.pdf, letzter Zugriff: 08.01.2012.

Coenenberg, Adolf/Schultze, Wolfgang: Unternehmensbewertung: Konzeptionen und Perspektiven, in: Die Betriebswirtschaft, 62. Jg. (2002), S. 597-621.

Cooper, Ian A./Nyborg, Kjell G.: The Value of Tax Shields is Equal to the Present Value of Tax Shields, in: Journal of Financial Economics, Vol. 81 (2006), S. 215-225.

Copeland, Thomas E./Weston, J. Fred/Shastri, Kuldeep: Financial Theory and Corporate Policy, 4. Aufl., Boston, MA 2008.

Cox, John C./Ross, Stephen A./Rubinstein Mark: Option Pricing: A Simplified Approach, in: Journal of Financial Economics, Vol. 7 (1979), S. 229-263.

Cox, John C./Rubinstein, Mark: Options Markets, Englewood Cliffs, NJ 1985.

Cumming, Douglas: Adverse Selection and Capital Structure: Evidence from Venuture Capital, in: Entrepreneurship Theory and Practice, Vol. 30 (2006), S. 155-183.

Dawson, Steven M.: Timing Interest Payments for Convertible Bonds, in: Financial Management, Vol. 3 (1974), S. 14-16.

Debreu, Gerard: Theory of value – An Axiomatic Analysis of Economic Equilibrium, New York, NY u.a. 1959.

Deutsche Börse Group (Hrsg.): Kurs- und Informationsseite, Frankfurt am Main 2012, abrufbar unter: http://www.boerse-frankfurt.de/DE/index.aspx? pageID =107, letzter Zugriff: 08.01.2012.

Diedrich, Ralf/Dierkes, Stefan/Gröger, Hans-Christian: Unternehmensbewertung bei wertabhängiger und autonomer Finanzierungspolitik unter Berücksichtigung einer Kursgewinnbesteuerung, in: Zeitschrift für Betriebswirtschaft, 79. Jg. (2009), S. 275–301.

Dierkes, Stefan/Gröger, Hans-Christian: Hybride Finanzierungspolitiken in der Unternehmensbewertung, in: Corporate Finance, 1. Jg. (2010), S. 59-64.

Dinstuhl, Volkmar: Konzernbezogene Unternehmensbewertung, Wiesbaden 2003.

Dörschell, Andreas/Franken, Lars/Schulte, Jörn: Der Kapitalisierungszinssatz in der Unternehmensbewertung, Düsseldorf 2009.

Dong, Ming/Dutordoir, Marie/Veld, Chris: Why Do Firms Issue Convertible Bonds? Evidence from the Field, Working Paper, Schulich Schooel of Business, York University, York 2011, Stand: 11.08.2011, abrufbar unter: http://papers.ssrn.com/sol3/papers.cfm?abstract_id=1908476, letzter Zugriff: 08.01.2012.

Drukarczyk, Jochen: Finanzierung, 10. Aufl., Stuttgart 2008.

Drukarczyk, Jochen: Theorie und Politik der Finanzierung, 2. Aufl., München 1993.

Drukarczyk, Jochen/Schüler, Andreas: Unternehmensbewertung, 6. Aufl., München 2009.

Dürr, Ulrike L.: Mezzanine-Kapital in der HGB- und IFRS-Rechnungslegung – Ausprägungsformen, Bilanzierung, Rating, Berlin 2007.

Dybvig, Philip H./Ingersoll, Jonathan: Mean-variance Theory in Complete Markets, in: Journal of Business, Vol. 58 (1982), S. 233-251.

Dybvig, Philip H./Ross, Stephan A.: Arbitrage, in: Newman, Peter/Milgate, Murray/Eatweel, John (Hrsg.), The New Palgrave Dictionary of Money & Finance A – I, New York, NY 1992, S. 43–50.

Edmond de Rothschild (Hrsg.): Convertible Bonds: Best of Both Worlds, Marktstudie, Paris 2011, abrufbar unter: http://www.fundsevent.com/pdf/ Edmond%20de%20Rothschild%20AM%20-%20Kris%20Deblander%2014h40.pdf, letzter Zugriff: 08.01.2012.

Eisele, Wolfgang/Knobloch, Alois Paul: Strukturierte Anleihen und Bilanzrechtsauslegung, in: Schmalenbachs Zeitschrift für betriebswirtschaftliche Forschung, 55. Jg. (2003), S. 749-772.

Elton, Edwin J./Gruber, Martin J.: The Multi-Period Consumption Investment Problem and Single Period Analysis, in: Oxford Economic Papers, Vol. 26 (1974), S. 289-301.

Embrechts, Paul: Extremes and Integrated Risk Management, London 2000.

Embrechts, Paul/McNeil, Alexander/Straumann, Daniel: Correlation and Dependency in Risk Management: Properties and Pitfalls, in: Dempster, Michael A.H. (Hrsg.): Risk Management: Value at Risk and Beyond, Cambridge, UK 2002, S. 176-223.

Fabozzi, Frank J.: Bond Markets, Analysis and Strategies, 8. Aufl., Upper Saddle River, NJ 2012.

Fabozzi, Frank J./Modigliani, Franco/Jones, Frank J.: Foundations of Financial Markets and Institutions, 4. Aufl. Upper Saddle River, NJ 2010.

Fama, Eugene F.: Discounting under Uncertainty, in: Journal of Business, Vol. 69 (1996), S. 415-428.

Fama, Eugene F.: Risk-Adjusted Discount Rates and Capital Budgeting under Uncertainty, in: Journal of Financial Economics, Vol. 5 (1977), S. 3-24.

Fama, Eugene F./French, Kenneth R.: The Capital Asset Pricing Model: Theory and Evidence, in: Journal of Economic Perspectives, Vol. 18 (2004), S. 25-46.

Feldstein, Martin S.: Mean-Variance Analysis in the Theory of the Firm under Uncertainty, in: Review of Economic Studies, Vol. 36 (1969), S. 5-12.

Fernandez, Pablo: The Value of Tax Shields is not equal to the Present Value of Tax Shields, in: Journal of Financial Economics, Vol. 73 (2004), S. 145-165.

Fieten, Paul/Kruschwitz, Lutz/Laitenberger, Jörg/Löffler, Andreas/Tham, Joseph/Velez-Pareja, Ignacio/Wonder, Nicholas: Comment on: The Value of Tax Shields is not equal to the Present Value of Tax Shields, in: Quarterly Review of Economics and Finance, Vol. 45 (2005), S. 184-187.

Fischer, Edwin O.: Finanzwirtschaft für Anfänger, 5. Aufl., München 2009.

Fisher, Irving: Die Zinstheorie, Jena 1932.

Förster, Heinrich H./Stöckl, Stefan/Brenken, Henner: Die Bedeutung der Zinsschranke für die Bewertung von Tax Shields in einem modifizierten APV – Ansatz unter Verwendung einer entsprechend angepassten Eigenkapitalkosten-Reaktionshypothese, in: Zeitschrift für Betriebswirtschaft, 79. Jg. (2009), S. 985-1018.

Franke, Dirk: Wandelanleihen: Das Beste aus zwei Welten?, in: Die Bank, o. Jg. (2005), S. 39-41.

FAZ (Hrsg.): Frankfurter Allgemeine Zeitung, Donnerstag, 5. Januar 2012, Frankfurt am Main 2012.

Frankle, Alan W./Hawkins, Charles A.: Beta Coefficients For Convertible Bonds, in: Journal of Finance, Vol. 30 (1975), S. 207-210.

Friedman, Milton/Savage, Leonard J.: The Expected Utility Hypothesis and the Measurability of Utility, in: Journal of Political Economy Vol. 60 (1952), S. 463-474.

Friel, Arne: Wandelanleihen mit Pflichtwandlung – im deutschen und US-amerikanischen Recht, Frankfurt am Main et al. 2000.

Ganshaw, Trevor/Dillon, Derek: Convertible Securities: A Toolbox of Flexible Financial Instruments for Corporate Issuers, in: Journal of Applied Corporate Finance, Vol. 13 (2000), S. 22-30.

Gebhardt, Georg/Schmidt, Klaus M.: Conditional Allocation of Control Rights in Venture Capital Finance, in: Zeitschrift für Betriebswirtschaft, Special Issue 5 (2006), S. 39-52.

Gerke, Wolfgang/Bank, Matthias: Finanzierung: Grundlagen für Investitions- und Finanzierungsentscheidungen im Unternehmen, 2. Aufl., Stuttgart 2003.

Gilles, Christian/LeRoy, Stephen F.: On the Arbitrage Pricing Theory, in: Economic Theory, Vol. 1 (1999), S. 213-229.

Gillet, Roland/de la Bruslerie, Hubert: The Consequences of Issuing Convertible Bonds: Dilution and/or Financial Restructuring?, in: European Financial Management, Vol. 16 (2010), S. 552-584.

Gordon, Myron J./Shapiro, Eli: Capital Equipment Analysis: The Required Rate of Profit, in: Management Science, Vol. 3 (1956), S. 102-110.

Graham, John R.: How big are the tax benefits of debt?, in: Journal of Finance, Vol. 45 (2000), S. 1901-1941.

Graham, John R./Harvey, Campbell R.: The Theory and Practice of Corporate Finance: Evidence from the Field, in: Journal of Financial Economics, Vol. 60 (2001), S. 187-243.

Green, Richard: Investment Incentives, Debt and Warrants, in: Journal of Financial Economics, Vol. 13 (1984), S. 115-136.

Grethe, Christian: Restrukturierungen von Krisenunternehmen durch Private-Equity-Gesellschaften, Wiesbaden 2010.

Grinblatt, Mark/Liu, Jun: Debt Policy, Corporate Taxes, and Discount Rates, in: Journal of Economic Theory, Vol. 141 (2008), S. 225-254.

Grossman, Sanford J./Hart, Oliver D.: An Analysis of the Principal-Agent Problem, in: Econometrica, Vol. 51 (1983), S. 7-45.

Grossman, Sanford J./Shiller, Robert J.: Consumption Correlatedness and Risk Measurement in Economies with Non trade Assets and Heterogeneous Information, in: Journal of Financial Economics, Vol. 10 (1982), S. 195-210.

Grünberger, David: Neue Hybridkapitalregeln für Banken – Implikationen für IAS 32, IFRS 9 und Prospektpflicht, in: Kapitalmarktorientierte Rechnungslegung, 9. Jg. (2009), S. 697-706.

Günther, Rolf: Unternehmensbewertung: Kapitalisierungszinssatz nach Einkommenssteuer Bei Risiko und Wachstum, in: Betriebs-Berater, 40. Jg. (1998), S. 1834-1842.

Habersack, Mathias: § 221, in: Goette, Wulf/Habersack, Matthias (Hrsg.): Münchner Kommentar zum Aktiengesetz, Band 6, §§ 179-221, 3. Aufl., München 2011, S. 1015-1198.

Hachmeister, Dirk: Der Discounted Cash Flow als Maß der Unternehmenssteigerung, 4. Aufl., Frankfurt am Main 2000.

Hachmeister, Dirk: Die Abbildung der Finanzierung im Rahmen verschiedener Discounted Cash Flow Verfahren, in: Schmalenbachs Zeitschrift für betriebswirtschaftliche Forschung, 48. Jg. (1996), S. 251-277.

Hakansson, Nils H.: Capital Growth and the Mean-Variance Approach to Portfolio Selection, in: Journal of Financial and Quantitative Analysis, Vol. 6 (1971a), S. 517-557.

Hakansson, Nils H.: On Optimal Myopic Portfolio Policies, With and Without Serial Correlation of Yields, in: Journal of Business, Vol. 44 (1971b), S. 324-334.

Haley, Charles W.: Valuation and Risk-Adjusted Discount Rates, in: Journal of Business Finance & Accounting, Vol. 11 (1984), S. 347-353.

Hamacher, Rolfjosef: Reverse Convertible Bonds, Umtauschanleihen und Partizipationsscheine, in: Der Betrieb, 53. Jg. (2000), S. 2396-2400.

Hamada, Robert S.: The Effect of the Firm's Capital Structure on the Systematic Risk of Common Stocks, in: Journal of Finance, Vol. 27 (1972), S. 435-452.

Hamada, Robert S.: Portfolio Analysis, Market Equilibrium and Corporation Finance, in: Journal of Finance, Vol. 24 (1969), S. 13-31.

Harris, Robert S./Pringle, John J.: Risk-Adjusted Discount Rates – Extensions from the Average-Risk Case, in: Journal of Financial Research, Vol. 8 (1985), S. 237-244.

Harrison, Michael J./Kreps, David M.: Martingales and Arbitrage in Multiperiod Securities Markets, in: Journal of Economic Theory, Vol. 20 (1979), S. 381-408.

Hartmann-Wendels, Thomas/Keienburg, Georg/Sievers, Soenke: Adverse Selection, Investor Experience and Security Choice in Venture Capital Finance: Evidence from Germany, in: European Financial Management, Vol. 17 (2011), S. 464-499.

He, Hua: Convergence from Discrete- to Continuous-Time Contingent Claims Prices, in: The Review of Financial Studies, Vol. 3 (1990), S. 523-546.

Heidorn, Thomas/Gerhold, Mirko: Investitionen und Emissionen von Convertible Bonds, Working Paper, Hochschule für Bankwirtschaft, Frankfurt am Main 2004, Stand: 28.02.2004, abrufbar unter: www.frankfurt-school.de/dms/Arbeitsberichte/Arbeits50e.pdf, letzter Zugriff: 08.01.2012.

Heizer, Bernd/Dutschmann, Matthias: Unternehmensbewertung bei autonomer Finanzierungspolitik, in: Zeitschrift für Betriebswirtschaft, 69. Jg. (1999), S. 1463-1471.

Hering, Thomas: Unternehmensbewertung, 2. Aufl., München 2006.

Hirshleifer, Jack/Riley, John G.: The Analytics of Uncertainty and Information, Cambridge, UK u.a. 1992.

Hirshleifer, Jack: Invesment, Interest, and Capital, Englewood Cliffs, N.J. 1970.

Hirshleifer, Jack: Investment Decisions Under Uncertainty: Choice-Theoretic Approaches, in: Quarterly Journal of Economics, Vol. 79 (1965), S. 509-536.

Hirshleifer, Jack: Risk, the Discount Rate, and Investment Decisions, in: American Economic Review, Vol. 51 (1961), S. 112-120.

Homburg, Carsten/Stephan, Jörg/Weiß, Matthias: Unternehmensbewertung bei atmender Finanzierung und Insolvenzrisiko, in: Die Betriebswirtschaft, 64. Jg. (2004), S. 276-295.

Hsia, Chi-Cheng: On Binomial Option Pricing, in: Journal of Financial Research, Vol. 6 (1983), S. 41-46.

Hull, John: Options, Futures and other Derivatives, 7. Aufl., Upper Saddle River, N.J. 2009.

Hull, John: A Note on the Risk-adjusted Discount Rate Method, in: Journal of Business Finance & Accounting, Vol. 13 (1986), S. 445-450.

Ingersoll, Jonathan: An Examination of Corporate Call Policies on Convertible Securities, in: Journal of Finance, Vol. 32 (1977a), S. 463-478.

Ingersoll, Jonathan: A Contigent-claims Valuation of Convertible Securities, in: Journal of Financial Economics, Vol. 4 (1977b), S. 289-321.

Inselbag, Isik/Kaufold, Howard: Two DCF Approaches for Valuing Companies Under Alternative Financing Strategies (And How to Choose Between Them), in: Journal of Applied Corporate Finance, Vol. 10 (1997), S. 114-122.

Jannott, Dirk/Hagemann, Reiner: in: Grundlagen, in: Henn, Günter/Frodermann, Jürgen/Jannott, Dirk (Hrsg.): Handbuch des Aktienrechts, Heidelberg u.a. 2009.

Jarrow, Robert A./Protter Philip: Structural versus Reduced Form Models: A new Information Based Perspective, in: Journal of Investment Management, Vol. 2 (2004), S. 1-10.

Jennings, Edward H.: An Estimate of Convertible Bond Premiums, in: Journal of Financial and Quantitative Analysis, Vol. 9 (1974), S. 33-56.

Jensen, Michael C.: Agency cost of free cash flow, corporate finance, and takeovers, in: American Economic Review, Vol. 76 (1986), S. 323–329.

Jensen, Michael C.: The Foundations and Current State of Capital Market Theory, in: Jensen, Michael C. (Hrsg.): Studies in the Theory of Capital Markets, New York, NY 1972, S. 3-43.

Jensen, Michael C./Meckling, William H.: Theory of the firm: managerial behavior, agency costs and ownership structure, in: Journal of Financial Economics, Vol. 3 (1976), S. 305–360.

Jonas, Martin: Die Bewertung mittelständischer Unternehmen – Vereinfachungen und Abweichungen, in: Die Wirtschaftsprüfung, 64. Jg. (2011), S. 299-309.

Kane, Alex/Marcus, Alan J./McDonald, Robert L.: How Big is the Tax Advantage to Debt?, in: Journal of Finance, Vol. 39 (1984), S. 841-853.

Kaplan, Steven, N./Strömberg Per: Financial Contracting Theory Meets the Real World: An Empirical Analysis of Venture Capital Contracts, in: Review of Economic Studies, Vol. 70 (2003), S. 281-315.

Keiber, Karl: Stochastische Modelle der Unternehmensbewertung, in: Richter, Frank/Timmreck, Christian (Hrsg.): Unternehmensbewertung: Moderne Instrumente und Lösungsansätze, Stuttgart 2004, S. 421-443.

Kemsley, Deen/Nissim, Doron: Valuation of Tax Shield, in: Journal of Finance, Vol. 57 (2002), S. 2045-2073.

Kesten, Ralf: Überlegungen zur barwertkompatiblen Bewertung von Geschäftsbereichen mit Pensionszusagen mittels Residualgewinnmodell „Economic Value Added (EVA)“, Working Paper, Hochschule Nordakademie, Elmshorn 2010, Stand: 31.10.2010, abrufbar unter: http://www.nordakademie.de/ arbeitspapier.html, letzter Zugriff: 08.01.2012.

Kesten, Ralf: Quantifizierung des Einflusses von Pensionszusagen bei Unternehmensbewertungen auf Basis des Adjusted Present Value-Approach im Halbeinkünfteverfahren, Working Paper, Hochschule Nordakademie, Elmshorn 2007, Stand: 31.07.2007, abrufbar unter: http://www.nordakademie.de /arbeitspapier.html, letzter Zugriff: 08.01.2012.

Kim, Han E.: A Mean-Variance Theory of Optimal Capital Structure and Corporate Debt Capacity, in: Journal of Finance, Vol. 33 (1978), S. 45-63.

Kimura, Toshikazu/Shinohara, Toshio: Monte Carlo Analysis of Convertible Bonds with Reset Clauses, in: European Journal of Operational Research, Vol. 168 (2006), S. 301-310.

Kinski, Uwe: Unternehmensbewertung und Pensionszusagen, Möglichkeiten des Einbezugs von Pensionszusagen in Bewertungskalküle unter Berücksichtigung von Steuer- und Kollektiveffekten, Frankfurt am Main 2001.

Kirkwood, John B.: Consumers, Economics and Antitrust, in: Research in Law and Economics, Vol. 21 (2004), S. 1-62.

Klaus, Hans: Gesellschafterfremdfinanzierung und Eigenkapitalersatzrecht bei der Aktiengesellschaft und der GmbH, Frankfurt am Main 1994.

Kleidt, Benjamin: The Use of Hybrid Securities; Market Timing, Investor Rationing, Signaling and Asset Restructuring, Wiesbaden 2006.

Kleidt, Benjamin/Scharmer, Eckhard/Schiereck, Dirk: Desinvestitionen von Aktienpaketen – Eine Analyse von Exchangeable Bonds, in: Schmalenbachs Zeitschrift für betriebswirtschaftliche Forschung, 61. Jg. (2009), S. 738-780.

Kloster, Ulrich: Kapitalkosten und Investitionsentscheidungen, Frankfurt am Main u.a., 1988.

Koch, Hans: Die Rechtsnatur der deutschen Schuldverschreibung mitUmtauschrecht (Convertible Bonds) und mit Bezugsrecht, Stettin 1927.

Kolari, James W.: On the Debt Tax Shield Controversy in Corporate Valuation: Discounting at the Levered Cost of Equity, Working Paper, Texas A&M University, College Station TX 2010, Stand: unbekannt, abrufbar unter: http://www.mfa-010.com/papers/Debt%20Tax%20Gains%20Kolari%20MWFA.pdf, letzter Abruf: 13.10.2011.

Kolb, Patrick/Volkart, Rudolf: Kapitalbeschaffung mittels Wandelanleihen, in: Schweizer Treuhänder, 77. Jg. (2003), S. 961-968.

Koller, Tim/Goedhart, Marc/Wessels, David: Valuation – Measuring and Managing the Value of Companies, 4. Aufl., Hoboken 2005.

Koziol, Christian: Optimal Debt Service – Straigt vs. Convertible Debt, in: Schmalenbach Business Review, Vol. 58 (2006), S. 124-151.

Koziol, Christian/Lawrenz, Jochen: Contingent Convertibles – Solving or Seeding the Next Banking Crisis?, in: Journal of Banking & Finance, Vol. 36 (2012), S. 90-104.

Koziol, Christian/Sauerbier, Peter: Pflichtwandelanleihen: Bewertung und Aktienkursreaktion bei Emission, in: Die Betriebswirtschaft, 65. Jg. (2005), S. 21-42.

Krag, Joachim/Kasperzak, Rainer: Grundzüge der Unternehmensbewertung, 2. Aufl., München 2009.

Kraus, Alan/Litzenberger, Robert H.: A State-Preference Model of Optimal Financial Leverage, in: Journal of Finance, Vol.28 (1973), S. 911-922.

Kruschwitz, Lutz: Relevanz der Kapitalstruktur, in: Wirtschaftswissenschaftliches Studium, 20. Jg. (1991), S. 176-180.

Kruschwitz, Lutz/Husmann, Sven: Finanzierung und Investition, 6. Aufl., München 2010.

Kruschwitz, Lutz/Lodowicks, Arnd: Bewertung von Pensionszusagen, in: Finanz Betrieb, 6. Jg. (2004), S. 272-284.

Kruschwitz, Lutz/Löffler, Andreas: Discounted Cash Flow: A Theory of the Valuation of Firms, Chichester 2006.

Kruschwitz, Lutz/Löffler, Andreas: Cost of Capital from a Theoretical and Practical Perspective, in: Die Wirtschaftsprüfung, 61. Jg. (2008), S. 803-810.

Kruschwitz, Lutz/Löffler, Andreas: Kapitalkosten, Wertprozesse und Steuern, in: Zeitschrift für Betriebswirtschaft, 75. Jg. (2005a), S. 1013-1019.

Kruschwitz, Lutz/Löffler, Andreas: Unternehmensbewertung, Zahlenbeispiele und Jensens Ungleichung, in: Finanz Betrieb, 7. Jg. (2005b), S. 419-422.

Kruschwitz, Lutz/Löffler, Andreas: DCF-Verfahren, Finanzierungspolitik und Steuern, in: Seicht, Gerhard (Hrsg.): Jahrbuch für Controlling, Wien 2001, S. 106-109.

Kruschwitz, Lutz/Löffler, Andreas: Ross' APT ist gescheitert – Was nun?, in: Schmalenbachs Zeitschrift für betriebswirtschaftliche Forschung, 49. Jg. (1997), S. 644-651.

Kruschwitz, Lutz/Löffler, Andreas/Lorenz, Daniela: Unlevering und Relevering – Modigliani/Miller versus Miles/Ezzell, in: Die Wirtschaftsprüfung, 64. Jg. (2011), S. 672-678.

Kühn, Christoph/Van Schaik, Kees: Perpetual Convertible Bonds with Credit Risk, in: Stochastics – An International Journal of Probability and Stochastic Processes, Vol. 80 (2008), S. 585-610.

Kürsten, Wolfgang: „Unternehmensbewertung unter Unsicherheit", oder: Theoriedefizit einer künstlichen Diskussion über Sicherheitsäquivalent- und Risikozuschlagsmethode, in: Schmalenbachs Zeitschrift für betriebswirtschaftliche Forschung, 54. Jg. (2002), S. 137-142.

Kürsten, Wolfgang: Neoklassische Grundlagen „moderner" Finanzierungstheorie, in: Homo oeconomicus, Vol. 14 (1997), S. 63-98.

Kuhner, Christoph/Maltry, Helmut: Unternehmensbewertung, Berlin u.a. 2006.

Laitenberger, Jörg/Lodowicks, Arnd: Das Modigliani-Miller-Theorem mit ausfallgefährdetem Fremdkapital, in: Wirtschaftswissenschaftliches Studium, 34. Jg. (2005), S. 145-149.

Laitenberger, Jörg/Löffler, Andreas: The Structure of the Distributions of Cash Flows and Discount Rates in Multiperiod Valuation Problems, in: Operations Research Spektrum, Vol. 28 (2006), S. 286-299.

Landier, Augustin/Ueda, Kenichi: The Economics of Bank Restructuring – Understanding the Options, Working Paper, International Monetary Fund, Washington, DC 2009, Stand: 05.06.2009, abrufbar unter: http://papers.ssrn.com /sol3/papers.cfm?abstract_id=1415033, letzter Zugriff: 08.01.2012.

Landskroner, Yoram: Nonmarketable Assets and the Determinants of the Market Price of Risk, in: The Review of Economics and Statistics, Vol. 59 (1977), S. 482-492.

Langenkämper, Christof: Unternehmensbewertung – DCF-Methoden und simulativer VOFI-Ansatz, Wiesbaden 2000.

Laux, Herlmut: Wertorientierte Unternehmenssteuerung und Kapitalmarkt, 2. Aufl., Berlin u.a. 2006.

Laux, Helmut: Unternehmensrechnung, Anreiz und Kontrolle – Die Messung, Zurechnung und Steuerung des Erfolges als Grundproblem der Betriebswirtschaftslehre, 3. Aufl., Berlin u.a., 2005.

Laux, Helmut: Flexible Investitionsplanung, Opladen 1971.

Lehmann, Matthias: Zur Theorie der Zeitpräferenz – Ein Beitrag zur mikroökonomischen Kapitaltheorie, Berlin 1975

Lerner, Joshua: Venture Capitalists and the Decision to Go Public, in: Journal of Financial Economics, Vol. 35 (1994), S. 293-316.

Leuthier, Rainer: Das Interdependenzproblem bei der Unternehmensbewertung, Frankfurt am Main 1988.

Lewellen, Wilbur G./Racette, George A.: Convertible Debt Financing, in: Journal of Financial and Quantitative Analysis, Vol. 8 (1973), S. 777-792.

Lintner, John: The Valuation of Risk Assets and Selection of Risky Investments in Stock Portfolios and Capital Budgets, in: Review of Economics and Statistics, Vol.47 (1965), S. 13-37.

Lobe, Sebastian: Valuation and Dividend-Based Debt Policy, Working Paper, Universität Regensburg, Regensburg 2008, Stand: 01.03.2008, abrufbar unter: http://papers.ssrn.com/sol3/papers.cfm?abstract_id=1106909, letzter Zugriff: 08.01.2012.

Loderer, Claudio/Jörg, Petra/Pichler, Karl/Roth, L./Zgraggen, P.: Handbuch der Bewertung – Praktische Methoden und Modelle zur Bewertung von Projekten, Unternehmen und Strategien, 3. Aufl., Zürich 2005.

Lodowicks, Arnd: Riskantes Fremdkapital in der Unternehmensbewertung – Bewertung von Insolvenzkosten auf Basis der Discounted-Cash-Flow-Theorie, Wiesbaden 2007.

Löffler, Andreas: MoMi-WACC is not an Expected Return, in: Heintzen, Markus/Kruschwitz, Lutz (Hrsg.): Unternehmen bewerten, Berlin 2003, S. 53-58.

Löffler, Andreas: Ein Paradox der Portfoliotheorie und vermögensabhängige Nutzenfunktionen, Wiesbaden 2001.

Löffler, Andreas: Capital Asset Pricing Model mit Konsumtion – Eine gleichgewichtstheoretische Untersuchung, Wiesbaden 1996.

Löffler, Antje-Ulrike: Nationale und internationale Anleihenformen als Finanzierungsinstrument und Kapitalanlagemittel, Bern u.a. 1987.

Loistl, Otto: Kapitalmarkttheorie, 3 Aufl., München/Wien 1994.

Luehrman, Timothy A.: Using APV – A Better Tool for Valuing Operations, in: Harvard Business Review, Vol. 75 (1997), S. 145-154.

Malliaris, Andrew G./Brock, William A.: Stochastic Methods in Economics and Finance, Amsterdam u.a. 1991.

Mandl, Gerwald/Rabel, Klaus: Unternehmensbewertung – eine praxisorientierte Einführung, Wien, Frankfurt am Main 1997.

Mann, Steven V./Moore, William T./Ramanlal, Pradipkumar: Timing of Convertible Debt Issues, in: Journal of Business Research, Vol. 45 (1999), S. 101-105.

Marciukaityte, Dalia/Varma, Raj: Institutional Investors as Suppliers of Equitylinked Capital: Evidence from Privately Placed Convertible Debt, in: Journal of Business Research Vol. 60 (2007), S. 357–364.

Margrabe, William: The Value of an Option to Exchange One Asset for Another, in: Journal of Finance, Vol. 33 (1978), S. 177–186.

Markowitz, Harry: Portfolio Selection, in: Journal of Finance, Vol. 7 (1952), S. 77-91.

Matschke, Manfred J./Brösel, Gerrit: Unternehmensbewertung – Funktionen, Methoden, Grundsätze, 3. Aufl., Wiesbaden 2007.

Mayers, David: Nonmarketable Assets, Market Segmentation, and the Level of Asset Prices, in: The Journal of Financial and Quantitative Analysis, Vol. 11 (1976), S. 1-12.

Mayers, David: Nonmarketable Assets and the Determination of Capital Asset Prices in the Absence of a Riskless Asset, in: The Journal of Business, Vol. 46 (1973), S. 258-267.

Mayers, David: Non-marketable Assets and Capital Market Equilibrium under Uncertainty, in: Jensen, Michael C. (Hrsg.): Studies in the Theory of Capital Markets, New York, NY 1972, S. 223-248.

McConnell, John J./Schwartz, Eduardo S.: LYON Taming, in: Journal of Finance, Vol. 41 (1986), S. 561-576.

McCormick, Roger/Creamer, Harriet: Hybrid Corporate Securities: International Legal Aspects, London 1987.

McDaniel, William A.: Convertible Bonds in Perfect and Imperfect Markets, in: Journal of Financial Research, Vol. 6 (1983), S. 51-65.

Merton, Robert C.: Continuous-time finance, Cambridge, MA 1990.

Merton, Robert C.: On the Pricing of Corporate Debt: The Risk Structure of Interest Rates, in: Journal of Finance, Vol. 29 (1974), S. 449-470.

Merton, Robert C.: Theory of Rational Option Pricing, in: Bell Journal of Economics and Management Science, Vol. 4 (1973a), S. 141-183.

Merton, Robert C.: An Intertemporal Capital Asset Pricing Model, in: Econometrica, Vol. 41 (1973b), S. 867-887.

Merton, Robert C./Samuelson, Paul A.: Fallacy of the Log-Normal Approximation to Optimal Decision-making over many Periods, in: Journal of Financial Economics, Vol. 1 (1974), S. 67-94.

Metrick, Andrew/Yasuda, Ayako: Venture Capital and other Private Equity: a Survey, in: European Financial Management, Vol. 17 (2011), S. 619-654.

Miles, James A./Ezzell, John R.: Reforming Tax Shield Valuation: A Note, in: Journal of Finance, Vol. 40 (1985), S. 1485-1492.

Miles, James A./Ezzell, John R.: The Weighted Average Cost of Capital, Perfect Capital Markets and Project Life: A Clarification, in: Journal of Financial and Quantitative Analysis, Vol. 15 (1980), S. 719-730.

Miller, Merton H.: Debt and Taxes, in: Journal of Finance, Vol. 32 (1977), S. 261-275.

Miller, Merton H./Modigliani, Franco: Dividend Policy, Growth, and the Valuation of Shares, in: Journal of Business, Vol. 34 (1961), S. 411-433.

Miller, Merton H./Rock, Kevin: Dividend Policy under Asymmetric Information, in: Journal of Finance, Vol. 40 (1985), S. 1031–1051.

Modigliani, Franco: Debt, Dividend Policy, Taxes, Inflation and Market Valuation, in: Journal of Finance, Vol. 37 (1982), S. 255-273.

Modigliani, Franco/Miller, Merton H.: Corporate Income Taxes and Cost of Capital: A Correction, in: American Economic Review, Vol. 53 (1963), S. 433-443.

Modigliani, Franco/Miller, Merton H.: The Cost of Capital, Corporate Finance and the Theory of Investment, in: American Economic Review, Vol. 48 (1958), S. 261-297.

Moser, Ulrich: Behandlung von negativen Cash Flows und Verlustvorträgen, in: Richter, Frank/Timmreck, Christian (Hrsg.): Unternehmensbewertung – Moderne Instrumente und Lösungsansätze, 2004, S.41-60.

Mossin, Jan: Optimal Multiperiod Portfolio Policies, in: Journal of Business, Vol. 41 (1968), S. 215-229.

Mossin, Jan: Equilibrium in a Capital Market, in: Econometrica, Vol. 34 (1966), S. 768-783.

Moxter, Adolf: Die Bedeutung der Grundsätze ordnungsmäßiger Unternehmensbewertung, in: Busse von Colbe, Walther/Coenenberg, Adolf G. (Hrsg.): Unternehmensakquisition und Unternehmensbewertung, Stuttgart 1992, S. 46-54.

Moxter, Adolf: Grundsätze ordnungsmäßiger Unternehmensbewertung, Wiesbaden 1983.

Moxter, Adolf: Die Bestimmung des Kalkulationszinsfußes bei Investitionsentscheidungen, in: Schmalenbachs Zeitschrift für betriebswirtschaftliche Forschung, 13. Jg. (1961), S. 186-200.

Müller-Känel, Oliver: Mezzanine Finance – Neue Perspektiven in der Unternehmensfinanzierung, 3. Aufl., Bern 2009.

Münstermann, Hans: Wert und Bewertung der Unternehmung, Wiesbaden 1966 (3. Aufl. 1970).

Myers, Stewart C.: The Modern Theory of Corporate Finance, New York 1984.

Myers, Stewart C.: Interactions of Corporate Financing and Investment Decisions – Implications for Capital Budgeting, in: Journal of Finance, Vol. 29 (1974), S. 1-25.

Myers, Stewart C./Majluf, Nicholas S.: Corporate Financing and Investment Decisions when Firms have Information that Investors do not have, in: Journal of Financial Economics, Vol. 13 (1984), S. 187-221.

Nielsen, Lars T.: Existence of Equilibrium in CAPM, in: Journal of Economic Theory, Vol. 52 (1990), S. 223-231.

Nielsen, Lars T.: Uniqueness of Equilibrium in the Classical Capital Asset Pricing Model, in: Journal of Financial and Quantitative Analysis, Vol. 23 (1988), S. 329-336.

Nietert, Bernhard: Arbitrage, Pseudowahrscheinlichkeiten und Martingale, in: Wirtschaftswissenschaftliches Studium, 30. Jg. (2001), S. 203-207.

Nolte, Bernd/Nolting, Roger: Hybrides Kapital: Wandel- und Umtauschanleihe als Finanzierungs- und Anlageform, in: Österreichisches Bank Archiv 2002, S. 767-776.

Nyborg Kjell G.: Convertible Debt as Delayed Equity: Forced versus Voluntary Conversion and the Information Role of Call Policy, in: Journal of Financial Intermediation, Vol. 4 No. 4 (1995), S. 358-395.

Oh, Gyutaeg: Some Results in the CAPM with Nontraded Endowments, in: Management Science, Vol. 42 (1996), S. 286-293.

Pfaff, Dieter/Pfeiffer, Thomas/Gathge, Dieter: Unternehmensbewertung und Zustands-Grenzpreismodelle, in: Betriebswirtschaftliche Forschung und Praxis, 54. Jg. (2002), S. 198-210.

Picot, Arnold/Dietl, Helmut/Franck, Egon: Organisation – eine ökonomische Perspektive, 5. Aufl. Stuttgart 2008.

Pratt, Shannon/Grabowski, Roger: Cost of Capital: Applications and Examples, 3. Aufl., New York 2008.

Rapp, Marc-Steffen: Die arbitragefreie Adjustierung von Diskontierungssätzen bei einfacher Gewinnsteuer, in: Schmalenbachs Schmalenbachs Zeitschrift für betriebswirtschaftliche Forschung, 58. Jg. (2006), S. 771-806.

Raßhofer, Martin: Der Einfluss von Ertragssteuern auf die Kapitalstruktur von personen-bezogenen Kapitalgesellschaften, Köln 2010.

Rehkugler, Heinz: Die Immobilien-AG – Bewertung und Marktattraktivität, München 2003.

Rhiel, Raimund: Unternehmensbewertung – Einbeziehung von Pensionsrückstellungen mit dem "Pensionsfondsmodell", in: Der Betrieb, 54. Jg. (2001), S. 16-19.

Richter, Frank: Logische Wertgrenzen und subjektive Punktschätzungen – Zur Anwendung der risikoneutralen (Unternehmens-)Bewertung, in: Heintzen, Markus/Kruschwitz, Lutz (Hrsg.): Unternehmen bewerten, Berlin 2003, S. 59-73.

Richter, Frank: Kapitalmarktorientierte Unternehmensbewertung, Frankfurt am Main 2002.

Richter, Frank: Simplified Discounting Rules in Binominal Models, in: Schmalenbach Business Review, Vol. 53 (2001), S. 175-196.

Richter, Frank: Konzeption eines marktwertorientierten Steuerungs- und Monitoringsystems, 2. Aufl., Frankfurt am Main 1999.

Richter, Frank: Unternehmensbewertung bei variablem Verschuldungsgrad, in: Zeitschrift für Bankrecht und Bankwirtschaft, 10. Jg. (1998), S. 379-389.

Richter, Jan-Hinnerk: PF(LUX)-Convertible Bonds, Vortrag, 27. Januar 2010 Wien, abrufbar unter: http://at.e-fundresearch.com/tmp/PF%2528LUX%2529-Convertible%2BBonds_%2BPr%25E4sentation.pdf, letzter Zugriff: 08.01.2012.

Richter, Rudolf/Furubotn, Eirik G.: Neue Institutionenökonomik – Eine Einführung und kritische Würdigung, 4. Aufl., Tübingen 2010.

Robinson, Joan: What is Perfect Competition?, in: Quaterly Journal of Economics, Vol. 49 (1934), S. 104-120.

Röder, Klaus: Der Mandatory Convertible der Deutschen Telekom AG, in: Finanz Betrieb, 5. Jg. (2003), S. 240-242.

Röder, Klaus/Müller, Sarah: Mehrperiodige Anwendung des CAPM im Rahmen des DCF-Verfahren, in: Finanz-Betrieb, 3. Jg. (2001), S. 225-233.

Roll, Richard: A Critique of the Asset Pricing Theory's Tests: Part I: On Past and Potential Testability of the Theory, in: Journal of Financial Economics, Vol. 4 (1977), S. 129-176.

Roll, Richard/Ross, Stephen A.: On the Cross-sectional Relation between Expected Returns and Betas, in: Journal of Finance, Vol. 49 (1994), S. 101-121.

Rosarius, Stephan: Bewertung von Leveraged Buyouts, Frankfurt am Main 2007.

Rosarius, Stephan/Wiese, Jörg: Erweiterungen zu "Simplified Discounting Rules in Binomial Models" von Frank Richter, Working Paper, Ludwig-Maximilians-Universität München, München 2005, Stand: 30.01.2007, abrufbar unter: http://www.bwl.un-imuenchen.de/research/diskus_beitraege/ workingpaper/3655.pdf, letzter Zugriff: 08.01.2012.

Ross, Steven A.: Capital Structure and the Cost of Capital, in: Journal of Applied Finance, Vol. 15 (2005), S. 5-23.

Ross, Steven A.: Mutual Fund Separation in Financial Theory – The Separating Distributions, in: Journal of Economic Theory, Vol. 17 (1978a), S. 254-286.

Ross, Stephen A.: A Simple Approach to the Valuation of Risky Steams, in: Journal of Business, Vol. 51 (1978b), S. 453-475.

Ross, Stephen A.: The Determination of Financial Structure: The Incentive-Signalling Approach, in: Bell Journal of Economics, Vol. 8 (1977a), S. 23–40.

Ross, Stephen A.: Risk, Return, and Arbitrage, in: Friend, Irwin/Bicksler, James L. (Hrsg.): Risk and Return in Finance, Cambridge, MA 1977b, S. 189-218.

Ross, Stephen A.: The Arbitrage Theory of Capital Asset Pricing, in: Journal of Economic Theory, Vol. 13 (1976), S. 341-360.

Rubinstein, Mark: An Aggregation Theorem for Securities Markets, in: Journal of Financial Economics, Vol. 1 (1974), S. 225-244.

Rubinstein, Reuven Y./Kroese, Dirk P.: Simulation and the Monte Carlo Method, Hoboken, NJ 2008.

Rudolph, Bernd: Die Einführung regulatorischen Krisenkapitals in Form von Contingent Convertibele Bonds (CoCos), in: Zeitschrift für das gesamte Kreditwesen, 63. Jg. (2010), S. 1152-1155.

Rudolph, Bernd: Unternehmensfinanzierung und Kapitalmarkt, Tübingen, 2006.

Rudolph, Bernd: Analyse hybrider Finanzinstrumente: Mezzanine-Kapital, in: Zeitschrift für das gesamte Kreditwesen, 57. Jg. (2004), S. 14-18.

Rudolph, Bernd: Zur Theorie des Kapitalmarktes. Grundlagen, Erweiterungen und Anwendungsbereiche des "Capital Asset Pricing Model (CAPM)", in: Zeitschrift für Betriebswirtschaft, 49. Jg. (1979), S. 1034-1067.

Rudolph, Bernd/Fink, Alexandra: Mischformen der Finanzierung, in: Ballweiser, Wolfgang/Coenenberg, Adolf G./Wysocki, Klaus von (Hrsg.): Handwörterbuch der Rechnungslegung und Prüfung. 3. Aufl., Stuttgart 2002.

Saelzle, Rainer: Investitionsentscheidungen und Kapitalmarkttheorie, Wiesbaden, 1976.

Samuelson, Paul A.: The Fundamental Approximation Theorem of Portfolio Analysis in Terms of Means, Variances and Higher Moments, in: Review of Economic Studies, Vol. 37 (1970), S. 537-542.

Samuelson, Paul A.: Rational Theory of Warrant Pricing, in: Industrial Management Review, Vol. 6 (1965), S. 13-31.

Samuelson, Paul A./Merton, Robert C.: A Complete Model of Warrant Pricing that Maximizes Utility, in: Industrial Management Review, Vol. 10 (1969), S. 17-46.

Schäfer, Henry: Renaissance der Wandelanleihen - Neuere Kontraktstrukturen und deren Kapitalmarktrelevanz, in: Finanz Betrieb, 4. Jg. (2002), S. 514-524.

Schanz, Kay-Michael: Wandelanleihen in der Insolvenz des Schuldners, in: Corporate Finance Law, 3. Jg. (2012), S. 26-32.

Schildbach, Thomas/Sieben, Günter: Betriebswirtschaftliche Entscheidungstheorie, 4. Aufl., Düsseldorf 1994.

Schlede, Klaus/Kley, Karl-Ludwig: Praxis der Finanzierung deutscher Unternehmen durch Optionsanleihen, in: Busse von Colbe, Walther/Großfeld, Bernhard/Kley/Karl-Ludwig/Martens, Klaus-Peter/Schlede, Klaus G. (Hrsg.): Bilanzierung von Optionsanleihen im Handelsrecht, Heidelberg 1987, S. 1-45.

Schlumberger, Erik: Der Beitrag sonstiger Rückstellungen zum Unternehmenswert, Frankfurt am Main 2002.

Schlumberger, Erik/Schüler, Andreas: Die Wirkung sonstiger Rückstellungen auf den Unternehmenswert im Halbeinkünfteverfahren, in: Betriebswirtschaftliche Forschung und Praxis, 55. Jg. (2003a), S. 225-239.

Schlumberger, Erik/Schüler, Andreas: Steuerlich bedingte Wertbeiträge sonstiger Rückstellungen auf den Unternehmenswert: Eine empirische Untersuchung, in: Zeitschrift für Bankrecht und Bankwirtschaft, 15. Jg. (2003b), S. 360-370.

Schmidt, Klaus M.: Convertible Securities and Venture Capital Finance, in: Journal of Finance, Vol. 75 (2003), S. 1139-1166.

Schmidt, Reinhard H.: Agency Costs are not a "Flop"!, in: Bamberg, Günter/Spremann, Klaus (Hrsg.): Agency Theory, Information, and Incentives, Berlin u.a. 1987, S. 481-494.

Schneeweiß, Hans: Entscheidungskriterien bei Risiko, Berlin, u.a., 1967.

Schneider, Dieter: Marktwertorientierte Unternehmensrechnung: Pegasus mit Klumpfuß, in: Der Betrieb, 51. Jg. (1998), S. 1473-1478.

Schneider, Dieter: Agency Costs and Transaction Costs: Flops in the Principal-Agent-Theory of Financial Markets, in: Bamberg, Günter/Spremann, Klaus (Hrsg.): Agency Theory, Information, and Incentives, Berlin u.a. 1987, S. 481-494.

Schneider, Dieter: Betriebswirtschaftslehre, Band 1 Grundlagen, München, Wien 1993.

Scholze, Andreas: A Simple Accounting-based Valuation Model for the Debt Tax Shield, in: Business Research, Vol. 3 (2010), S. 37-47.

Schröder, Michael/Gans, Julia: Bilanzielle Behandlung von hybriden Finanzinstrumenten, Working Paper, Zentrum für Europäische Wirtschaftsforschung, Mannheim 2009, Stand: 30.09.2009, abrufbar unter: http://econstor.eu/bitstream /10419/27627/1/dp09009.pdf, letzter Zugriff: 08.01.2012.

Schultze, Wolfgang: Methoden der Unternehmensbewertung, 2. Aufl., Düsseldorf 2003.

Schulz, Marion: Wandelanleihen in der Unternehmensfinanzierung – Eine theoretische und empirische Analyse, Hamburg 2006.

Schulz, Marion: Wandelanleihen als Leistungsanreizmechanismus, in: Schmalenbachs Zeitschrift für betriebswirtschaftliche Forschung, 59. Jg. (2007), S. 333-354.

Schumann, Günter: Optionsanleihen – Rechtliche Grundlagen und aktuelle Probleme, Köln u.a. 1990.

Schwetzler, Bernhard: Mittelverwendungsannahme, Bewertungsmodell und Unternehmenswertung bei Rückstellungen, Working Paper, Handeslhochschule Leipzig, Leipzig 2004, Stand: 10.08.2004, abrufbar unter: http://www.hhl.de /fileadmin/texte/publikationen/arbeitspapiere/hhlap0065.pdf, letzter Zugriff: 08.01.2012.

Schwetzler, Bernhard: Unternehmensbewertung unter Unsicherheit – Sicherheitsäquivalent- oder Risikozuschlagsmethode?, in: Schmalenbachs Zeitschrift für betriebswirtschaftliche Forschung, 52. Jg. (2000), S. 469-486.

Scott, James H.: A Theory of Optimal Capital Structure, in: Bell Journal of Economics, Vol. 7 (1976), S. 33-54.

Scott, James H.: Bankruptcy, Secured Debt, and Optimal Capital Structure, in: Journal of Finance, Vol. 32 (1977), S. 1-19.

Sharpe, William F.: Capital Asset Prices: A Theory of Market Equilibrium Under Conditions of Risk, in: Journal of Finance, Vol.19 (1964), S. 425- 442.

Shleifer, Andrei/Vishny, Robert W.: Large Shareholders and Corporate Control, in: Journal of Political Economy, Vol. 94 (1986), S. 461-488.

Sick, Gordon A.: Tax-Adjusted Discount Rates, in: Management Science, Vol. 36 (1990), S. 1432-1450.

Siddiqui, Sikandar: Ein finanzmathematisches Modell zur Bewertung von Wandelanleihen, in: Finanz Betrieb, 1. Jg. (1999), S. 449-451.

Siegel, Theodor: Das Risikoprofil als Alternative zur Berücksichtigung der Unsicherheit in der Unternehmensbewertung, in: Rückle, Dieter (Hrsg.): Aktuelle Fragen der Finanzwirtschaft und der Unternehmenssteuerung: Festschrift für Erich Loitlsberger zum 70. Geburtstag, Wien 1991, S. 619-628.

Siegel, Theodor: Unternehmensbewertung, Unsicherheit und Komplexitätsreduktion, in: Betriebswirtschaftliche Forschung und Praxis, 46. Jg. (1994), S. 457- 476

Smidts, Ale: The Relationship between Risk Attitude and Strength of Preference: A Test of Intrinsic Risk Attitude, in: Management Science, Vol. 43 (1997), S. 357-370.

Sörensson, Tomas: Two Methods for Valuing Convertible Bonds – A Comparison, in: Scandinavian Journal of Management, Vol. 9, Supplement (1993), S. S129-S139.

Spremann, Klaus: Finance, 4. Aufl., München 2010.

Stambaugh, Robert F.: On the Exclusion of Assets from Tests of the Two-parameter Model: A Sensitivity Analysis, in: Journal of Financial Economics, Vol. 10 (1982), S. 237-268.

Sraffa, Piero: The Laws of Returns under Competitive Conditions, in: Economic Journal, Vol. 36 (1926), S. 535-550.

Stanton, Richard/Seasholes, Mark: The Assumptions and Math behind WACC and APV Calculations, Working Paper, University of California, Berkeley, CA 2005, Stand: 24.11.2008, abrufbar unter: http://ssrn.com/abstract=837384, letzter Zugriff: 08.01.2012.

Stapleton, Richard C.: Taxes, the Cost of Capital and the Theory of Investment, in: The Economic Journal, Vol. 82 (1972), S. 1273-1292.

Statman, Meir: How Many Stocks Make a Diversified Portfolio?, in: Journal of Financial and Quantitative Analysis, Vol. 22 (1987), S. 353-363.

Stein, Jeremy: Convertible Bonds as Backdoor Equity Financing, in: Journal of Financial Economics, Vol. 32 (1992), S. 3-21.

Stiglitz, Joseph E.: Why Financial Structure Matters, in: Journal of Economic Perspectives, Vol. 2 (1988), S. 121-126.

Streitferdt, Felix: Unternehmensbewertung mit dem WACC-Verfahren bei konstantem Verschuldungsgrad, in: Finanz Betrieb, Vol. 6 (2004), S. 43-48.

Stulz, René M.: Hedge Funds: Past, Present, and Future, in: Journal of Economic Perspectives, Vol. 21 (2007), S. 175-194.

Swoboda, Peter/Kamschal, Margherita: Die Bewertung deutscher Wandelanleihen und die Optimierung des Umwandlungstermins bei steigenden Zuzahlungen (unter Anwendung der Black-Scholes-Methode), in: Schmalenbachs Zeitschrift für betriebswirtschaftliche Forschung, 43. Jg. (1979), S. 295-321.

Szymanowska, Marta/Ter Horst, Jenke R./Veld, Chris H.: Reverse Convertible Bonds Analyzed, in: Journal of Futures Markets, Vol. 29 (2009), S. 895-919.

Tham, Joseph//Vélez-Pareja/Kolari, James W.: Cost of Capital with Levered Cost of Equity as the Risk of Tax Shields, Working Paper, Duke University, Durham, NC 2010, Stand: 05.01.2011, abrufbar unter: http://ssrn.com/abstract =1655244, letzter Zugriff: 08.01.2012.

Theis, Markus: Reaktion von Fremdkapitalwerten bei Unternehmenszusammenschlüssen, Lohmar 2010.

Timmreck, Christian: Kapitalmarktorientierte Sicherheitsäquivalente – Konzeption und Anwendung bei der Unternehmensbewertung, Wiesbaden 2006.

Tobin, James: Liquidity Preferences as Behavior Towards Risk, in: Review of Economic Studies, Vol. 25 (1958), S. 65-86.

Tschöpel, Andreas: Risikoberücksichtigung bei Grenzpreisbestimmungen im Rahmen der Unternehmensbewertung, Köln 2004.

Tsiveriotis, Kostas/Fernandes, Chris: Valuing Convertible Bonds with Credit Risk, in: Journal of Fixed Income, Vol. 8 (1998), S. 95-102.

Turnbull, Stuart M.: Discounting the Components of an Income Stream: Comment, in: Journal of Finance, Vol. 32 (1977a), S. 221-223.

Turnbull, Stuart M.: Market Imperfections and the Capital Asset Pricing Model, in: Journal of Business Finance & Accounting, Vol. 4 (1977b), S. 327-337.

Turnbull, Stuart M.: Market Value and Systematic Risk, in: Journal of Finance, Vol. 32 (1977c), S. 1125-1142.

Uhrig-Homburg, Marliese: Valuation of Defaultable Claims – A Survey, in: Schmalenbach Business Review, Vol. 54 (2002), S. 24-57.

Von Auer, Ludwig: Ökonometrie – Eine Einführung, 3. Aufl., Berlin, Heidelberg, New York 2005.

Von Neumann, John/Morgenstern, Oskar: Theory of Games and Economic Behavior, Princeton NJ 1944.

Wagner, Wolfgang/Jonas, Martin/Ballwieser, Wolfgang/Tschöpel, Andreas: Weiterentwicklung der Grundsätze zur Durchführung von Unternehmensbewertungen (IDW S 1), in: Die Wirtschaftsprüfung, 57. Jg. (2004), S. 889-898.

Wallmeier, Martin: Prognose von Aktienrenditen und -risiken mit Mehrfaktorenmodellen – Eine empirische Untersuchung von erwarteten Renditen und Renditekorrelationen in Deutschland unter besonderer Berücksichtigung von Bilanzinformationen und Renditeanomalien, Bad Soden 1997.

Wallmeier, Martin: Kapitalkosten und Finanzierungsprämissen, in: Zeitschrift für Betriebswirtschaft, 69. Jg. (1999), S. 1473-1490.

Walter, James E./Que, Augustin V.: The Valuation of Convertible Bonds, in: Journal of Finance, Vol. 28 (1973), S. 713-732.

Wappenschmidt, Christian: Ratinganalyse durch internationale Ratingagenturen. Empirische Untersuchung für Deutschland, Österreich und die Schweiz, Frankfurt am Main 2009.

Warner, Jerold B.: Bankruptcy Costs – Some Evidence, in: The Journal of Finance, Vol. 32 (1977), S. 337–347.

Welch, Ivo: Two Common Problems in Capital Structure Research: The Financial-Debt-To-Asset Ratio and Issuing Activity Versus Leverage Changes, in: International Review of Finance, Vol. 11 (2011), S. 1-17.

Whaley, Robert E.: On the Valuation of American Call Options on Stocks with Known Dividends, in: Journal of Financial Economics, Vol. 9 (1981), S. 207-211.

Wiese, Jörg: Komponenten des Zinsfußes in Unternehmensbewertungskalkülen, Frankfurt am Main 2006.

Wiese, Robert F.: Investing for True Value, in: Barron's, 8. September 1930, S. 5.

Wilhelm, Jochen: Unternehmensbewertung – Eine finanzmarkttheoretische Untersuchung, in: Schmalenbachs Zeitschrift für Betriebswirtschaft, 75. Jg. (2005), S. 631-655.

Wilhelm, Jochen: Marktwertmaximierung – Ein didaktisch einfacher Zugang zu einem Grundlagenproblem der Investitions- und Finanzierungstheorie, in: Zeitschrift für Betriebswirtschaft, 53. Jg. (1983), S. 516-534.

Wilhelm, Jochen: Zum Verhältnis von Capital Asset Pricing Model, Arbitrage Pricing Theory und Arbitragefreiheit von Finanzmärkten, in: Schmalenbachs Zeitschrift für betriebswirtschaftliche Forschung, 33. Jg. (1981), S. 891-905.

Wilhelm, Jochen/Schosser, Josef: A Note on Arbitrage-free Asset Prices with and without Personal Income Taxation, in: Review of Managerial Science, Vol. 1 (2007), 133-149.

Williams, Jan L./Tang, Alex P.: Private Placements of Convertible Securities: Stock Returns, Operating Performance and Abnormal Accruals, in: Journal of Accounting and Finance, Vol. 49 (2009), S. 873-899.

Williams, John B.: The Theory of Investment Value, Amsterdam 1938, Nachdruck 1956.

Wilkens, Sascha/Röder, Klaus: Reverse convertibles and discount certificates in the case of constant and stochastic volatilities, in: Financial Markets and Portfolio Management, Vol. 17 (2003), S. 76-102.

Wilkens, Marco/Scholz, Hendrik: Reverse Convertibles und Discount-Zertifikate - Bewertung, Pricingrisiko und implizite Volatilität, in: Finanz Betrieb, 2. Jg. (2000), S. 171-179.

Woodson, Hart: Global convertible investing, Hoboken, NJ 2002.

Wrightsman, Dwayne: Tax Shield Valuation and the Capital Structure Decision, in: Journal of Finance, Vol. 33, (1978), S. 650-656.

Zabolotnyuk, Yuriy/Jones, Robert A./Veld, Chris H.: An empirical comparison of convertible bond valuation models, in: Financial Management, Vol. 39 (2010), S. 675-705.

Zhang, Zhengjun: Quotient Correlation: A Sample Based Alternative to Pearson's Correlation, in: The Annals of Statistics, Vol. 36 (2008), S. 1007-1030.

Zwyssig, Markus: Pricing von Options- und Wandelanleihen aus finanzwirtschaftlicher Sicht, Bern, Stuttgart, Wien, 1993.

Geschäftsberichteverzeichnis

Abengoa S.A. (Hrsg.): Geschäftsbericht 2010, Madrid 2011, abrufbar unter: http://www.abengoa.es/corp/export/sites/abengoa_corp/resources/pdf/en/gobierno_ corporativo/informes_anuales/2010/2010_Volume3_AR.pdf, letzter Zugriff: 08.01.2012.

Banco Espirito Santo S.A. (Hrsg.): Geschäftsbericht 2010, Lissabon 2011, abrufbar unter: http://www.bes.pt/sitebes/cms.aspx?plg=6e59acac-3bc3-4a19-8802-7bad931 1062c, letzter Zugriff: 08.01.2012.

Club Méditerranée S.A. (Hrsg.): Geschäftsbericht 2010, Paris 2011, abrufbar unter: http://www.clubmed-corporate.com/wp-content/uploads/2011/02/ Rapport_Annuel_ 2010_EN.pdf, letzter Zugriff: 08.01.2012.

Conwert Immobilien Invest SE (Hrsg.): Geschäftsbericht 2010, Wien 2011, abrufbar unter: http://www.conwert.at/web/MDB/media_folder/2403_Jahresfinanz bericht_conwert_Immobilien_Invest_SE_dt.pdf, letzter Zugriff: 08.01.2012.

Établissements Maurel et Prom S.A. (Hrsg.): Geschäftsbericht 2010, Paris 2011, abrufbar unter: http://www.maureletprom.fr/joomdocs/DDR_2010_VA.pdf, letzter Zugriff: 08.01.2012.

Industrievärden AB SE (Hrsg.): Geschäftsbericht 2010, Stockholm 2011, abrufbar unter: http://www.industrivarden.se/Documents/Arsredovisningar/Engelska/ Indu%20Arsredovisning%202010_eng.pdf, letzter Zugriff: 08.01.2012.

Kloeckner & Co. SE (Hrsg.): Geschäftsbericht 2010, Duisburg 2011, abrufbar unter: http://www.kloeckner.de/global/data/Kloeckner_Co_Geschaeftsbericht _2010.pdf, letzter Zugriff: 08.01.2012.

Marine Harvest ASA SE (Hrsg.): Geschäftsbericht 2010, Oslo 2011, abrufbar unter: http://hugin.info/209/R/1507169/442027.pdf, letzter Zugriff: 08.01.2012.

Portugal Telecom S.A. (Hrsg.): http://www.telecom.pt/NR/rdonlyres/989C6850-D351-4B5D-8660-9F76710AAD4/1455438/ANNUAL_REPORT_2010PT.pdf, letzter Zugriff: 08.01.2012.

RCM Beteiligungs AG (Hrsg.): Geschäftsbericht 2010, Sindelfingen 2011, abrufbar unter: http://www.rcm-ag.de/uploads/media/RCM_GB_2010.pdf, letzter Zugriff: 08.01.2012.

Salzgitter AG (Hrsg.): Geschäftsbericht 2010, Salzgitter 2011, abrufbar unter: http://www.salzgitter-ag.de/MDB/Investor_Relations/Downloads/ Finanzberichte/20 10/szag_gb_2010.pdf, letzter Zugriff: 08.01.2012.

Wereldhave N.V. (Hrsg.): Geschäftsbericht 2010, Den Haag 2011, abrufbar unter: http://www.wereldhave.com/fileadmin/user_upload/wereldhave/Documents/ Downloads/ar2010.pdf, letzter Zugriff: 08.01.2012.

Wertpapierprospekteverzeichnis

Biofrontera AG (Hrsg.): Wertpapierprospekt zur Wandelschuldverschreibung 06/12, Leverkusen 2006, abrufbar unter: http://www.biofrontera.com/ Investoren/Boersennotierung Prospekt.aspx, letzter Zugriff: 08.01.2012.

EM.TV Finance B.V. (Hrsg.): Prospectus – Convertible Notes Due 2013, Rijskijk, NL 2006, abrufbar unter: http://www.em-ag.de/dasat/images/5/100335-prospekt-convertible20062013.pdf, letzter Zugriff: 08.01.2012.

Engineered NanoProducts Germany (EPG) AG (Hrsg.): Anleihebedingungen – 7,5% Wandelschuldverschreibung 2006/13, Griesheim 2006, abrufbar unter: http://www.e-p-g.de/Links/Anleihebedingungen.pdf, letzter Zugriff: 08.01.2012.

IVG Immobilien AG (Hrsg.): Terms & Conditions, Bonn 2007, abrufbar unter: http://kbl-archiv.boerse-stuttgart.de/prospekte/description/A0LNA8.pdf, letzter Zugriff: 08.01.2012.

RCM Beteiligungs-AG (Hrsg.): Anleihebedingungen der 4% Wandelschuldverschreibung 2010/2014, Sindelfingen 2010, abrufbar unter: http://www.rcm-ag.de/uploads/media/100924_RCM_WandelanleiheII_Anleihebedingungen.pdf, letzter Zugriff: 08.01.2012.

Südzucker AG (Hrsg.): Wertpapierprospekt zur Wandelschuldverschreibung 09/16, Mannheim 2009, abrufbar unter: https://www.suedzucker.de/de/Investor-Relations/Anleihen/Anleihe6/ Anleihebedingungen_2_5___Wandelanleihe.pdf, letzter Zugriff: 08.01.2012.

TUI AG (Hrsg.): Wandelanleihe (Convertible Bond) 2011/16 – Anleihebedingungen (Terms & Conditions), Hannover 2011, abrufbar unter: http://www.tui-group.com/dms/ir/03_Anleihen_Ratings/Anleihen/Terms_Conditions/Terms%20%20Conditions%20standalone%20komplett%202.pdf, letzter Zugriff: 08.01.2012.

BETRIEBSWIRTSCHAFTLICHE STUDIEN
RECHNUNGS- UND FINANZWESEN, ORGANISATION UND INSTITUTION

Die Herausgeber wollen in dieser Schriftenreihe Forschungsarbeiten aus dem Rechnungswesen, dem Finanzwesen, der Organisation und der institutionellen Betriebswirtschaftslehre zusammenfassen. Über den Kreis der eigenen Schüler hinaus soll originellen betriebswirtschaftlichen Arbeiten auf diesem Gebiet eine größere Verbreitung ermöglicht werden. Jüngere Wissenschaftler werden gebeten, ihre Arbeiten, insbesondere auch Dissertationen, an die Herausgeber einzusenden.

Band 1 Joachim Hartle: Möglichkeiten der Entobjektivierung der Bilanz - Eine ökonomische Analyse. 1984.

Band 2 Peter Wachendorff: Alternative Vertragsgestaltung bei öffentlichen Aufträgen - Eine ökonomische Analyse. 1984.

Band 3 Doris Zimmermann: Schmalenbachs Aktivierungsgrundsätze. 1985.

Band 4 Elke Michaelis: Organisation unternehmerischer Aufgaben - Transaktionskosten als Beurteilungskriterium. 1985.

Band 5 Arno Schuppert: Die Überwachung betrieblicher Routinetätigkeiten. Ein Erklärungs-Entscheidungsmodell. 1985.

Band 6 Bonaventura Lehertshuber: Unternehmensvertragsrecht und Konzernhandelsbilanz. 1986.

Band 7 Joachim Schindler: Kapitalkonsolidierung nach dem Bilanzrichtlinien-Gesetz. 1986.

Band 8 Gerhard R. Schell: Die Ertragsermittlung für Bankbewertungen. 1988.

Band 9 Ulrich Hein: Analyse der Neubewertungsverfahren im belgischen und französischen Bilanzrecht. 1988.

Band 10 Rainer Leuthier: Das Interdependenzproblem bei der Unternehmensbewertung. 1988.

Band 11 Dieter Pfaff: Gewinnverwendungsregelungen als Instrument zur Lösung von Agency-Problemen. Ein Beitrag zur Diskussion um die Reformierung der Ausschüttungskompetenz in Aktiengesellschaften. 1989.

Band 12 Christian Debus: Haftungsregelungen im Konzernrecht. Eine ökonomische Analyse. 1990.

Band 13 Ralph Otte: Konzernabschlüsse im öffentlichen Bereich. Notwendigkeit und Zwecke konsolidierter Jahresabschlüsse von Gebietskörperschaften dargestellt am Beispiel der Bundesverwaltung der Bundesrepublik Deutschland. 1990.

Band 14 Rüdiger Zaczyk: Interdisziplinarität im Bilanzrecht. Rechtsfindung im Spannungsfeld zwischen Betriebswirtschaftslehre und dogmatischer Rechtswissenschaft. 1991.

Band 15 Oliver Fliess: Konzernabschluß in Großbritannien – Grundlagen, Stufenkonzeption und Kapitalkonsolidierung. 1991.

Band 16 Joachim Faß: Konzernierung und konsolidierte Rechnungslegung. Eine Analyse der Eignung des Konzernabschlusses als Informationsinstrument und als Grundlage der Ausschüttungsbemessung konzernverbundener Unternehmen. 1992.

Band 17 Michael Feldhoff: Die Regulierung der Rechnungslegung. Eine systematische Darstellung der Grundlagen mit einer Anwendung auf die Frage der Publizität. 1992.

Band 18 Uwe Jüttner: GoB-System, Einzelbewertungsgrundsatz und Imparitätsprinzip. 1993.

Band 19 Ralf Häger: Das Publizitätsverhalten mittelgroßer Kapitalgesellschaften. 1993.

Band 20 Jutta Menninger: Financial Futures und deren bilanzielle Behandlung. 1993.

Band 21 Stefan Lange: Die Kompatibilität von Abschlußprüfung und Beratung. Eine ökonomische Analyse. 1994.

Band 22 Hans Klaus: Gesellschafterfremdfinanzierung und Eigenkapitalersatzrecht bei der Aktiengesellschaft und der GmbH. 1994.

Band 23 Vera Marcelle Krisement: Ansätze zur Messung des Harmonisierungs- und Standardisierungsgrades der externen Rechnungslegung. 1994.

Band 24 Helmut Schmid: Leveraged Management Buy-Out. Begriff, Gestaltungen, optimale Kapitalstruktur und ökonomische Bewertung. 1994.

Band 25 Carsten Carstensen: Vermögensverwaltung, Vermögenserhaltung und Rechnungslegung gemeinnütziger Stiftungen. 1994. 2., unveränderte Auflage 1996.

Band 26 Dirk Hachmeister: Der Discounted Cash Flow als Maß der Unternehmenswertsteigerung. 1995. 2., durchgesehene Auflage 1998. 3., korrigierte Auflage 1999. 4., durchgesehene Auflage 2000.

Band 27 Christine E. Lauer: Interdependenzen zwischen Gewinnermittlungsverfahren, Risiken sowie Aktivitätsniveau und Berichtsverhalten des Managers. Eine ökonomische Analyse. 1995.

Band 28 Ulrich Becker: Das Überleben multinationaler Unternehmungen. Generierung und Transfer von Wissen im internationalen Wettbewerb. 1996.

Band 29 Torsten Ganske: Mitbestimmung, Property-Rights-Ansatz und Transaktionskostentheorie. Eine ökonomische Analyse. 1996.

Band 30 Angelika Thies: Rückstellungen als Problem der wirtschaftlichen Betrachtungsweise. 1996.

Band 31 Hans Peter Willert: Das französische Konzernbilanzrecht. Vergleichende Analyse zum deutschen Recht im Hinblick auf die Konzernbilanzzwecke und deren Grundkonzeption. 1996.

Band 32 Christian Leuz: Rechnungslegung und Kreditfinanzierung. Zum Zusammenhang von Ausschüttungsbegrenzung, bilanzieller Gewinnermittlung und vorsichtiger Rechnungslegung. 1996.

Band 33 Gerald Schenk: Konzernbildung, Interessenkonflikte und ökonomische Effizienz. Ansätze zur Theorie des Konzerns und ihre Relevanz für rechtspolitische Schlußfolgerungen. 1997.

Band 34 Johannes G. Schmidt: Unternehmensbewertung mit Hilfe strategischer Erfolgsfaktoren. 1997.

Band 35 Cornelia Ballwießer: Die handelsrechtliche Konzernrechnungslegung als Informationsinstrument. Eine Zweckmäßigkeitsanalyse. 1997.

Band 36 Bert Böttcher: Eigenkapitalausstattung und Rechnungslegung. US-amerikanische und deutsche Unternehmen im Vergleich. 1997.

Band 37 Andreas-Markus Kuhlewind: Grundlagen einer Bilanzrechtstheorie in den USA. 1997.

Band 38 Maximilian Jung: Zum Konzept der Wesentlichkeit bei Jahresabschlußerstellung und -prüfung. Eine theoretische Untersuchung. 1997.

Band 39 Mathias Babel: Ansatz und Bewertung von Nutzungsrechten. 1997.

Band 40 Georg Hax: Informationsintermediation durch Finanzanalysten. Eine ökonomische Analyse. 1998.

Band 41 Georg Schultze: Der spin-off als Konzernspaltungsform. 1998.

Band 42 Christian Aders: Unternehmensbewertung bei Preisinstabilität und Inflation. 1998.

Band 43 Thomas Schröer: Das Realisationsprinzip in Deutschland und Großbritannien. Eine systematische Untersuchung und ihre Anwendung auf langfristige Auftragsfertigung und Währungsumrechnung. 1998.

Band 44 Anne d'Arcy: Gibt es eine anglo-amerikanische oder eine kontinentaleuropäische Rechnungslegung? Klassen nationaler Rechnungslegungssysteme zwischen Politik und statistischer Überprüfbarkeit. 1999.

Band 45 Christian Back: Richtlinienkonforme Interpretation des Handelsbilanzrechts. Abstrakte Vorgehensweise und konkrete Anwendung am Beispiel des EuGH-Urteils vom 27. Juni 1996. 1999.

Band 46 Cornelia Flury: Gewinnerläuterungsprinzipien. 1999.

Band 47 Hanne Böckem: Die Durchsetzung von Rechnungslegungsstandards. Eine kapitalmarktorientierte Untersuchung. 2000.

Band 48 Jens Kengelbach: Unternehmensbewertung bei internationalen Transaktionen. 2000.

Band 49 Ursula Schäffeler: Latente Steuern nach US-GAAP für deutsche Unternehmen. 2000.

Band 50 Rainer Doll: Wahrnehmung und Signalisierung von Prüfungsqualität. 2000.

Band 51 Brigitte Strasser: Informationsasymmetrien bei Unternehmensakquisitionen. 2000.

Band 52 Lars Franken: Gläubigerschutz durch Rechnungslegung nach US-GAAP. Eine ökonomische Analyse. 2001.

Band 53 Oliver Bärtl: Wertorientierte Unternehmenssteuerung. Zum Zusammenhang von Kapitalmarkt, externer und interner Rechnungslegung. 2001.

Band 54 Gabi Ebbers: A Comparative Analysis of Regulatory Strategies in Accounting and their Impact on Corporate Compliance. 2001.

Band 55 Mark Währisch: The Evolution of International Accounting Systems. Accounting System Adoptions by Firms from a Network Perspective. 2001.

Band 56 Jakob Schröder: F&E-Bilanzierung als Einflußfaktor der F&E-Freudigkeit. 2001.

Band 57 Martin Hebertinger: Wertsteigerungsmaße – Eine kritische Analyse. 2002.

Band 58 Rainer Zensen: Die Bewertung von deutschen Universalbanken unter Berücksichtigung rechtsformspezifischer Besonderheiten. 2002.

Band 59 Oliver Beyhs: Impairment of Assets nach International Accounting Standards. Anwendungshinweise und Zweckmäßigkeitsanalyse. 2002.

Band 60 Britta Leippe: Die Bilanzierung von Leasinggeschäften nach deutschem Handelsrecht und US-GAAP. Darstellung und Zweckmäßigkeitsanalyse. 2002.

Band 61 Christian Heitmann: Beurteilung der Bestandsfestigkeit von Unternehmen mit Neuro-Fuzzy. 2002.

Band 62 Bernd Hacker: Segmentberichterstattung – Eine ökonomische Analyse. 2002.

Band 63 Jörg Hoffmann: Das DRSC und die Regulierung der Rechnungslegung. Eine ökonomische Analyse. 2003.

Band 64 Cornelia Stanke: Entscheidungskonsequenzen der Rechnungslegung bei Unternehmenszusammenschlüssen. 2003.

Band 65 Peter Gampenrieder: Squeeze-out. Rechtsvergleich, empirischer Befund und ökonomische Analyse. 2004.

Band 66 Tim Laas: Steuerung internationaler Konzerne. Eine integrierte Betrachtung von Wert und Risiko. 2004.

Band 67 Michael Dobler: Risikoberichterstattung. Eine ökonomische Analyse. 2004.

Band 68 Martina Bentele: Immaterielle Vermögenswerte in der Unternehmensberichterstattung. 2004.

Band 69 Maik Esser: Goodwillbilanzierung nach SFAS 141/142. Eine ökonomische Analyse. 2005.

Band 70 Jörg-Markus Hitz: Rechnungslegung zum fair value. Konzeption und Entscheidungsnützlichkeit. 2005.

Band 71 Christian Schaffer: Führt wertorientierte Unternehmensführung zur messbaren Wertsteigerung? 2005.

Band 72 Marcus Borchert: Die Sicherung von Wechselkursrisiken in der Rechnungslegung nach deutschem Handelsrecht und International Financial Reporting Standards (IFRS). Darstellung und Zweckmäßigkeitsanalyse. 2006.

Band 73 Marcus Bieker: Ökonomische Analyse des Fair Value Accounting. 2006.

Band 74 Jörg Wiese: Komponenten des Zinsfußes in Unternehmensbewertungskalkülen. Theoretische Grundlagen und Konsistenz. 2006.

Band 75 Silvia Hettich: Zweckadäquate Gewinnermittlungsregeln. 2006.

Band 76 Stephan Rosarius: Bewertung von Leveraged Buyouts. 2007.

Band 77 Bernhard Moitzi: Fair Value Accounting und Anreizwirkungen. 2007.

Band 78 Jörg Reichert: Das Residual-Income-Model. Eine kritische Analyse. 2007.

Band 79 Nadja M. Päßler: Interessenkonflikte in der Informationsintermediation. Eine ökonomische Analyse. 2007.

Band 80 Raimo Reese: Schätzung von Eigenkapitalkosten für die Unternehmensbewertung. 2007.

Band 81 Jens Hackenberger: Professionelle Fußballspieler in der internationalen Rechnungslegung. Eine ökonomische Analyse. 2008.

Band 82 Christian Wappenschmidt: Ratinganalyse durch internationale Ratingagenturen. Empirische Untersuchung für Deutschland, Österreich und die Schweiz. 2009.

Band 83 Andreas Scholze: Discounted Cashflow und Jahresabschlußanalyse. Zur Berücksichtigung externer Rechnungslegungsinformationen in der Unternehmensbewertung. 2009.

Band 84 Sanela Čeljo-Hörhager: Selbsterfüllbarkeit von Ratings. Self-Fulfilling Prophecies als Problem der Risikokommunikation durch Informationsintermediäre. 2009.

Band 85 Hannes Dücker: Institutionelle Änderungen und die Ergebnisqualität von Finanzberichten deutscher Unternehmen. 2009.

Band 86 Gerhard Kurz: Das IASB und die Regulierung der Rechnungslegung in der EU. Eine Analyse von Legitimation und Lobbying. 2009.

Band 87 Christian Höllerschmid: Signalwirkungen und Bilanzpolitik mithilfe selbst erstellten technologiebezogenen immateriellen Vermögens. Reifeprüfung für bilanzrechtliche Sorgenkinder. 2010.

Band 88 Salima Sifi: Determinanten der Publizitätspolitik. Ökonomische und empirische Analyse am Beispiel immaterieller Werte. 2010.

Band 89 Michael Seifert: Die Erfassung von Unsicherheit bei den IFRS. 2011.

Band 90 Roland Paarz: Einfluss der Rechnungslegung auf Finanzanalysten. Eine empirische Analyse von Prognosegenauigkeit und Bewertungsverfahren von Finanzanalysten in Deutschland. 2011

Band 91 Christoph Pelger: Integration von externer und interner Unternehmensrechnung. Eine ökonomische Analyse. 2012.

Band 92 Andreas Hofherr: Die Bewertung wandelanleihenfinanzierter Unternehmen. 2012.

www.ingramcontent.com/pod-product-compliance
Ingram Content Group UK Ltd.
Pitfield, Milton Keynes, MK11 3LW, UK
UKHW021841290926
8980IPUK00005B/584

9 783631 623879